财税实务精品丛书

《企业所得税法》与《企业会计准则》差异分析与纳税调整 2024

刘　磊　著

中国财经出版传媒集团
中国财政经济出版社

图书在版编目（CIP）数据

《企业所得税法》与《企业会计准则》差异分析与纳税调整．2024 ／刘磊著．--北京：中国财政经济出版社，2023.8（2024.6重印）

（财税实务精品丛书）

ISBN 978-7-5223-2398-5

Ⅰ.①企… Ⅱ.①刘… Ⅲ.①企业所得税法-研究-中国②企业-会计制度-研究-中国 Ⅳ.①D922.222.4②F279.23

中国国家版本馆CIP数据核字（2023）第146802号

责任编辑：李筱文　　责任校对：徐艳丽

封面设计：陈宇琰　　责任印制：党　辉

《企业所得税法》与《企业会计准则》差异分析与纳税调整2024

《QIYE SUODE SHUIFA》YU《QIYE KUAIJI ZHUNZE》CHAYI FENXI YU NASHUI TIAOZHENG 2024

中国财政经济出版社 出版

URL：http://www.cfeph.cn

E-mail：cfeph@cfeph.cn

社址：北京市海淀区阜成路甲28号　邮政编码：100142

营销中心电话：010-88191522

天猫网店：中国财政经济出版社旗舰店

网址：https://zgczjjcbs.tmall.com

中煤（北京）印务有限公司印刷　各地新华书店经销

成品尺寸：185mm×260mm　16开　16.5印张　294 000字

2023年9月第1版　2024年6月北京第3次印刷

定价：86.00元

ISBN 978-7-5223-2398-5

（图书出现印装问题，本社负责调换，电话：010-88190548）

本社质量投诉电话：010-88190744

打击盗版举报热线：010-88191661　QQ：2242791300

出版者的话

财税工作是政府履行职能的物质基础，关系国家财政收入的增长、资源配置的优化和社会公平正义的实现，更是进行宏观经济调控、调整经济结构的重要杠杆。党的十八届三中全会以来，党中央在不同阶段对财税改革提出了不同要求。按照党中央决策部署，财税改革全面发力、重点突出、稳扎稳打、纵深推进，财税体制进一步健全，税收制度改革取得重大进展。财税领域“放管服”持续推进，新的财税法律法规制度不断出台、完善，相关从业者在执业过程中解决问题的能力水平持续提升，税收服务高质量发展的根基不断夯实，成效更显。为了助力财税改革更加纵深推进，使广大企事业单位和公民个人纳税人更及时、更准确、更深入地理解和掌握财税法律法规的精髓，让广大读者全面、系统地了解和掌握各项财税法规的内容和实务操作规程，普及最新税收法律法规，宣传国家财税政策，作为经济类的专业出版社，我们在以往“财税沙龙实务丛书”的基础上酝酿推出“财税实务精品丛书”。

现实生活中，存在着纳税人虽然对财税法规的内容了然于胸，可一旦实际操作却又出现无从下手的茫然和尴尬。“财税实务精品丛书”在全面、系统地介绍各类最新出台的财税法规内容的基础上，着重突出实务性和可操作性，各分册将伴随财税改革的持续深入分别与读者见面。这套书在内容安排和结构形式上灵活多样，或采取问答形式，或采取比较说明形式，力求做到通俗易懂，使读者能轻松阅读，解决和处理好生产经营和生活中的涉税问题，充分维护国家、企业和个人的税收权益。

“财税实务精品丛书”的作者都有着深厚的理论政策功底，他们长期在财税部门从事一线业务工作，对我国现行的各项财税法规及其实务操作都有着深入的研究和理论上的创新，其中不乏一些财税法规制订过程中的直接参与者。高水平的作者队伍为本丛书达到较高的编写水平提供了先决条件。

“财税实务精品丛书”的主要阅读对象为企事业单位的财务总监、总会计师、财务经理、税务经理、财会人员、办税人等一线财务工作人员，以及公民个人纳税人。同时，丛书对财税系统的工作人员和企事业单位的董事长、总经理等管理层也具有一定的参考价值。

作为出版者，我们希望用我们的努力，搭建起一个与读者交流和互动的平台，力求在出版的内容上、形式上贴近读者，贴近市场，发挥多年来从事财税专业图书出版的优势，打造出品牌，创作出精品，并根据读者的需要不断丰富和完善我们的选题，真正为读者和纳税人服务，让纳税人缴费人“知政策、会操作、能享受、更有感”。

企业所得税法与企业会计制度是紧密联系的，也是税收理论与实践中的一个“前沿”领域。对于税务管理干部而言，他们对税法的规定一般比较熟悉，但往往对企业会计制度掌握得不够深；对于企业会计人员而言，他们对会计制度与会计准则的规定比较熟悉，但往往对税法的规定理解不够深；同时，有些既熟悉税法，又熟悉会计制度的专业人员，他们也比较难于把握企业所得税法与企业会计准则的差异和如何进行纳税调整。再加上，近年来企业所得税制在不断改革，企业会计准则与会计制度也在不断变化，加大了企业所得税管理、纳税申报、纳税调整等方面的难度。《〈企业所得税法〉与〈企业会计准则〉差异分析与纳税调整（2024）》一书，就是为了帮助企业会计人员在进行会计核算的同时，根据《企业所得税法》的规定进行纳税调整与纳税申报，正确地依法缴纳所得税，帮助税务人员在掌握《企业所得税法》的同时，根据税法与会计准则的差异，为纳税人解答纳税问题，有目的地进行纳税评估与纳税检查，加强税收管理，保证税法有效实施。

在丛书即将出版之际，我们对各位作者的辛勤劳动表示衷心的感谢！同时，敬请广大读者和有关专家对书中的不足提出宝贵意见，以便我们在今后的编辑出版工作中不断修订和完善。

2023 年 9 月

目　　录

第一章　《企业所得税法》《企业所得税法实施条例》与《企业会计准则——基本准则》的差异

2007 年 3 月 16 日，第十届全国人民代表大会第五次会议高票通过了《中华人民共和国企业所得税法》（中华人民共和国主席令第 63 号，以下简称《企业所得税法》），与《企业所得税法》配套施行的《中华人民共和国企业所得税法实施条例》（以下简称《企业所得税法实施条例》），于 2007 年 11 月 28 日国务院第 197 次常务会议通过，中华人民共和国国务院令第 512 号公布，《企业所得税法》与《企业所得税法实施条例》自 2008 年 1 月 1 日起施行，至此，中国内、外资企业所得税制度的合并宣告完成。

实施以来，《企业所得税法》前后总共历经两次修订，根据 2017 年 2 月 24 日第十二届全国人民代表大会常务委员会第二十六次会议《关于修改〈中华人民共和国企业所得税法〉的决定》进行第一次修正，根据 2018 年 12 月 29 日第十三届全国人民代表大会常务委员会第七次会议《关于修改〈中华人民共和国电力法〉等四部法律的决定》进行第二次修正。《企业所得税法实施条例》根据 2019 年 4 月 23 日的《国务院关于修改部分法规的决定》进行了第一次修订。本书根据修订后的内容编写。

《企业会计准则——基本准则》（中华人民共和国财政部令第 33 号，以下简称《基本准则》）于 2006 年 2 月 15 日修订，自 2007 年 1 月 1 日起施行。2014 年 7 月 23 日根据《财政部关于修改〈企业会计准则——基本准则〉的决定》，对《基本准则》再次修改。企业所得税法与新会计准则的基本准则存在哪些差异？企业在缴纳企业所得税时，如何根据企业所得税法与基本会计准则进行纳税调整？本章在此进行初步分析。

第一节　适用范围差异

《企业所得税法》第一条规定：在中华人民共和国境内，企业和其他取得收入的组织（以下统称企业）为企业所得税的纳税人，依照本法的规定缴纳企业所得税。个人独资企业、合伙企业不适用本法。《企业所得税法实施条例》第二条规定：企业所得税法第一条所称个人独资企业、合伙企业，是指依照中国法律、行政法规成立的个人独资企业、合伙企业。《基本准则》第二条规定：本准则适用于在中华人民共和国境内设立的企业（包括公司）。对比两者的规定，主要有以下差异：

一、适用于企业的范围不同

《企业所得税法》适用于根据《中华人民共和国公司法》的规定成立的有限责任公司和股份有限公司，根据《中华人民共和国外商投资法》《中华人民共和国乡镇企业法》《中华人民共和国城镇集体所有制企业条例》《中华人民共和国乡村集体所有制企业条例》的规定成立的企业，但不适用于个人独资企业、合伙企业。而会计准则适用于在中华人民共和国境内设立的企业（包括公司），包括个人独资企业、合伙企业。

二、《企业所得税法》适用于非企业组织

《企业所得税法实施条例》第三条规定：企业所得税法第二条所称依法在中国境内成立的企业，包括依照中国法律、行政法规在中国境内成立的企业、事业单位、社会团体以及其他取得收入的组织。因此，《企业所得税法》不仅适用于企业，还适用于其他取得收入的组织，包括根据《事业单位登记管理暂行条例》的规定成立的事业单位、根据《社会团体登记管理条例》的规定成立的社会团体、根据《民办非企业单位登记管理暂行条例》的规定成立的民办非企业单位、根据《基金会管理条例》的规定成立的基金会、根据《外国商会管理暂行规定》的规定成立的外国商会、根据《中华人民共和国农民专业合作社法》的规定成立的农民专业合作社以及取得收入的其他组织。而新会计准则不适用于这些组织，其中，事业单位适用《事业单位会计准则》，依照国家法律、行政法规登记的社会团体、基金会、民办非企业单位和寺院、宫观、清真寺、教堂等，适用于《民间非营利组织会计制度》。

三、《企业所得税法》适用于居民企业和非居民企业

《企业所得税法》第二条规定：企业分为居民企业和非居民企业。居民企业，是指依法在中国境内成立，或者依照外国（地区）法律成立但实际管理机构在中国境内的企业。非居民企业，是指依照外国（地区）法律成立且实际管理机构不在中国境内，但在中国境内设立机构、场所的，或者在中国境内未设立机构、场所，但有来源于中国境内所得的企业。《企业所得税法实施条例》第三条规定：企业所得税法第二条所称依法在中国境内成立的企业，包括依照中国法律、行政法规在中国境内成立的企业、事业单位、社会团体以及其他取得收入的组织。企业所得税法第二条所称依照外国（地区）法律成立的企业，包括依照外国（地区）法律成立的企业和其他取得收入的组织。第四条规定：企业所得税法第二条所称实际管理机构，是指对企业的生产经营、人员、账务、财产等实施实质性全面管理和控制的机构。第五条规定：企业所得税法第二条第三款所称机构、场所，是指在中国境内从事生产经营活动的机构、场所，包括：管理机构、营业机构、办事机构；工厂、农场、开采自然资源的场所；提供劳务的场所；从事建筑、安装、装配、修理、勘探等工程作业的场所其他从事生产经营活动的机构、场所。非居民企业委托营业代理人在中国境内从事生产经营活动的，包括委托单位或者个人经常代其签订合同，或者储存、交付货物等，该营业代理人视为非居民企业在中国境内设立的机构、场所。《企业所得税法》第三条规定：居民企业应当就其来源于中国境内、境外的所得缴纳企业所得税。非居民企业在中国境内设立机构、场所的，应当就其所设机构、场所取得的来源于中国境内的所得，以及发生在中国境外但与其所设机构、场所有实际联系的所得，缴纳企业所得税。非居民企业在中国境内未设立机构、场所的，或者虽设立机构、场所但取得的所得与其所设机构、场所没有实际联系的，应当就其来源于中国境内的所得缴纳企业所得税。会计准则不区分居民企业与非居民企业，适用于在中华人民共和国境内设立的企业（包括公司）。如果套用税法的概念，会计准则应该不适用于非居民企业。

第二节 基本假设的差异

一、纳税主体与会计主体

纳税主体，是指纳税人和扣缴义务人。

从纳税人来说，《企业所得税法》第一条规定：在中华人民共和国境内，企业和其他取得收入的组织（以下统称企业）为企业所得税的纳税人，依照本法的规定缴纳企业所得税。此条规定明确了企业所得税的纳税人是企业。

从扣缴义务人来说，《企业所得税法》第三十七条规定：非居民企业取得本法第三条第三款规定的各项所得应纳的所得税，实行源泉扣缴，以支付人为扣缴义务人。税款由扣缴义务人在每次支付或者到期应支付时，从支付或者到期应支付的款项中扣缴。第三条第三款规定的各项所得是指在中国境内未设立机构、场所的，或者虽设立机构、场所但取得的所得与其所设机构、场所没有实际联系的，应当就其来源于中国境内的所得缴纳企业所得税。《企业所得税法实施条例》第一百零四条规定：企业所得税法第三十七条所称支付人，是指依照有关法律规定或者合同约定对非居民企业直接负有支付相关款项义务的单位或者个人。《企业所得税法》第三十八条规定：对非居民企业在中国境内取得工程作业和劳务所得应纳的所得税，税务机关可以指定工程价款或者劳务费的支付人为扣缴义务人。

会计主体，是指企业会计确认、计量和报告的空间范围。《基本准则》第五条规定：企业应当对其本身发生的交易或者事项进行会计确认、计量和报告。此条规定明确了会计主体的规定。

在一般情况下，纳税主体与会计主体是一致的，一个纳税主体也是一个会计主体。在特定条件下，纳税主体不同于会计主体，例如，按照税法的规定，分公司不是一个纳税主体，却可能是一个会计主体；又如，未实行合并纳税的企业集团，不是一个纳税主体，却可能编制合并财务报表，作为一个会计主体；再如，由企业管理的证券投资基金、企业年金基金等，尽管不属于纳税主体，但属于会计主体，应当对每项基金进行会计确认、计量和报告。

二、持续经营假设

持续经营，是指在可以预见的将来，企业将会按当前的规模和状态继续经营下去，不会停业，也不会大规模削减业务。《基本准则》第六条规定：企业会计确认、计量和报告应当以持续经营为前提。这个前提下，会计便可认定企业拥有的资产将会在正常的经营过程中被合理地支配和耗用，企业债务也将在持续经营过程中得到有序的补偿。

《企业所得税法》虽然没有持续经营假设的规定，但第三条第一款规定的居民企业应当就其来源于中国境内、境外的所得缴纳企业所得税。第二款规定的非居民企业在中国境内设立机构、场所的，应当就其所设机构、场所取得的来源于中国境内的所得，以及发生在中国境外但与其所设机构、场所有实际联系的所得，缴纳企业所得税。这两款所得的计算，基本上是以持续经营为前提的。

《企业所得税法》《企业所得税法实施条例》的一些特殊规定，不以持续经营为前提：

例如，《企业所得税法》第三条第三款规定，非居民企业在中国境内未设立机构、场所的，或者虽设立机构、场所但取得的所得与其所设机构、场所没有实际联系的，应当就其来源于中国境内的所得缴纳企业所得税。这些所得按项、按次征收，对股息、红利、利息、租金、特许权使用费所得，以收入全额为应纳税所得额；转让财产所得，以收入全额减除财产净值后的余额为应纳税所得额。当纳税人具有纳税能力时就征税，不考虑持续经营。

又如，《企业所得税法》第五十三条第三款规定，企业依法清算时，应当以清算期间作为一个纳税年度。第五十五条规定，企业在年度中间终止经营活动的，应当自实际经营终止之日起六十日内，向税务机关办理当期企业所得税汇算清缴。企业应当在办理注销登记前，就其清算所得向税务机关申报并依法缴纳企业所得税。《企业所得税法实施条例》第十一条规定，企业所得税法第五十五条所称清算所得，是指企业的全部资产可变现价值或者交易价格减除资产净值、清算费用以及相关税费等后的余额。投资方企业从被清算企业分得的剩余资产，其中相当于从被清算企业累计未分配利润和累计盈余公积中应当分得的部分，应当确认为股息所得；剩余资产减除上述股息所得后的余额，超过或者低于投资成本的部分，应当确认为投资资产转让所得或者损失。此时，应纳税所得额的计算和持续经营假设相反。

三、纳税年度与会计分期

纳税年度，是指企业所得税的计算起止日期。《企业所得税法》第五十三条规定：企业所得税按纳税年度计算。纳税年度自公历 1 月 1 日起至 12 月 31 日止。企业在一个纳税年度中间开业，或者终止经营活动，使该纳税年度的实际经营期不足十二个月的，应当以其实际经营期为一个纳税年度。企业依法清算时，应当以清算期间作为一个纳税年度。第五十四条规定：企业所得税分月或者分季预缴。企业应当自月份或者季度终了之日起十五日内，向税务机关报送预缴企业所得税纳税申报表，预缴税款。年度终了之日起五个月内，企业向税务机关报送年度企业所得税纳税申报表，并汇算清缴，结清应缴应退税款。企业在报送企业所得税纳税申报表时，应当按照规定附送财务报告和其他有关资料。

会计分期，是指一个企业持续经营的生产经营活动划分为一个个连续的、间隔相同的期间。《基本准则》第七条规定：企业应当划分会计期间，分期结算账目和编制财务会计报告。会计期间分为年度和中期。中期是指短于一个完整的会计年度的报告期间。

纳税年度与会计分期既有联系，也有区别：当企业的会计年度选用公历年度时，纳税年度就等于企业的会计年度；当企业的会计年度不选用公历年度时，纳税年度就不等于企业的会计年度。企业在一个纳税年度中间开业，或者终止经营活动，使该纳税年度的实际经营期不足十二个月的，以及企业依法清算时，纳税年度也不等于会计年度。企业所得税分月或者分季预缴时，预缴税款所属期等同于相同期间的会计中期。

四、货币计量

《企业所得税法》第五十六条规定：依照本法缴纳的企业所得税，以人民币计算。所得以人民币以外的货币计算的，应当折合成人民币计算并缴纳税款。《企业所得税法实施条例》第一百三十条规定：企业所得以人民币以外的货币计算的，预缴企业所得税时，应当按照月度或者季度最后一日的人民币汇率中间价，折合成人民币计算应纳税所得额。年度终了汇算清缴时，对已经按照月度或者季度预缴税款的，不再重新折合计算，只就该纳税年度内未缴纳企业所得税的部分，按照纳税年度最后一日的人民币汇率中间价，折合成人民币计算应纳税所得额。经税务机关检查确认，企业少计或者多计前款规定的所得的，应当按照检查确认补税或者退税时的上一个月最后一日的人民币汇率中间价，将少计或者多计的所得折合成人民币计算应纳税所得额，再计算应补缴或者应退的税款。

《基本准则》第八条规定：企业会计应当以货币计量。这说明，企业所得税计算和企业的会计核算，都是以货币为基本计量单位。企业的会计核算，一般以人民币为记账本位币，业务收支以人民币以外的货币为主的企业，可以选定其中一种货币为记账本位币，但是在计算缴纳企业所得税、编报财务会计报告时，都应当折算为人民币。

税务处理与会计处理的货币计量差异，主要有两点：一是折算的时点选择不同。税务处理一般在月度或者季度最后一日、纳税年度最后一日、检查确认补税或者退税时的上一个月最后一日将以人民币以外的货币折合成人民币计算应纳税所得额；会计处理一般在交易发生日、资产负债表日等进行外币折算。二是采用汇率不同。税务处理一般只用人民币汇率中间价；而会计处理外币交易和对外币财务报表进行折算时，既用交易发生日即期汇率，也可以采用按照系统合理的方法确定的、与交易发生日即期汇率近似的汇率折算，企业发生的外币兑换业务或涉及外币兑换的交易事项按照交易实际采用的汇率（即银行买入价或卖出价）折算。

第三节　企业所得税课税原则与会计信息质量要求的差异

企业所得税法虽然没有从形式上提出企业所得税的课税原则，但课税原则的思想、具体内容和要求是体现在若干条款中的。贯彻企业所得税的课税原则，要求企业在填报企业所得税纳税申报表时，要按税法原则进行纳税调整。会计准则《基本准则》第二章会计信息质量要求，是对强调编制企业财务报告中所提供会计信息质量的基本要求，它是从《企业会计制度》对会计核算的基本原则演变而来的，这些要求与企业所得税法的课税原则既有相通之处，又存在一些差异。

一、可靠性

《基本准则》第十二条规定：企业应当以实际发生的交易或者事项为依据进行会计确认、计量和报告，如实反映符合确认和计量要求的各项会计要素及其他相关信息，保证会计信息真实可靠、内容完整。

企业所得税法也要求企业在计算应纳税额时，各项收入、成本、费用、亏损与损失的内容都必须是真实可靠、内容完整的，如果是虚假申报，将以偷税论处。真实可靠性是所得课税的前提条件，在收入的确认方面，企业的收入必须是全面、完整的；在成本、费用扣除方面，要求纳税人能够提供形式和内容都是真实的凭证。《企业所得税法》第八条，要求企业实际发生的支出才允许扣除。企业在计算应纳税所得额时，应当以实际发生的交易或事项为依据，准确地反映企业的经营成果和纳税能力，即纳税人可扣除的费用不论何时支付，其金额必须是确定的。也就是说，所有与申报纳税相关的交易或事项必须已经实际发生，要保证收入与支出的数字准确、资料可靠；对没有实际发生的交易或事项，企业不能估计或预计数额计入应纳税所得额。我国企业所得税管理的一个很大的漏洞，就是虚假发票和虚假成本费用的列支问题，包括假发票真开、真发票假开、虚报人员工资、虚报物料消耗等。另外，设立假账、少计收入、多计亏损、虚报财产损失等现象也广泛存在。

所以，真实可靠、内容完整，是我国企业所得税管理和会计管理需要加强的共同方面。

二、相关性

《基本准则》第十三条规定：企业提供的会计信息应当与财务会计报告使用者的经济决策需要相关，有助于财务会计报告使用者对企业过去、现在或者未来的情况做出评价或者预测。

《企业所得税法》第八条，要求企业实际发生的与取得收入有关的支出才允许扣除。《企业所得税法实施条例》第二十七条规定，企业所得税法第八条所称有关的支出，是指与取得收入直接相关的支出。企业所得税的相关性原则，要求纳税人可扣除的成本、费用和损失必须与取得收入直接相关，即与纳税人取得收入无关的支出不允许在税前扣除。根据相关性原则：第一，与企业生产经营无关的支出不允许在税前扣除，如企业的非公益性赞助支出、企业为雇员承担的个人所得税、已出售给职工的住房的折旧费用等；第二，属于个人消费性质的支出不允许在税前扣除，如企业高级管理人员的个人娱乐支出、健身费用、家庭消费等。收入的非相关性支出在我国企业所得税税前扣除上目前还较为普遍，减少非相关性扣除上还大有潜力可发掘。

所以，虽然都被称为相关性，税法的相关性原则与会计准则的相关性要求的内容是不同的。

三、可理解性

《基本准则》第十四条规定：企业提供的会计信息应当清晰明了，便于财务会计报告使用者理解和使用。《企业所得税法》没有可理解性的规定，但税法对纳税人和税务机关来讲都应是可理解的。

四、可比性

《基本准则》第十五条规定：企业提供的会计信息应当具有可比性。同一企业不同时期发生的相同或者相似的交易或者事项，应当采用一致的会计政策，不得随意变更。确需变更的，应当在附注中说明。不同企业发生的相同或者相似的交易或者事项，应当采用规定的会计政策，确保会计信息口径一致、相互可比。

《企业所得税法》第二章规定的应纳税所得额、第三章规定的应纳税额，对于同一企业不同时期的申报与缴纳数，不同企业发生的相同或相似业务的企业所得税负担，都具有可比性，这可以应用于企业纳税评估。

五、实质重于形式

《基本准则》第十六条规定：企业应当按照交易或者事项的经济实质进行会计确认、计量和报告，不应仅以交易或者事项的法律形式为依据。

企业所得税的实质重于形式原则，是指企业应当按照交易或事项的经济实质进行应纳税所得额的计算，而不应当仅按照它们的法律形式或人为形式作为所得课税的依据。在实际工作中，交易或事项的外在法律形式或人为形式并不总能完全真实地反映其实质内容。所以，应税所得要想反映其所拟反映的交易或事项，就必须根据交易或事项的实质和经济现实，而不能仅根据它们的法律形式进行核算和反映。

例如，销售商品的售后回购，如果企业已将商品所有权上的主要风险和报酬转移给购货方，并同时满足收入确认的其他条件，则销售实现，应当确认应税收入；如果企业没有将商品所有权上的主要风险和报酬转移给购货方，或没有满足收入确认的其他条件，即使企业已将商品交付购货方，销售也没有实现，不应当确认应税收入。又如，以融资租赁方式租入的资产，虽然从法律形式上讲企业并不拥有其所有权，但是由于租赁合同中规定的租赁期相当长，接近该资产的使用寿命，租赁期结束时承租企业有优先购买该资产的选择权，在租赁期内承租企业有权支配资产并从中受益，所以从其经济实质来看，企业能够控制其创造的未来经济利益，因此在税务处理上将以融资租赁方式租入的资产视为企业的资产，允许企业计提折旧并在税前扣除。

另外，企业的某些交易或事项的法律形式或人为形式可能是符合税法规定允许扣除的，但其法律形式或人为形式没有反映其经济实质和经济现实，因此，要按照其实质内容来判定是否符合税法的精神，不符合的要进行纳税调整，有偷税动机的要给予处罚。例如，某私营企业主支付的人员工资中，有支付给其女儿的工资，但其女儿只有3岁，即使支付的工资符合计税标准，形式上没有问题，也不允许在税前扣除，因为没有经济实质，实质与形式不符。

以上是税法与会计准则对实质重于形式原则的共同方面。税法的实质重于形式原则，比会计准则的要求有更深的内涵。《企业所得税法》第四十七条规定：企业实施其他不具有合理商业目的的安排，而减少其应纳税收入或者所得额的，税务机关有权按照合理方法调整。这是税法第六章特别纳税调整的一般反避税条款，依据这一条款，税务机关可以对企业不具有合理商业目的的税收筹划、避税、节税安排，实施有效的反避税。

六、重要性

《基本准则》第十七条规定：企业提供的会计信息应当反映与企业财务状况、经营成果和现金流量等有关的所有重要交易或者事项。企业所得税法没有重要性的原则，企业在计算缴纳企业所得税时，不区分项目的性质和金额的大小，税法规定征税的一律征税、税法规定不征税或免税的一律不征税或免税。

七、谨慎性

《基本准则》第十八条规定：企业对交易或者事项进行会计确认、计量和报告应当保持应有的谨慎，不应高估资产或者收益、低估负债或者费用。

企业所得税法不承认谨慎性原则，企业按照会计谨慎性原则，期末根据应收款项的可收回性、固定资产和无形资产的减值测试结果、商品降价、售出存货可能发生的退货或者返修等经营风险和不确定性进行会计职业判断而计提的各项资产减值准备、预提费用等，在计算缴纳企业所得税时需要进行纳税调整。《企业所得税法》第八条要求企业实际发生的支出才允许扣除；第十条第（七）款规定未经核定的准备金支出不允许在税前扣除。

八、及时性

《基本准则》第十九条规定：企业对于已经发生的交易或者事项，应当及时进行会计确认、计量和报告，不得提前或者延后。

《企业所得税法》要求纳税人要及时申报缴纳企业所得税，收入必须及时确认，成本、费用和损失必须及时扣除。关于一般的征收管理，第四十九条规定企业所得税的征收管理依照《中华人民共和国税收征收管理法》的规定执行。第五十四条规定，企业所得税分月或者分季预缴。企业应当在月份或者季度终了之日起十五日内，向税务机关报送预缴企业所得税纳税申报表，预缴税款。年度终了之日起五个月内，企业向税务机关报送年度企业所得税纳税申报表，并汇算清缴，结清应缴应退税款。企业在报送企业所得税纳税申报表时，应当按照规定附送财务报告和其他有关资料。第五十五条规定企业在年度中间终止经营活动的，应当自实际经营终止之日起六十日内，向税务机关办理当期企业所得税汇算清缴。企业应当在办理注销登记前，就其清算所得向税务机关申报并依法缴纳企业所得税。第三十七条规定非居民企业取得税法规定的各项所得应纳的所得税，实行源泉扣缴，以支付人为扣缴义务人。税款由扣缴义务人在每次支付或者到期应支付时，从支付或者到期应支付的款项中扣缴。第四十条规定扣缴义务人每次代扣的税款，应当于代扣之日起七日内缴入国库，并向所在地的税务机关报送扣缴企业所得税报告表。第四十八条规定税务机关按照本章规定做出纳税调整，需要补征税款的，应当补征税款，按照国务院规定加收利息。

因此，及时性是企业所得税法与会计准则的共同要求。

第四节 会计基础的差异

会计准则的会计基础是权责发生制。《基本准则》第九条规定：企业应当以权责发生制为基础进行会计确认、计量和报告。即凡是当期已经实现的收入和已经发生或应当负担的费用，不论款项是否收付，都应当作为当期的收入和费用；凡是不属于当期的收入和费用，即使款项已在当期收付，也不应当作为当期的收入和费用。

《企业所得税法实施条例》第九条规定：企业应纳税所得额的计算，以权责发生制为原则，属于当期的收入和费用，不论款项是否收付，均作为当期的收入和费用；不属于当期的收入和费用，即使款项已经在当期收付，均不作为当期的收入和费用。《企业所得税法实施条例》和国务院财政、税务主管部门另有规定的除外。税法对权责发生制有例外的规定，是因为考虑到应纳税所得额的计算，在一定的特殊条件下，个别条款或规定是以收付实现制为基础的。所以，权责发生制的规定和例外条款或规定，应在实施条例中明确。收付实现制是与权责发生制相对应的一种会计基础，它是以收到或支付的现金作为确认收入和费用等的依据。国外的公司所得税，往往允许纳税人选择使用权责发生制或是收付实现制。

虽然如此，企业所得税法应纳税所得额的计算基本上是以权责发生制为基础的，只是在特殊的情况下有例外。例外情形至少有如下几种：

第一，事业单位应纳税所得额的计算。《企业所得税法》第一条，把中华人民共和国境内企业以外的，其他取得收入的组织，也规定为企业所得税的纳税人，也就是说，事业单位也是企业所得税法规定的纳税人。根据《事业单位会计准则》第九条规定，事业单位会计核算一般采用收付实现制；部分经济业务或者事项采用权责发生制核算的，由财政部在会计制度中具体规定。在确定事业单位的应纳税所得额时，要考虑事业单位的收付实现制基础。

第二，收入总额的确定。从企业课税角度考虑，仅以权责发生制为基础是不够的，因为一旦确定收入，纳税人在一定期限内必须将税款缴纳入库，所以要考虑纳税人的现实支付能力：当纳税人有较强的支付能力时，即使在会计上按照权责发生制没有确认为所得，在税收上也要按收付实现制征收税款入库；当纳税人没有现金流入、无支付能力时，即使在会计上按照权责发生制应当确认为所得，在税收上也可考虑按收付实现制不征收税款入库。前者比如，房地产商已取得房地产的预售收入，在没有办理完工决算的情况下，在会计上未确认为收入时，也应当对预售收入征收所得税。后者比如，企业以分期收款方式销售货物和提供劳务的，可以按照合同约定的应收价款日期确定收入的实现；企业受托加工、制造大型机械设备、船舶，从事建筑、安装、装配工程业务和提供劳务，持续时间跨越纳税年度的，应当按照纳税年度内完工进度或者完成的工作量确定收入的实现；企业以产品分成的形式取得收入的，应当按照分得产品的时间确定收入的实现等。另外，《企业所得税法》第七条规定的不征税收入中的财政拨款，依法收取并纳入财政管理的行政事业性收费、政府性基金，都是以收付实现制为基础的。

第三，扣除的确定。《企业所得税法》第八条规定，企业实际发生的与取得收入有关的、合理的支出，包括成本、费用、税金、损失和其他支出，可以在计算应纳税所得额时扣除。这里税法强调实际发生原则，在特定情况下是以收付实现制为基础的，如企业按照权责发生制计提的各项资产减值准备和其他准备金、企业销售商品后计提的保修费用，按照《企业所得税法》第十条第八款的规定，在计提时不允许扣除，应在实际发生损失时才允许扣除。

第五节　两项从属原则的差异

企业会计准则把权责发生制确定为会计基础，列入《基本准则》总则中，而不是在会计信息质量要求中规定，是因为权责发生制是相对于收付实现制的会计基础，贯穿于整个企业会计准则的全过程，属于会计的基本问题，层次较高，统驭作用强。在确定会计基础后，会计准则没有再单独规定配比原则、区分收益性支出与资本性支出的原则，是因为这两项原则是从属于权责发生制原则的，其原理已包含在权责发生制之中。虽然会计准则没有这两项原则，但并不影响我们从税法的角度，规定和应用这两项从属原则。

一、配比原则

企业所得税的配比原则，是指企业在计算应纳税所得额时，收入与其成本、费用应当相互配比，同一会计期间内的各项收入和与其相关的成本、费用，应当在该会计期间内确认。具体来讲，企业所得税的配比原则包括两层含义：

一是因果配比，即将收入与其对应的成本、费用相配比。其中，应税收入应与为取得应税收入而支出的相对应的成本、费用相配比；不征税收入或免税收入应与为取得不征税收入或免税收入而支出的相对应的成本、费用相配比。这种因果配比关系体现在《企业所得税法》的多条规定中：第八条规定，企业实际发生的与取得收入有关的、合理的支出，包括成本、费用、税金、损失和其他支出，可以在计算应纳税所得额时扣除。第十条规定，与取得收入无关的其他支出不得扣除。第十一条第五款规定，与经营活动无关的固定资产不得计算折旧扣除。第十二条第三款规定，与经营活动无关的无形资产不得计算摊销费用。《企业所得税法实施条例》第二十八条规定，企业发生的支出应当区分收益性支出和资本性支出。收益性支出在发生当期直接扣除；资本性支出应当分期扣除或者计入有关资产成本，不得在发生当期直接扣除。企业的不征税收入用于支出所形成的费用或者财产，不得扣除或者计算对应的折旧、摊销扣除。除企业所得税法和本条例另有规定外，企业实际发生的成本、费用、税金、损失和其他支出，不得重复扣除。

二是时间配比，即将一定时期的收入与同时期的为取得该收入而支出的相对应的成本、费用与损失相配比。当期的收入应在当期申报，当期的成本、费用与损失应在当期扣除，不允许提前或滞后扣除。收入逾期未申报的，应以偷税论处，并加收滞纳金；已发生的成本、费用与损失当期未扣除的，原则上一般不允许在以后的纳税年度补扣。例如，《企业所得税法》第五十四条规定，企业所得税分月或者分季预缴，年度终了之日起五个月内汇算清缴，结清应缴应退税款。根据当年的收入与扣除计算的应纳税额是当年结清的。《企业所得税法实施条例》第三十七条规定，企业在生产经营活动中发生的合理的不需要资本化的借款费用，准予扣除。企业为购置、建造固定资产、无形资产和经过 12 个月以上的建造才能达到预定可销售状态的存货发生借款的，在有关资产购置、建造期间发生的合理的借款费用，应当作为资本性支出计入有关资产的成本，并依照本条例的规定扣除。

过去，我国的企业所得税只规定纳税人应纳税所得额的计算，以权责发生制为原则，没有提出或明确配比原则的适用与否，造成了税法对会计原则的依赖。实际上，税法上的配比原则的内涵，与会计上配比原则的内涵是有区别的，因为会计上的收入没有应税收入、不征税收入和免税收入之别，也没有超过纳税年度逾期不允许扣除的规定。会计上允许会计估计变更和差错更正，而税法上申报不实是要依法承担法律责任的。

二、区分收益性支出与资本性支出的原则

企业所得税的区分收益性支出与资本性支出的原则，是指企业在计算应纳税所得额时，应当合理划分收益性支出与资本性支出的界限，凡支出的效益仅及于一个纳税年度的，应当作为收益性支出，允许在支出发生的当年在税前扣除；凡支出的效益及于两个或两个以上纳税年度的，应当作为资本性支出，不允许当年直接在税前扣除，应通过折旧等项目逐年在税前进行摊销。《企业所得税法实施条例》第二十八条规定，企业发生的支出应当区分收益性支出和资本性支出。收益性支出在发生当期直接扣除；资本性支出应当分期扣除或者计入有关资产成本，不得在发生当期直接扣除。

《企业所得税法》关于收益性支出的规定如下：第八条，企业实际发生的与取得收入有关的、合理的支出，包括成本、费用、税金、损失和其他支出，可以在计算应纳税所得额时扣除。第十五条，企业领用或者销售存货，按照规定计算的存货成本，可以在计算应纳税所得额时扣除。

《企业所得税法》关于资本性支出的规定如下：第十一条，在计算应纳税所得额时，企业按照规定计算的固定资产折旧，准予扣除。第十二条，在计算应纳税所得额时，企业按照规定计算的无形资产摊销费用，准予扣除。第十三条，企业发生的下列支出，作为长期待摊费用，按照规定在计算应纳税所得额时扣除：（1）已足额提取折旧的固定资产的改建支出；（2）租入固定资产的改建支出；（3）固定资产的大修理支出；（4）其他应当作为长期待摊费用的支出。第十四条，企业对外投资期间，投资资产的成本在计算应纳税所得额时不得扣除。《企业所得税法实施条例》第六十三条规定，生产性生物资产按照直线法计算的折旧，准予扣除。

如果企业在计算应纳税所得额时，没有正确划分收益性支出与资本性支出，将原本应计入资本性支出的计入收益性支出，就会低估资产和当期收益，造成多计当期支出的时间性差异，导致当期应纳税所得额的减少，延迟缴纳企业所得税；将原本应计入收益性支出的计入资本性支出，就会高估资产和当期收益，造成少计当期支出的时间性差异，导致当期应纳税所得额的增加，提前缴纳企业所得税。企业的资本性支出，包括固定资产、生物资产、无形资产、长期待摊费用、投资资产等方面的支出，都不允许当年直接在税前扣除。

第六节 会计要素定义的差异

会计要素是根据交易或者事项的经济特征所确定的财务会计对象的基本分类。《基本准则》规定，企业应当按照交易或者事项的经济特征确定会计要素。会计要素包括资产、负债、所有者权益、收入、费用和利润。其中，资产、负债和所有者权益侧重于反映企业的财务状况，收入、费用和利润侧重于反映企业的经营成果。会计要素与计算应纳税所得额密切相关，但会计要素的定义、确认与《企业所得税法》的税务处理有一些差异。

一、资产

《基本准则》第三章规定，资产是指企业过去的交易或者事项形成的、由企业拥有或者控制的、预期会给企业带来经济利益的资源。企业过去的交易或者事项包括购买、生产、建造行为或其他交易或者事项。预期在未来发生的交易或者事项不形成资产。由企业拥有或者控制，是指企业享有某项资源的所有权，或者虽然不享有某项资源的所有权，但该资源能被企业所控制。预期会给企业带来经济利益，是指直接或者间接导致现金和现金等价物流入企业的潜力。符合以上规定的资产定义的资源，在同时满足与该资源有关的经济利益很可能流入企业，且该资源的成本或者价值能够可靠地计量时，确认为资产。

企业所得税法对资产的税务处理，主要包括资产的分类、确认、扣除方法和转让等几个方面的内容：

资产在税务处理方面可分为固定资产、生物资产、无形资产、长期待摊费用、投资资产、存货等几个主要类别。其中，投资资产是税法专门定义的概念，没有直接对应的会计概念；无形资产、长期待摊费用等定义的界定与会计准则不同。

《企业所得税法实施条例》第五十六条规定，企业的各项资产，包括固定资产、生物资产、无形资产、长期待摊费用、投资资产、存货等，以历史成本为计税基础。前款所称历史成本，是指企业取得该项资产时实际发生的支出。企业持有各项资产期间资产增值或者减值，除国务院财政、税务主管部门规定可以确认损益外，不得调整该资产的计税基础。

从理论上说，资产在同时满足以下条件时可确认为税务处理项目：一是与该资源有关的经济利益很可能流入企业，能够带来应税收入；二是该资源的成本或者价值能够可靠地计量。符合资产定义和资产确认条件的项目，允许进行税务处理；符合资产定义，但不符合资产确认条件的项目，不允许进行税务处理。《企业所得税法》第十一条、第十二条规定，与经营活动无关的资产，不得计算折旧、摊销费用，不允许扣除。

资产税务处理的扣除方法，包括固定资产和生物资产的折旧、无形资产和长期待摊费用的摊销、存货成本的结转、投资资产成本的扣除等。

根据《企业所得税法》第十六条规定，企业转让资产，该项资产的净值和转让费用，可以在计算应纳税所得额时扣除。

根据《企业所得税法》第十条第（七）项规定，企业各项资产按照会计准则计提的资产减值准备，在计算应纳税所得额时，不允许在税前扣除，应做纳税调整。

二、负债

《基本准则》第四章规定，负债是指企业过去的交易或者事项形成的、预期会导致经济利益流出企业的现时义务。现时义务是指企业在现行条件下已承担的义务。未来发生的交易或者事项形成的义务，不属于现时义务，不应当确认为负债。符合上述规定的负债定义的义务，在同时满足与该义务有关的经济利益很可能流出企业，且未来流出的经济利益的金额能够可靠地计量时，确认为负债。

企业所得税法对负债的处理，区分负债的法定义务和推定义务。

法定义务是指企业具有约束力的合同或者法律法规规定的义务所形成的负债，在税务处理上，一般不允许负债本身直接在税前扣除，但由于负债而产生的费用，符合税法规定的允许在税前扣除。例如，按照《企业所得税法》第八条、《企业所得税法实施条例》第三十七条、第三十八条的有关规定，短期借款、应付票据、应付账款、长期借款、应付债券、长期应付款等而产生的合理的借款费用，一般允许在税前扣除；但高于银行同期同类贷款利率的借款费用，不允许在税前扣除。

推定义务是指根据企业的经营习惯、对客户的承诺或者公开宣布的政策而导致企业将承担的义务所形成的负债，在税务处理上，一般不允许这些负债在税前扣除。例如，企业多年来制定了一项销售政策，对于售出商品提供一定期限内的售后保修服务，预期将为售出商品提供的保修服务就属于推定义务，应当将其确认为一项负债，但按照《企业所得税法》第八条的规定，此费用尚未发生时，不允许在税前扣除。企业的预提费用属于流动负债，还有预计负债、亏损合同等，也应当在实际发生时再在税前扣除。

三、所有者权益

《基本准则》第五章规定，所有者权益是指企业资产扣除负债后由所有者享有的剩余权益。公司的所有者权益又称为股东权益。所有者权益的来源包括所有者投入的资本、直接计入所有者权益的利得和损失、留存收益等。直接计入所有者权益的利得和损失，是指不应计入当期损益、会导致所有者权益发生增减变动的、与所有者投入资本或者向所有者分配利润无关的利得或者损失。利得是指由企业非日常活动所形成的、会导致所有者权益增加的、与所有者投入资本无关的经济利益的流入。损失是指由企业非日常活动所发生的、会导致所有者权益减少的、与向所有者分配利润无关的经济利益的流出。

在企业所得税上，不同来源的所有者权益的处理是不同的。

所有者投入的资本，包括构成企业注册资本或者股本的金额、投入资本超过注册资本或者股本部分的金额（即计入资本公积的资本溢价或者股本溢价），不计入企业的应纳税所得额。

直接计入当期利润，会导致所有者权益变化的利得和损失，包括接受现金捐赠、拨款转入、外币资本折算差额、债务的豁免、资产溢余等，按照《企业所得税法》第六条、《企业所得税法实施条例》第二十二条等方面的规定，应计入应纳税所得额征收企业所得税。

直接计入所有者权益的利得和损失，包括因重新计量设定受益计划净负债或净资产导致的变动、以公允价值计量且其变动计入其他综合收益的金融资产（权益工具）公允价值变动及外汇利得和损失、指定为以公允价值计量且其变动计入当期损益的金融负债因企业自身信用风险变动引起的公允价值变动、因自用房地产或存货的转换形成、因金融工具重分类形成、因资产负债表日的套期形成的，不计入企业的应纳税所得额。

留存收益是企业历年实现的净利润留存于企业的部分，主要包括累计计提的盈余公积和未分配利润，属于企业的税后利润，不应再重复征税。《企业所得税法实施条例》第十一条第二款规定，投资方企业从被清算企业分得的剩余资产，其中相当于从被清算企业累计未分配利润和累计盈余公积中应当分得的部分，应当确认为股息所得；剩余资产减除上述股息所得后的余额，超过或者低于投资成本的部分，应当确认为投资资产转让所得或者损失。

四、收入

《基本准则》第六章规定，收入是指企业在日常活动中形成的、会导致所有者权益增加的、与所有者投入资本无关的经济利益的总流入。收入只有在经济利益很可能流入从而导致企业资产增加或者负债减少，且经济利益的流入额能够可靠计量时才能予以确认。符合收入定义和收入确认条件的项目，应当列入利润表。

《企业所得税法》规定的收入定义，包括收入总额、不征税收入和免税收入等。企业以货币形式和非货币形式从各种来源取得的收入，为收入总额。包括：销售货物收入，提供劳务收入，转让财产收入，股息、红利等权益性投资收益，利息收入，租金收入，特许权使用费收入，接受捐赠收入和其他收入。收入总额中的下列收入为不征税收入：财政拨款，依法收取并纳入财政管理的行政事业性收费、政府性基金，国务院规定的其他不征税收入。企业的下列收入为免税收入：国债利息收入，符合条件的居民企业之间的股息、红利收入，在中国境内设立机构、场所的非居民企业从居民企业取得与该机构、场所有实际联系的股息、红利收入，符合条件的非营利公益组织的收入。

税法中的收入总额是一个包含收入内容往往比会计收入定义多的概念，从理论上说，能够提高企业纳税能力的收入，都应当计入收入总额，列入企业所得税纳税申报表。收入总额应是使企业资产总额增加或负债总额减少，同时导致所有者权益发生变化的收入。如果收入使资产与负债同额增或减，结果未导致所有者权益发生变化，则不是应税收入，如从银行贷款、企业代第三方收取的款项等，都不应当确认为收入。《企业所得税法实施条例》规定的一些应计入收入总额的内容，有不少在会计处理上是没有计入收入的。例如，第二十一条规定，企业所得税法第六条第（八）项所称接受捐赠收入，是指企业接受的来自其他企业、组织或者个人无偿给予的货币性资产、非货币性资产。第二十二条规定，企业所得税法第六条第（九）项所称其他收入，是指企业取得的除企业所得税法第六条第（一）项至第（八）项规定的收入外的其他收入，包括企业资产溢余收入、逾期未退包装物押金收入、确实无法偿付的应付款项、已作坏账损失处理后又收回的应收款项、债务重组收入、补贴收入、违约金收入、汇兑收益等。第二十五条规定企业发生非货币性资产交换，以及将货物、财产、劳务用于捐赠、偿债、赞助、集资、广告、样品、职工福利或者利润分配等用途的，应当视同销售货物、转让财产或者提供劳务，但国务院财政、税务主管部门另有规定的除外。部分内容在会计处理上可能没有计入收入。

五、费用

《基本准则》第六章规定，费用是指企业在日常活动中发生的、会导致所有者权益减少的、与向所有者分配利润无关的经济利益的总流出。费用只有在经济利益很可能流出从而导致企业资产减少或者负债增加，且经济利益的流出额能够可靠计量时，才能予以确认。企业为生产产品、提供劳务等发生的可归属于产品成本、劳务成本等的费用，应当在确认产品销售收入、劳务收入等时，将已销售产品、已提供劳务的成本等计入当期损益。企业发生的支出不产生经济利益的，或者即使能够产生经济利益但不符合或者不再符合资产确认条件的，应当在发生时确认为费用，计入当期损益。企业发生的交易或者事项导致其承担了一项负债而又不确认为一项资产的，应当在发生时确认为费用，计入当期损益。符合费用定义和费用确认条件的项目，应当列入利润表。

在企业所得税中，与费用对应的概念是扣除。《企业所得税法》第八条规定，企业实际发生的与取得收入有关的、合理的支出，包括成本、费用、税金、损失和其他支出，可以在计算应纳税所得额时扣除。《企业所得税法实施条例》第二十九条规定，企业所得税法第八条所称成本，是指企业在生产经营活动中发生的销售成本、销货成本、业务支出以及其他耗费。第三十条规定，企业所得税法第八条所称费用，是指企业在生产经营活动中发生的销售费用、管理费用和财务费用，已经计入成本的有关费用除外。在确定企业的应税收入后，企业会计处理的成本、费用项目哪些不允许扣除、哪些有限额扣除、哪些允许扣除，是企业所得税的核心问题。由于企业的成本、费用支出项目多、差别大，所以，企业所得税的扣除较为复杂。

根据《企业所得税法实施条例》第二十七条规定，企业所得税法第八条所称有关的支出，是指与取得收入直接相关的支出。企业所得税法第八条所称合理的支出，是指符合生产经营活动常规，应当计入当期损益或者有关资产成本的必要和正常的支出。第二十八条规定，企业发生的支出应当区分收益性支出和资本性支出。收益性支出在发生当期直接扣除；资本性支出应当分期扣除或者计入有关资产成本，不得在发生当期直接扣除。企业的不征税收入用于支出所形成的费用或者财产，不得扣除或者计算对应的折旧、摊销扣除。除企业所得税法和本条例另有规定外，企业实际发生的成本、费用、税金、损失和其他支出，不得重复扣除。以上规定，都是允许在税前扣除的原则。我们再对几个原则做一些理论解释：

（一）正常性原则

企业所得税的正常性原则，是指纳税人一项支出必须是正常的成本、费用和损失，符合经营常规，才允许在税前扣除。所谓正常性包括两层含义：第一，成本、费用和损失必须是在某一取得所得的经营活动中正常发生的，是纳税人在自己的特定经营中经常或习惯支出的。这主要根据纳税人经营的性质来判断。例如，狗食支出对宠物商店来说是正常的费用，而对于汽车修理店来说就不是正常的费用。第二，费用支出应归属于当前的纳税年度或会计期间。例如，一个企业当年支付了今后五年的广告费，如果一次性在税前扣除是非正常的。正常性原则的实施，往往依赖于税务人员的职业判断，这要求提高税务干部的业务素质。

（二）必要性原则

企业所得税的必要性原则，是指一项费用只有对企业的生产经营是必要的才允许在税前扣除。必要的费用是对纳税人取得所得的活动来说是具有经营目的的、适当的、有益的；对其他同类型企业的理性和谨慎的经营者来说在类似的环境下都会发生。在大多数情况下，对于费用是否允许税前扣除，主要从支出在经营上的有无必要性进行判断，而不是支出所带来的结果进行判断。例如，一个企业家爱好文物收藏，企业购买了一些具有历史价值的珍贵文物，吸引了一些爱好文物的人来观看，这些人不少成了该企业的大客户。虽然购买文物支出为企业带来了一些利润，但此项支出不是企业生产经营的必要条件，因此不允许在税前扣除。必要性原则可以在判断企业的支出是否允许扣除上广泛应用。

（三）合理性原则

企业所得税的合理性原则，是指一项成本或费用只有在内容和数额上都是合理的，才允许在税前扣除，否则要进行纳税调整。例如，《企业所得税法实施条例》第三十四条规定，企业发生的合理的工资薪金支出，准予扣除。第三十七条规定，企业在生产经营活动中发生的合理的不需要资本化的借款费用，准予扣除。第四十八条规定，企业发生的合理的劳动保护支出，准予扣除。另外，合理性原则经常出现在涉及关联方交易的纳税调整中。当非关联方为追求自身最大利益以公平价格进行交易时，最终谈判结果一般是市场公允价格。然而，当关联方不按照独立企业之间的业务往来，通过比公平交易高或低的价格收取或支付价款、费用，进行关联交易转移利润时，则被视为违反合理性原则，税务机关有权进行合理调整。

（四）合法性原则

企业所得税的合法性原则，是指企业在计算应纳税所得额时，不论费用是否真实发生、确定、相关、必要、合理与否，如果是非法支出，即便是按照财务会计制度已作为费用列支，也不允许在税前扣除。例如，违反法律、行政法规规定经营而支付的罚金、罚款、滞纳金和被政府没收财物的损失，违法支付给个人的回扣，贿赂支出等，均不准在税前扣除。需要说明的是合法性原则主要是针对成本、费用扣除而言，对于收入来说，不应受合法性的限制，即对所有收入均应纳入企业的收入总额征税，不论是合法收入还是非法收入，这可以部分校正司法的不健全。

现行的财务会计制度核算结果对于征收企业所得税来说，多数实际发生的正常的、必要的、合理的、相关的成本费用支出是可以扣除的，可以依据会计计算的基础直接使用。但有些支出从征税的角度是应该限制扣除或不允许扣除的，税法已明确作了规定。纳税人应按照税法的要求，填报纳税申报表。企业在会计处理上可以根据会计准则决定本企业的会计核算及各项列支项目和标准，反映企业的经营成果，设立报表，但企业向税务机关报送的纳税申报表，应是按税法的规定和计税标准计算的。

六、利润

《基本准则》第八章规定，利润是指企业在一定会计期间的经营成果。利润包括收入减去费用后的净额、直接计入当期利润的利得和损失等。直接计入当期利润的利得和损失，是指应当计入当期损益、会导致所有者权益发生增减变动的、与所有者投入资本或者向所有者分配利润无关的利得或者损失。利润金额取决于收入和费用、直接计入当期利润的利得和损失金额的计量。利润项目应当列入利润表。

企业所得税是对企业纯收益的征税，在企业所得税中，与利润对应的概念是应纳税所得额。《企业所得税法》第五条规定，企业每一纳税年度的收入总额，减除不征税收入、免税收入、各项扣除以及允许弥补的以前年度亏损后的余额，为应纳税所得额。

应当注意的是，会计的亏损概念，与税法亏损概念、损失概念是有区别的：会计利润为负数时，即是亏损。税法规定的亏损不同于会计亏损概念，根据《企业所得税法实施条例》第十条规定，企业所得税法所称亏损，是指企业依照企业所得税法和本条例的规定将每一纳税年度的收入总额减除不征税收入、免税收入和各项扣除后小于零的数额。所以，税法上允许弥补的亏损，并非是企业的会计亏损，而是按照税法计算的亏损。另外，根据《企业所得税法实施条例》第三十二条规定，企业所得税法所称损失，是指企业在生产经营活动中发生的固定资产和存货的盘亏、毁损、报废损失，转让财产损失，呆账损失，坏账损失，自然灾害等不可抗力因素造成的损失以及其他损失。所以，税法上所说的损失，也是指有特定意义的损失。

应纳税所得额经常是大于利润额的。这是因为企业的有些费用在会计上允许列支，但在税法规定中是不允许在税前扣除的，还有些费用是有限额在税前扣除的。根据《企业所得税法》第二十一条规定，在计算应纳税所得额时，企业财务、会计处理办法同税收法律、行政法规的规定不一致的，应当依照税收法律、行政法规的规定计算纳税。

应纳税所得额在一定条件下，也可能小于利润额。这是因为企业有《企业所得税法》第二章规定的不征税收入，第四章规定的免税收入、加计扣除、减计收入等税收优惠，并且企业所得税还允许弥补以前年度的亏损。

第七节　计税基础、会计计量的差异

一、计税基础

在企业所得税中，计税基础是指计算应纳税所得额的基础，它是指在计算应纳税所得额时，按照税法规定允许扣除的资产成本金额。《企业所得税法实施条例》第五十六条规定，企业的各项资产，包括固定资产、生物资产、无形资产、长期待摊费用、投资资产、存货等，以历史成本为计税基础。例如，《企业所得税法》第十五条规定，企业领用或者销售存货，按照规定计算的存货成本，可以在计算应纳税所得额时扣除。这里按照规定计算的存货成本就是存货的计税基础。再如，第十六条规定，企业转让资产，该项资产的净值和转让费用，可以在计算应纳税所得额时扣除。这里该项资产的净值就是计税基础。

准则采用资产负债表债务法确认递延所得税负债或递延所得税资产，这就要求企业在取得资产、负债时，应当确定其计税基础。所以，准则也引入了“计税基础”的概念。

资产的计税基础，是指企业收回资产账面价值过程中，计算应纳税所得额时按照税法规定可以自应税经济利益中抵扣的金额。例如，企业应收账款的账面价值为100元，相关的收入已包括在本期应税收入中，未来收回时100元都不构成应纳税所得额，该应收账款的计税基础就是其账面价值100元，没有差异；企业一台设备的原值为100元，折旧30元已在当期和以前期间抵扣，折余价值70元将在未来期间作为折旧或通过处置作为一项减项从应纳税所得额中抵扣，未来收回时70元都不构成应纳税所得额，该设备的计税基础就是其账面价值70元，没有差异；企业一项存货的原值为100元，已经计提跌价准备40元，账面价值为60元，在未来销售过程中可以抵扣应税经济利益的成本是100元，存货的计税基础是100元，产生可抵扣暂时性差异40元。

负债的计税基础，是指负债的账面价值减去未来期间计算应纳税所得额时按照税法规定可予抵扣的金额。例如，企业账面金额为100元的应付工资，本期计税时相关的费用已抵扣，未来期间支付后不得从应税所得中抵扣，该应付工资的计税基础是100元，没有差异；企业账面金额为100元的应付罚款，计税时该项罚款不可抵扣，该应付罚款的计税基础是100元，没有差异；企业账面金额为100元的预计产品保修费用，相关费用按收付实现制予以征税，该预计费用的账面价值是100元，在未来保修时可以抵扣应纳税所得额为100元，计税基础是0元，产生可抵扣暂时性差异100元；企业账面金额为100元的预收房地产业务收入，相关收入按收付实现制予以征税已经完税，未来结转时可以抵扣应纳税所得额为100元，计税基础为0元，产生可抵扣暂时性差异100元。

二、会计计量

会计计量，是指企业在将符合确认条件的会计要素登记入账并列报于会计报表及其附注时，应当按照规定的会计计量属性进行计量，确定其金额。计量属性是指所予计量的某一要素的特性方面，如公路的长度、矿石的重量、土地的面积等。从会计角度，计量属性反映的是会计要素金额的确定基础。《基本准则》第四十二条规定，会计计量属性主要包括：历史成本、重置成本、可变现净值、现值和公允价值。第四十三条规定，企业在对会计要素进行计量时，一般应当采用历史成本，采用重置成本、可变现净值、现值、公允价值计量的，应当保证所确定的会计要素金额能够取得并可靠计量。下面我们对各种会计计量属性分别考察：

（一）历史成本

在历史成本计量下，资产按照购置时支付的现金或者现金等价物的金额，或者按照购置资产时所付出的对价的公允价值计量。负债按照因承担现时义务而实际收到的款项或者资产的金额，或者承担现时义务的合同金额，或者按照日常活动中为偿还负债预期需要支付的现金或者现金等价物的金额计量。

在企业所得税计税基础的确定上，历史成本原则是指企业的各项财产在取得时应当按照实际成本计量，在计算应纳税所得额时，按历史成本扣除。所谓历史成本，就是企业取得某项财产所实际支付的现金及其等价物，即实际发生的支出。物价变动虽然对财产的市场价值有影响，除税法另有规定外，企业不得调整财产的账面价值或计税成本。历史成本有原始凭证作为依据，较为客观，具有可验证性和易于取得的特点，所以为企业所得税计税所用。资产的计税基础，一般应当采用历史成本，因为历史成本是交易双方认同的价格，人为估计等主观因素程度较低，其真实性、可验证性在所有计量方法中最高。

在按历史成本确定各项财产的计税价值后，各项财产如果发生减值，除税法规定允许扣除的准备金外，企业在计算应纳税所得额时，不得计提坏账准备、债券投资减值准备、短期投资跌价准备、委托贷款减值准备、存货跌价准备、长期股权投资减值准备、固定资产减值准备、无形资产减值准备、在建工程减值准备等各项财产的减值准备；只有各项财产真正发生损失、永久或实质性损害时，才允许按历史成本未在税前扣除或摊销的部分在税前扣除或摊销。

在按历史成本确定各项财产的计税基础后，各项财产如果评估增值或者按照公允价值处置获取收益，只有在企业将评估增值的部分和处置收益计入应纳税所得额缴纳了所得税以后，才允许将该项财产按照评估增值和公允价值重新确定计税成本；否则，企业不得自行调整其各项财产的账面价值，一律按照历史成本计税。企业重组发生的各项资产交易，在税收上确认了收益或者损失的，相关资产可以按重新确认的价值确定计税基础。

（二）重置成本

在重置成本计量下，资产按照现在购买相同或者相似资产所需支付的现金或者现金等价物的金额计量。负债按照现在偿付该项债务所需支付的现金或者现金等价物的金额计量。

在企业所得税计税基础的确定上，重置成本原则是指按照当前的市场条件，重新取得同样一项资产所需支付的现金或现金等价物金额。例如，企业盘盈的固定资产，应当以重置成本作为计税基础；又如，企业的拆迁补偿，应当以重置成本作为计税基础。

（三）可变现净值

在可变现净值计量下，资产按照其正常对外销售所能收到现金或者现金等价物的金额扣减该资产至完工时估计将要发生的成本、估计的销售费用以及相关税费后的金额计量。可变现净值，是指在正常生产经营过程中，以预计售价减去进一步加工成本和预计销售费用以及相关税费后的净值。可变现净值通常应用于存货资产减值情况下的后续计量。在企业所得税计税基础的确定上，一般不应用可变现净值。

（四）现值

在现值计量下，资产按照预计从其持续使用和最终处置中所产生的未来净现金流入量的折现金额计量。负债按照预计期限内需要偿还的未来净现金流出量的折现金额计量。现值是指未来现金流量以恰当的折现率进行折现后的价值，是考虑货币时间价值的一种计量属性。现值通常用于非货币性资产可收回金额和以摊余成本计量的金融资产价值的确定等。例如，在确定固定资产、无形资产等可收回金额时，通常需要计算资产预计未来现金流量的现值；对于持有至到期投资、贷款等以摊余成本计量的金融资产，通常需要使用实际利率法将这些资产在预期存续期间或适用的更短期间内的未来现金流量折现，再通过相应的调整确定其摊余成本。在企业所得税计税基础的确定上，一般不应用现值。

（五）公允价值

在公允价值计量下，资产和负债按照市场参与者在计量日发生的有序交易中，出售一项资产所能收到或者转移一项负债所需支付的价格计量。公允价值主要应用于交易性金融资产、以公允价值计量且其变动计入综合收益的金融资产的计量等。

在企业所得税中，公允价值的应用十分广泛。企业所得税的公允价值原则，亦称"独立交易原则""公平独立原则""公平交易原则""正常交易原则"等，是指企业经营中的商品交易价值，应按照市场公允价值确定。

在收入认定上，根据《企业所得税法实施条例》第十三条规定，企业所得税法第六条所称企业以非货币形式取得的收入，应当按照公允价值确定收入额。前款所称公允价值，是指按照市场价格确定的价值。第二十四条采取产品分成方式取得收入的，按照企业分得产品的日期确认收入的实现，其收入额按照产品的公允价值确定。

在资产的税务处理上，根据《企业所得税法实施条例》第五十八条、第六十二条、第六十六条规定，通过捐赠、投资、非货币性资产交换、债务重组等方式取得的固定资产、生产性生物资产、无形资产，以该资产的公允价值和支付的相关税费为计税基础。第七十一条规定，通过支付现金以外的方式取得的投资资产，以该资产的公允价值和支付的相关税费为成本。第七十二条规定，通过支付现金以外的方式取得的存货，以该存货的公允价值和支付的相关税费为成本。

在特别纳税调整中，如果企业与关联方进行交易，应将关联方视同完全独立的无关联关系的企业或个人，依据市场条件下所采用的计价标准或价格来处理其相互之间的收入和费用分配。关联方之间按照无关联关系企业或个人在相同或类似条件下确定的交易价格，可以视作正常交易价格。独立交易原则目前已被世界大多数国家的所得税法所接受和采纳，成为税务部门处理关联方之间收入和费用分配的指导原则。《企业所得税法》第四十一条规定，企业与其关联方之间的业务往来，不符合独立交易原则而减少企业或者其关联方应纳税收入或者所得额的，税务机关有权按照合理方法调整。企业与其关联方共同开发、受让无形资产，或者共同提供、接受劳务发生的成本，在计算应纳税所得额时应当按照独立交易原则进行分摊。

第二章　收入

第一节　收入会计处理与税务处理的差异

一、收入概念的界定

（一）会计处理

2017年7月5日，财政部对《企业会计准则第14号——收入》进行了修订，与原收入会计准则相比，主要修订内容有以下四个方面：一是将原有收入会计准则和建造合同会计准则合并，不再区分销售商品、提供劳务、建造合同等收入，统一适用收入会计准则。二是新收入会计准则建立了五步法模型，依次为：识别与客户订立的合同、辨识合同中的履约义务、确定交易价格、将交易价格分摊至每项履约义务、在主体履行义务的时点或过程中确认收入。三是将销售收入确认时点由风险和报酬转移调整为控制权转移。原收入会计准则在所有权转移时确认收入实现，而新收入会计准则要求，所有交易采用统一标准来确认收入（在一段期间内或某一时点），对于包含多重交易安排的合同的会计处理提供更明确的指引。四是对特定交易的处理方式更为明确。新收入会计准则对附有销售退回条款的销售、附有质量保证条款的销售、附有客户额外购买选择权的销售、售后回购等特定交易均进行了明确规定。

根据会计准则规定，收入是指企业在日常活动中形成的、会导致所有者权益增加的、与所有者投入资本无关的经济利益的总流入。收入准则所涉及的收入，包括销售商品收入、提供劳务收入和让渡资产使用权收入。企业代第三方收取的款项，应当作为负债处理，不应当确认为收入。长期股权投资、金融工具、建造合同、租赁、保险合同等形成的收入，适用其他相关会计准则。

（二）税务处理

根据《企业所得税法》第六条规定，企业以货币形式和非货币形式从各种来源取得的收入，为收入总额。包括：销售货物收入；提供劳务收入；转让财产收入；股息、红利等权益性投资收益；利息收入；租金收入；特许权使用费收入；接受捐赠收入；其他收入。第七条规定，收入总额中的下列收入为不征税收入：财政拨款；依法收取并纳入财政管理的行政事业性收费、政府性基金；国务院规定的其他不征税收入。第二十六条规定，企业的下列收入为免税收入：国债利息收入；符合条件的居民企业之间的股息、红利收入；在中国境内设立机构、场所的非居民企业从居民企业取得与该机构、场所有实际联系的股息、红利收入；符合条件的非营利公益组织的收入。

根据《企业所得税法实施条例》第十二条规定，企业所得税法第六条所称企业取得收入的货币形式，包括现金、存款、应收账款、应收票据、准备持有至到期的债券投资以及债务的豁免等。企业所得税法第六条所称企业取得收入的非货币形式，包括固定资产、生物资产、无形资产、股权投资、存货、不准备持有至到期的债券投资、劳务以及有关权益等。第十三条规定，企业所得税法第六条所称企业以非货币形式取得的收入，应当按照公允价值确定收入额。前款所称公允价值，是指按照市场价格确定的价值。

二、会计准则与企业所得税法对收入定义的差异

会计准则与税法界定的收入概念的差异，体现在若干方面：

第一，税法中的收入总额，是一个包含收入内容往往比会计准则规定更广的概念，一切能够提高企业纳税能力的收入，都应当计入收入总额，列入企业所得税纳税申报表。收入总额应是使企业资产总额增加或负债总额减少，同时导致所有者权益发生变化、纳税能力提高的收入。如果收入使资产与负债同额增或减，结果未导致所有者权益发生变化、纳税能力提高，则不是应税收入，如从银行贷款、企业代第三方收取的款项等，都不应当确认为收入总额。

第二，会计准则与税法界定收入的范围不同。会计收入准则只规范销售商品收入、提供劳务收入和让渡资产使用权收入，长期股权投资、金融资产、套期工具、建造合同、租赁、保险合同等形成的收入，适用其他相关会计准则。税法计入收入

总额的收入项目要比会计上的收入更多，企业的销售货物收入、提供劳务收入、转让财产收入、股息红利等权益性投资收益、利息收入、租金收入、特许权使用费收入、接受捐赠收入、企业资产溢余收入、确实无法偿付的应付款项、企业已作坏账损失处理后又收回的应收款项、债务重组收入、补贴收入、违约金收入、视同销售收入等，都应当计入收入总额。

第三，企业所得税有不征税收入的概念，会计上没有此概念。税法上的不征税收入，是指从企业所得税原理上讲应永久不列为征税范围的收入范畴，从性质上和根源上不属于企业营利性活动带来的经济利益，不负有纳税义务的收入。因为从企业所得税的立法精神来看，所得税的税基应是企业经营活动所产生的所得，而政府预算拨款、依法收取并纳入财政管理的行政事业性收费、政府性基金等，对这种性质的收入如果征税，会导致无意义地增加政府的收入与支出成本。非应税收入不属于税收优惠。

第四，企业所得税有免税收入的概念，会计上没有此概念。企业所得税的免税收入，是指企业负有纳税义务，而政府根据社会经济政策目标的需要，可以在一定时间免予征税，而在一定时期又有可能恢复征税的收入。如国债利息收入，居民企业之间的股息、红利收入，中国境内设立机构、场所的非居民企业从居民企业取得与该机构、场所有实际联系的股息、红利收入，非营利公益组织的非营利收入等。免税收入属于税收优惠。

三、“日常活动”标准分析

会计准则规定，收入是指企业在日常活动中形成的、会导致所有者权益增加的、与所有者投入资本无关的经济利益的总流入。其中“日常活动”，是指企业为完成其经营目标所从事的经常性活动以及与之相关的活动。例如，工业企业制造并销售产品、商品流通企业销售商品、保险公司签发保单、咨询公司提供咨询服务、软件企业为客户开发软件、安装公司提供安装服务、商业银行对外贷款、租赁公司出租资产等，均属于企业为完成其经营目标所从事的经常性活动，由此产生的经济利益的总流入构成收入。工业企业转让无形资产使用权、出售不需用原材料等，属于与经常性活动相关的活动，由此产生的经济利益的总流入也构成收入。企业处置固定资产、无形资产等活动，不是企业为完成其经营目标所从事的经常性活动，不属于与经常性活动相关的活动，由此产生的经济利益的总流入不构成收入，应当确认为营业外收入。

税法规定，企业以货币形式和非货币形式从各种来源取得的收入，为收入总额。也就是说，不是企业“日常活动”，不是企业为完成其经营目标所从事的经常性活动以及与之相关的活动而取得的收入，如一次性、偶然性、临时性等其他收入，也应并入收入总额。原因有以下三点：

第一，随着市场经济的发展，企业经济活动日趋复杂，所得来源也趋于多样化、不规则化。例如，企业除了一般的生产经营收入外，都会有一定数量的临时性投资所得，转让固定资产、流动资产收入，转让商标权、专利权、专有技术收入，资产盘盈收入，因债权人原因确实无法支付的应付款而获得的所得等，这些收入都会提高纳税人的纳税能力，如果这些收入都不计入收入总额，那么必然会使国家的很大一部分财源流失，也会使税制不适应经济的发展。

第二，对一次性、偶然性、临时性收入不课税，有损于税收的公平原则。偶然所得同样会增加企业的负税能力，对于两个收入数额相同的人，对一企业因是取得日常活动收入而多课税，而对另一企业因是取得一次性、偶然性、临时性收入不课税，不符合税收的横向公平原则；同时，对于由于有临时或不规则收入而有较多所得的企业，如果课征和所得少的企业同量的税收，这也不利于实现税收的纵向公平。这样会损害税制公平，减弱所得税的调节机能。

第三，仅对日常活动收入征税，不符合“扩大税基”的税制改革方向。从世界各国所得税立法采用的应税所得概念看，大部分采用包括型所得概念，对临时、偶然所得征税，征税所得范围广于限制型所得和交易型所得的概念，但小于“S—H—S 所得概念”，只对日常活动收入、连续性所得征税是一种遵循“周期说”的限制型的所得概念，从理论上的“所得源泉说”向“资产增加说”的推移是一般常见的。我国税制改革也是本着扩大税基的方向，我们已不再固守“周期说”的应税所得概念。

因此，无论从理论上讲，还是从实践中看，企业所得税都不适用“日常活动”标准，应税所得都不应仅限于连续性所得，即临时性偶然性所得也应是应税所得。例如，企业处置固定资产、无形资产等活动，不是企业为完成其经营目标所从事的经常性活动，也不属于与经常性活动相关的活动，由此产生的经济利益的总流入在会计上不构成收入，确认为营业外收入，但在计算应纳税所得额时，应计入转让财产收入。又如，企业的接受捐赠收入、企业资产溢余收入、确实无法偿付的应付款项、企业已作坏账损失处理后又收回的应收款项、债务重组收入、补贴收入、违约金收入、视同销售收入等，都不一定符合“日常活动”标准，但都应当计入收入总额。

第二节　收入确认会计处理及税务处理的差异

旧《收入准则》要求区分商品销售收入和提供劳务收入，并且强调在将商品所有权主要风险和报酬转移给购买方时确认商品销售收入，实务中有时难以判断。新《收入准则》打破商品和劳务的界限，企业应当在履行了合同中的履约义务，即在客户取得相关商品控制权时确认收入。确认收入不再是从企业角度分析是否转移了风险并获取了相关的经济利益，而是从客户的角度进行分析，判断商品的控制权是否发生转移，是否从企业转移给了客户。确认商品收入实现过程可以分解为识别与客户之间的合同、识别合同中的单项履约义务、确定交易价格、将交易价格分配至单项履约义务、在企业履行履约义务时确认收入，即“五步法”确认收入。

一、识别与客户之间的合同

（一）会计规定

新《收入准则》第五条规定，当企业与客户之间的合同同时满足下列五项条件时，企业应当在客户取得相关商品控制权时确认收入：（1）合同各方已批准该合同并承诺将履行各自义务。（2）该合同明确了合同各方与所转让商品或提供劳务相关的权利和义务。（3）该合同有明确的与所转让商品相关的支付条款。（4）该合同具有商业实质，即履行该合同将改变企业未来现金流量的风险、时间分布或金额。（5）企业因向客户转让商品而有权取得的对价很可能收回。

企业在确认商品收入实现之前，首先要判断合同约定的权利和义务是否具有法律约束力，商品收入确认的实质是对合同规定的权利义务的确认，反映合同履行情况。不同的企业可能采取不同的方式和流程与客户订立合同，需要根据企业所处的法律环境和实务操作进行判断。合同各方均有权单方面终止完全未执行的合同，且无需对合同其他方做出补偿的，该合同应当被视为不存在，其中，完全未执行的合同，是指企业尚未向客户转让任何合同中承诺的商品，也尚未收取且尚未有权收取已承诺商品的任何对价的合同。

判断合同是否具有商业实质，是指履行该合同将改变企业未来现金流量的风险、时间分布或金额。没有商业实质的非货币性资产交换，无论何时均不应确认收入。从事相同业务经营的企业之间，为便于向客户或潜在客户销售而进行的非货币性资产交换，不应当确认收入。

判断收回对价的安全性。企业在评估其因向客户转让商品而有权取得的对价是否很可能收回时，仅应考虑客户到期时支付对价的能力和意图，不需要考虑是否能够收回全部价款。例如，如果企业向客户提供了价格折让，企业有权收取的对价金额很可能低于合同标价，这并不影响判断该合同符合“企业因向客户转让商品而有权取得的对价是否很可能收回”这一条件。

对于不符合五项条件的合同，企业只有在不再负有向客户转让商品的剩余义务，且已向客户收取的对价无需退回时，才能将已收取的对价确认为收入；否则，应当将已收取的对价作为负债进行会计处理。该负债代表了企业在未来负有向客户转让商品或者支付退款的义务。

（二）税务处理

在税务处理上，销售货物收入的确认条件，一般是以会计处理确认的收入为基础，但两者也存在一定差异。

第一，税法上确认收入的实现，主要考虑的是企业是否已经具备纳税能力，已具备纳税能力的应确认为收入，尚未具备纳税能力的可暂不确认，因为此时纳税人尚无财力缴税。

第二，税法上确认收入，一般较为注重收入实现的法律标准，不需要进行会计职业判断，确认收入的标准具有固定性。税法确认收入时，不考虑合同是否具有商业实质，只要资产权属发生转移，就应该按照税法的相关规定确认收入。如果双方未约定价格，则按照移送资产时该资产的公允价值计量。税法确认收入时，不考虑企业有权取得的对价是否很可能收回，如果确认收入后，企业有确切证据证明企业无法收回收入所对应的应收账款，则根据资产损失管理办法的相关规定确认坏账损失并税前扣除。

第三，税法上确认收入的标准，应让有避税企图的纳税人无机可乘。根据《国家税务总局关于确认企业所得税收入若干问题的通知》（国税函〔2008〕875 号）第一条规定，企业销售商品同时满足下列条件的，应确认收入的实现：（1）商品销售合同已经签订，企业已将商品所有权相关的主要风险和报酬转移给购货方。（2）企业对已售出的商品既没有保留通常与所有权相联系的继续管理权，也没有实施有效控制。（3）收入的金额能够可靠地计量。（4）已发生或将发生的销售方的成本能够可靠地核算。

二、识别合同中的单项履约义务

（一）会计规定

新《收入准则》第九条规定，合同开始日，企业应当对合同进行评估，识别该合同所包含的各单项履约义务。履约义务，是指合同中企业向客户转让可明确区分商品的承诺。履约义务既包括合同中明确的承诺，也包括由于企业已公开宣布的政策、特定声明或以往的习惯做法等导致合同订立时客户合理预期企业将履行的承诺。例如，企业与客户签订销售合同时虽然合同没有专门条款约定，但企业在宣传广告中称将为客户提供为期 5 年的免费保养服务，使客户对于企业提供的保养服务形成合理预期，企业应当考虑该项服务是否构成单项履约义务。识别单项履约义务，也就是识别企业在合同中向客户转让可明确区分商品的承诺。其包括两种情况：一是企业向客户转让可明确区分商品（或者商品的组合）的承诺；二是企业向客户转让一系列实质相同且转让模式相同的，可明确区分商品的承诺。

首先，企业向客户转让可明确区分商品。企业向客户承诺的商品形式多样，包括企业自己生产的产品，企业外购的企业向客户提供的各种服务或劳务，随时准备向客户提供商品或提供随时可供客户使用的服务（如随时准备为客户提供软件更新服务等），向客户提供的商品购买选择权等。新《收入准则》第十条规定，企业向客户承诺的商品同时满足下列两个条件的，应当作为可明确区分商品：一是客户能够从该商品本身或从该商品与其他易于获得资源一起使用中受益；二是企业向客户转让该商品的承诺与合同中其他承诺可区分。其中：（1）客户能够从该商品本身或从该商品与其他易于获得资源一起使用中受益，即该商品对客户有用，包括使用价值和价值，客户能够单独使用、消耗该商品，或者可以以高于账面价值的价格出售商品获益。（2）企业向客户转让该商品的承诺与合同中其他承诺可单独区分，即转让该商品的承诺在合同中是可明确区分的。企业确定了商品本身能够明确区分后，还应当在合同层面继续评估转让该商品的承诺是否与合同中其他承诺彼此之间可明确区分。这一评估的目的在于确定承诺的性质，即根据合同约定，企业承诺转让的究竟是每一单项商品，还是由这些商品组成的一个或多个组合产出。大多数情况下，组合产出的价值应当高于或者显著不同于各单项商品的价值总和。

其次，企业向客户转让一系列实质相同且转让模式相同的、可明确区分的商品。当企业向客户连续转让某项承诺的商品时，如每天提供类似劳务的长期劳务合同等，如果这些商品属于实质相同且转让模式相同的一系列商品，企业应当将这一系列商品作为单项履约义务。其中，转让模式相同，是指每一项可明确区分的商品均满足商品应在某一时段内履行履约义务的条件，且采用相同方法确定其履约进度。

（二）税务处理

根据《企业所得税法实施条例》第十四条的规定，销售货物收入，是指企业销售商品、产品、原材料、包装物、低值易耗品以及其他存货取得的收入。根据《中华人民共和国所得税法实施条例释义及适用指南》的解释，企业应当按照从购货方已收或应收的合同或协议价款确定销售货物收入的金额。新《收入准则》的规定，如果一个合同中包括多个履约义务时，每一个单项履约义务完成时，该履约义务即可确认收入，即会计核算收入不再是以合同的完成作为收入确认的标准，而是以每一个单项履约义务的完成为标准。合同的完成和单项履约义务完成，两者的概念范围不同，例如，合同中约定企业销售商品的同时承诺免费维修 3 年，按照会计准则规定，如果免费维修的承诺是给客户提供的重大权利，则维修承诺是一项单项履约义务，所售商品是另一项单项履约义务，该合同包含两项单项履约义务；按照税法规定，该合同只包括一种商品的销售，免费维修属于售后服务业务，维修发生的支出作为费用确认，这种承诺不属于企业销售的商品。再如，乙公司与客户签订合同，向客户出售本公司所生产的设备并提供安装服务，因客户需要定制设备尺寸，所以双方协商一致加收设备款和安装费。由于乙公司要按照客户需要进行定制化修改，安装服务与定制设备在合同背景下为一个整体，无法将设备与市场上其他供应商提供的安装服务一起在使用中获益，所以乙公司不能将该安装服务作为单项履约义务，应当将设备和安装服务合并作为一项单项履约义务。按照企业所得税法规定，该合同包含商品和安装服务两项内容，应按照各自的价格分别确认收入。

三、确定交易价格

交易价格，是指企业因向客户转让商品而预期有权收取的对价金额。企业代第三方收取的款项（如增值税）以及企业预期将退还给客户的款项，应当作为负债进行会计处理，不计入交易价格。合同标价并不一定代表交易价格，企业应当根据合同条款，并结合以往的交易习惯确定交易价格。在确定交易价格时，企业应当考虑可变对价、合同中存在的重大融资成分、非现金对价以及应付客户对价等因素的影响，并应当假定将按照现有合同的约定向客户转移商品，且该合同不会被取消、续约或变更。

（一）可变对价

1. 会计规定

企业与客户的合同中约定的对价金额可能是固定的，也可能会因折扣、价格折让、返利、退款、奖励积分、激励措施、业绩奖金、索赔等因素而变化。此外，企业有权收取的对价金额，将根据一项或多项或有事项的发生有所不同的情况，也属于可变对价的情形。企业在判断合同中是否存在可变对价时，不仅应当考虑合同条款的约定，在下列情况下，即使合同中没有明确约定，合同的对价金额也是可变的：一是根据公开宣布的政策、特定声明或者以往的习惯做法等，客户能够合理预期企业会以折扣、返利等形式提供价格折让。二是其他相关事实和情况表明，企业在与客户签订合同时打算向客户提供价格折让。企业在确认可变对价时，应按照可变对价的最佳估计数确定。最佳估计数是指企业的期望值或最可能发生的金额。企业按照最佳估计数确定可变对价金额之后，计入交易价格的可变对价金额还应该满足限制条件，即包含可变对价的交易价格，应当不超过在相关不确定性消除时，累计已确认的收入极可能不会发生重大转回的金额。每一资产负债表日，企业应当重新估计可变对价金额（包括重新评估对可变对价的估计是否受到限制），以如实反映报告期末存在的情况以及报告期内发生的情况变化。

2. 税务处理

根据《企业所得税法》第六条规定，企业以货币形式和非货币形式从各种来源取得的收入，为收入总额，包括销售货物收入。企业以货币形式取得的收入，包括现金、存款、应收账款、应收票据、准备持有至到期的债券投资以及债务的豁免等。企业以非货币形式取得的收入，包括存货、固定资产、投资性房地产、生物资产、无形资产、股权投资、劳务、不准备持有至到期的债券投资等资产以及其他权益。企业以非货币形式取得的收入，应当按公允价值确定收入额。公允价值，是指按照资产的市场价格、同类或类似资产市场价值基础确定的价值。

税法不考虑可变对价因素对价格可能产生的影响，应按照合同约定的金额确认收入，如果交易完成后实际出现了价格调整情况，再根据实际情况进行调整。根据《国家税务总局关于确认企业所得税收入若干问题的通知》（国税函〔2008〕875号）第一条规定，企业为促进商品销售而在商品价格上给予的价格扣除属于商业折扣，商品销售涉及商业折扣的，应按照扣除商业折扣后的金额确定销售商品收入金额。企业因售出商品的质量不合格等原因而在售价上给的减让属于销售折让；企业因售出商品质量、品种不符合要求等原因而发生的退货属于销售退回。企业已经确认销售收入的售出商品发生销售折让和销售退回，应在发生当期冲减当期销售商品收入。

（二）非现金对价

1. 会计规定

当企业因转让商品而有权向客户收取的对价是非现金形式时，如实物资产、无形资产、股权、客户提供的广告服务等。企业通常应当按照非现金对价在合同开始日的公允价值确定交易价格。非现金对价公允价值不能合理估计的，企业应当参照其承诺向客户转让商品的单独售价间接确定交易价格。非现金对价的公允价值可能会因对价的形式而发生变动，也可能会因为其形式以外的原因而发生变动。合同开始日后，非现金对价的公允价值因对价形式以外的原因而发生变动的，应当作为可变对价，按照与计入交易价格的可变对价金额的限制条件相关的规定进行处理；合同开始日后，非现金对价的公允价值因对价形式而发生变动的，该变动金额不应计入交易价格。

2. 税务处理

《企业所得税法实施条例》第十三条规定，《企业所得税法》第六条所称企业以非货币形式取得的收入，应当按照公允价值确定收入额。公允价值是指按照市场价格确定的价值。第二十五条规定，企业发生非货币性资产交换，应当视同销售货物、转让财产或者提供劳务，但国务院财政、税务主管部门另有规定的除外。

（三）应付客户对价

1. 会计规定

企业在向客户转让商品的同时，需要向客户或第三方支付对价的，应当将该应付对价冲减交易价格，但应付客户对价是为了自客户取得其他可明确区分商品的除外。这里的应付客户对价还包括可以抵减应付企业金额的相关项目金额，如优惠券、兑换券等。在对应付客户对价冲减交易价格进行会计处理时，企业应当在确认相关收入与支付（或承诺支付）客户对价两者孰晚的时点冲减当期收入。

2. 税务处理

根据《企业所得税法》第六条规定，企业以货币形式和非货币形式从各种来源取得的收入，为收入总额，包括销售货物收入。企业以货币形式取得的收入，包括现金、存款、应收账款、应收票据、准备持有至到期的债券投资以及债务的豁免等。企业以非货币形式取得的收入，包括存货、固定资产、投资性房地产、生物资产、无形资产、股权投资、劳务、不准备持有至到期的债券投资等资产以及其他权益。企业以非货币形式取得的收入，应当按公允价值确定收入额。公允价值，是指按照资产的市场价格、同类或类似资产市场价值基础确定的价值。企业存在应付客户对价情况，不影响当期收入的确认，在企业实际向客户支付对价时，税法允许将所付对价作为费用确认。若存在可以抵减应付企业金额的优惠券、兑换券等相关项目，税法允许按实际收取价款确认收入。

四、将交易价格分配至单项履约义务

当合同中包含两项或多项履约义务时，需要将交易价格分摊至各单项履约义务，以使企业分摊至各单项履约义务（或可明确区分的商品）的交易价格能够反映其因向客户转让已承诺的相关商品而预期有权收取的对价金额。

（一）会计规定

合同中包含两项或多项履约义务的，企业应当在合同开始日，按照各单项履约义务所承诺商品的单独售价的相对比例，将交易价格分摊至各单项履约义务。

单独售价，是指企业向客户单独销售商品的价格。企业在类似环境下向类似客户单独销售某商品的价格，应作为确定该商品单独售价的最佳证据。合同或者价目表上的标价可能是商品的单独售价，但不能默认其一定是该商品的单独售价。例如，企业为其销售的产品制定了标准价格，但实务中经常以低于该标准价格的折扣价格对外销售，此时，企业在估计该产品的单独售价时，应当考虑这一因素。单种售价无法直接观察的，企业应当综合考虑其能取得的全部相关信息，采用市场调整法、成本加成法、余值法等方法合理估计单独售价。具体如下：

1. 市场调整法

市场调整法是指企业根据某商品或类似商品的市场售价，考虑本企业的成本和毛利等进行适当调整后的金额，确定其单独售价的方法。企业可以对其销售商品的市场进行评估，进而估计客户在该市场上购买本企业的商品所需支付的价格，也可以参考其竞争对于销售类似产品的价格，并在此基础上进行必要调整以反映本企业的成本及毛利。

2. 成本加成法

成本加成法是指企业根据某商品的预计成本加上其合理毛利后的金额，确定其单独售价的方法。其中，预计成本应当与企业在定价时通常会考虑的成本因素一致，既包括直接成本，也包括间接成本；企业在确定合理毛利时，应当考虑的因素包括类似商品单独售价的毛利水平、行业内的历史毛利水平、行业平均售价、市场情况以及企业的利润目标等。

3. 余值法

余值法是指企业根据合同交易价格减去合同中其他商品可观察单独售价后的余额，确定某商品单独售价的方法。企业在商品近期售价波动幅度巨大，或者因未定价且未曾单独销售而使售价无法可靠确定时，可采用余值法估计其单独售价。其中，售价波动幅度巨大，是指企业在相同或相近的时间向不同客户出售同一种商品时的价格差异很大，因而导致企业无法从以往的交易或其他可观察的证据中识别出具有代表性的单独售价；未定价且未曾单独销售，是指企业尚未对该商品进行定价，且该商品过往未曾单独出售过，即销售价格尚未确定。

（二）税务处理

如果一个合同中包括多种商品，应按照每一种商品的公允价值将合同总价款在不同商品之间进行分配。如果合同约定在销售商品的同时向客户赠送其他商品，根据《国家税务总局关于确认企业所得税收入若干问题的通知》（国税函〔2008〕875号）规定，企业以“买一赠一”等方式组合销售本企业商品的，不属于捐赠，应将总的销售金额按各项商品的公允价值的比例来分摊确认各项的销售收入。因此，会计准则与税法存在以下差异：

1. 参与分配的项目不同

会计准则是将交易价格在多个单项履约义务之间进行分配，税法是将交易价格在多个商品之间进行分配，因单项履约义务与单个商品具有不同的内涵，所以分配结果会存在税法与会计的差异。

2. 分配的依据不同

会计准则要求按照各单项履约义务所承诺商品的单独售价的相对比例进行分配，税法按照各个商品的公允价值进行分配。商品的单独售价与公允价值可能相同也可能不同，如果不同时会产生税会差异。

3. 分配方法不同

会计准则在确定商品单独售价时，可以选择的方法有市场调整法、成本加成法、余值法等，可以根据具体情况灵活采用，税法按照公允价值进行分配。

五、在企业履行履约义务时确认收入

（一）会计处理

企业应当在履行了合同中的履约义务，即客户取得相关商品控制权时确认收入。确认收入实现需要判断两项内容：一是客户是否取得了相关商品的控制权。二是客户何时取得了商品的控制权。取得商品控制权，是指能够主导该商品的使用并从中获得几乎全部的经济利益，也包括有能力阻止其他方主导该商品的使用并从中获得经济利益。如果同时满足以下三项要求，说明客户取得了商品的控制权：（1）客户拥有控制该商品的现时权利，能够主导该商品的使用并从中获得几乎全部经济利益时。如果客户只能在未来的某一期间主导该商品的使用并从中获益，则表明其尚未取得该商品的控制权。（2）客户可以主导该商品的使用。客户有能力主导该商品的使用，既可以体现为客户在其经营活动中有权自主使用该商品，不受其他方控制，也可以体现为有权利允许或阻止其他方使用该商品。（3）客户能够获得该商品几乎全部的经济利益。商品的经济利益，是指该商品的潜在现金流量，既包括让现金流入的增加，也包括使现金流出的减少。客户可以通过使用、消耗、出售、处置、交换、抵押或持有等多种方式直接或间接地获得商品的经济利益。企业将商品的控制权转移给客户，该转移可能在某一时段内（即履行履约义务的过程中）发生，也可能在某一时点（即履约义务完成时）发生。

1. 企业在某一时段内履行的履约义务

（1）企业在某一时段内履行的履约义务的判断。如果某一履约义务能够满足下列条件之一，则属于在某一时段内履行的履约义务，相关收入应当在该履约义务履行的期间内确认：①客户在企业履约的同时取得并消耗企业履约所带来的经济利益。企业在履约过程中是持续地向客户转移企业履约所带来的经济利益的，该履约义务属于在某一时段内履行的履约义务，企业应当在履行履约义务的期间确认收入。可以通过直观的判断，也可以假定在企业履约的过程中更换为其他企业继续履行剩余履约义务，当继续履行合同的企业不需要重新执行企业累计至今已经完成的工作时，表明客户在企业履约的同时取得并消耗了企业履约所带来的经济利益。②客户能够控制企业履约过程中在建的商品。企业在履约过程中在建的商品包括在产品、在建工程、尚未完成的研发项目、正在进行的服务等，由于客户控制了在建的商品，客户在企业提供商品的过程中获得利益，因此，该履约义务属于在某一时间段内履行的履约义务，应当在该履约义务履行的期间内确认收入。③企业履约过程中所产出的商品具有不可替代用途，且该企业在整个合同期间内有权就累计至今已完成的履约部分收取款项。商品具有不可替代用途，是指因合同限制或实际可行性限制，企业不能轻易地将商品用于其他用途。企业在整个合同期间内有权就累计至今已完成的履约部分收取款项，是指在由于客户或其他方原因终止合同的情况，企业有权就累计至今已完成的履约部分收取能够补偿其已发生成本和合理利润的款项，并且该权利具有法律约束力。需要强调的是，合同终止必须是由于客户或其他方而非企业自身的原因所致，在整个合同期间内的任一时点，企业均应当拥有此项权利。

（2）在某一时段内履行的履约义务的收入确认方法。对于在某一时段内履行的履约义务，企业应当在该段时间内按照履约进度确认收入，但是，履约进度不能合理确定的除外。企业应当考虑商品的性质，采用产出法或投入法确定恰当的履约进度，并且在确定履约进度时，应当扣除那些控制权尚未转移给客户的商品和服务。

企业按照履约进度确认收入时，通常应当在资产负债表日按照合同的履约进度扣除以前会计期间累计已确认的收入后的金额，确认为当期收入。具体方法如下：①产出法。产出法是根据已转移给客户的商品对于客户的价值确定履约进度的方法，通常可采用实际测量的完工进度、评估已实现的结果、已达到的里程碑、时间进度、已完工或交付的产品等产出指标确定履约进度。②投入法。投入法是根据企业履行履约义务的投入确定履约进度的方法，通常可采用投入的材料数量、花费的人工工时或机器工时、发生的成本和时间进度等投入指标确定履约进度。当企业从事的工作或发生的投入是在整个履约期间内平均发生时，企业也可以按照直线法确认收入。实务中，通常按照累计实际发生的成本占预计总成本的比例（即成本法）确定履约进度，累计实际发生的成本包括企业向客户转移商品过程中所发生的直接成本和间接成本，如直接人工、直接材料、分包成本以及其他与合同相关的成本。

2. 企业在某一时点履行的履约义务判断及收入确认

对于不属于在某一时段内履行的履约义务，应当属于在某一时点履行的履约义务，企业应当在客户取得相关商品控制权时点确认收入。在判断客户是否已取得商品控制权时，企业应当考虑下列迹象：

（1）企业就该商品享有现时收款权利，即客户就该商品负有现时付款义务。

（2）企业已将该商品的法定所有权转移给客户，即客户已拥有该商品的法定所有权。如果企业仅是为了确保到期收回货款而保留商品的法定所有权，那么该权利通常不会对客户取得对该商品的控制权构成障碍。

（3）企业已将该商品实物转移给客户，即客户已占有该商品实物。但是实务中，客户可能会为了减轻仓储压力而要求企业暂时保管商品，在这种情况下，客户仅是暂不行使实物占有的权利，其依然有能力主导该商品的使用并从中获得几乎全部的经济利益，因此企业只是向客户提供了代管服务。

（4）企业已将该商品所有权上的主要风险和报酬转移给客户，即客户已取得商品所有权上的主要风险和报酬。企业在评估商品所有权上的主要风险和报酬是否转移时，不应考虑导致企业在除所转让商品之外产生其他单项履约义务的风险。例如，企业将产品销售给客户，并承诺提供后续维护服务的业务中，销售产品和提供维护服务均构成单项履约义务，由于维护服务构成单项履约义务，所以该保留的风险并不影响企业已将产品所有权上的主要风险和报酬转移给客户的判断。

（5）客户已接受该商品。需要注意的是，如果合同中包括客户验收的条款，允许客户在商品不符合约定规格的情况下解除合同或要求企业采取补救措施，那么在客户验收之前，企业不能认为已经将该商品的控制权转移给了客户，企业应当在客户完成验收并接受该商品时才能确认收入。

需要强调的是，在上述迹象中，并没有哪一个或哪几个迹象是决定性的，企业应当根据合同条款和交易实质进行分析，综合判断其是否将商品的控制权转移给客户以及何时转移的，从而确定收入确认的时点。

（二）税务处理

1. 销售商品收入

根据《国家税务总局关于确认企业所得税收入若干问题的通知》（国税函〔2008〕875 号）规定，符合收入确认条件，采取下列商品销售方式的，应按以下规定确认收入实现时间：(1) 销售商品采用托收承付方式的，在办妥托收手续时确认收入。(2) 销售商品采取预收款方式的，在发出商品时确认收入。(3) 销售商品需要安装和检验的，在购买方接受商品以及安装和检验完毕时确认收入。如果安装程序比较简单，可在发出商品时确认收入。(4) 销售商品采用支付手续费方式委托代销的，在收到代销清单时确认收入。《企业所得税法实施条例》第二十三条第（一）项规定，以分期收款方式销售货物的，按照合同约定的收款日期确认收入的实现。

2. 提供劳务收入

《企业所得税法实施条例》第二十三条第（二）项规定，企业受托加工制造大型机械设备、船舶、飞机，以及从事建筑、安装、装配工程业务或者提供其他劳务等，持续时间超过 12 个月的，按照纳税年度内完工进度或者完成的工作量确认收入的实现。《国家税务总局关于确认企业所得税收入若干问题的通知》（国税函〔2008〕875 号）规定，企业在各个纳税期末，提供劳务交易的结果能够可靠估计的，应采用完工进度（完工百分比）法确认提供劳务收入。提供劳务交易的结果能够可靠估计，是指同时满足下列条件：(1) 收入的金额能够可靠地计量。(2) 交易的完工进度能够可靠地确定。(3) 交易中已发生和将发生的成本能够可靠地核算。企业提供劳务完工进度的确定，可选用下列方法：①已完工作的测量。②已提供劳务占劳务总量的比例。③发生成本占总成本的比例。

企业应按照从接受劳务方已收或应收的合同或协议价款确定劳务收入总额，根据纳税期末提供劳务收入总额乘以完工进度扣除以前纳税年度累计已确认提供劳务收入后的金额，确认为当期劳务收入；同时，按照提供劳务估计总成本乘以完工进度扣除以前纳税期间累计已确认劳务成本后的金额，结转为当期劳务成本。

下列提供劳务满足收入确认条件的，应按规定确认收入：(1) 安装费。应根据安装完工进度确认收入。安装工作是商品销售附带条件的，安装费在确认商品销售实现时确认收入。(2) 宣传媒介收费。应在相关的广告或商业行为出现于公众面前时确认收入。广告的制作费，应根据制作广告的完工进度确认收入。(3) 软件费。为特定客户开发软件的收费，应根据开发的完工进度确认收入。(4) 服务费。包含在商品售价内可区分的服务费，在提供服务的期间分期确认收入。(5) 艺术表演、招待宴会和其他特殊活动的收费。在相关活动发生时确认收入、收费涉及几项活动的，预收的款项应合理分配给每项活动，分别确认收入。(6) 会员费。申请入会或加入会员，只允许取得会籍，所有其他服务或商品都要另行收费的，在取得该会员费时确认收入。申请入会或加入会员后，会员在会员期内不再付费就可得到各种服务或商品，或者以低于非会员的价格销售商品或提供服务的，该会员费应在整个受益期内分期确认收入。(7) 特许权费。属于提供设备和其他有形资产的特许权费，在交付资产或转移资产所有权时确认收入；属于提供初始及后续服务的特许权费，在提供服务时确认收入。(8) 劳务费。长期为客户提供重复的劳务收取的劳务费，在相关劳务活动发生时确认收入。

(三) 会计与税法差异

在新《收入准则》下，税会差异分析主要集中于确认收入的范围、确认收入的金额和确认收入的时点。

一是新《收入准则》确认收入的范围要小于税法规定的范围。会计准则对按客户取得控制权时确认收入的合同范围进行了界定，包括签订合同、明确权利和义务、有支付条款、具有商业实质、对价很可能收回五个条件。企业所得税处理上对所有权发生转移的事项，如将货物或劳务用于捐赠、不具有商业实质的非货币资产交换等，均按照视同销售处理，确认收入实现。

二是确认收入的金额存在差异。在确定交易价格时，会计准则要求考虑可变对价、合同中存在的重大融资成分、非现金对价、应付客户对价等因素的影响。而企业所得税处理上确定的收入一般都是固定的，很少对其进行估算。例如，在最初确认收入时，税务处理并不考虑退款、退货、折扣、罚款等因素，而是在实际发生时再冲减或补充确认收入。对于合同中的重大融资成分，企业进行会计处理时应当按照假定客户在取得商品控制权时即以现金支付的应付金额确定交易价格。现金支付的应付金额与客户对价之间的差额，应当在合同期内采用实际利率法摊销。在企业所得税处理过程中，无须考虑现金价值，而是以实际支付的金额确认收入，会计处理上按实际利率法确认的利息收入或支出也不予认可。

三是收入确认的时点存在差异。(1) 一般规定。新《收入准则》将收入分为“时点确认”和“时段确认”两种方式。在会计处理时，时段确认需要满足三个条件之一，要求相对严格。部分提供劳务、建造合同不满足按时段确认收入的条件，需要将收入时点递延至控制权转移，部分销售商品合同按时点确认收入时，保管、验收等条款也可能会推后控制权转移的时点，相比税收上的处理，确认收入的时点会有所滞后。（2）特定交易。如对于授予知识产权的情形，只有同时满足三个条件，才能作为在某一时段内履行的履约义务确认相关收入；否则，应作为某一时点履行的履约义务确认相关收入。税务处理上按照合同规定的特许权使用费的支付日期来确认收入。关于是否存在税会差异，还需根据合同作具体判断。

第三节　合同变更会计处理及税务处理的差异

合同在执行过程中不是一成不变的，很可能出现合同变更的情况，即对原合同范围或价格作出变更。合同变更既可能形成新的具有法律约束力的权利和义务，也可能是变更了合同各方现有的具有法律约束力的权利和义务。新《收入准则》规定，如果发生了合同变更，企业应根据合同变更的具体情况，分别采用不同的方式进行处理，包括合同变更部分作为单独合同、合同变更作为原合同终止及新合同订立、合同变更部分作为原合同的组成部分三种情况。在企业所得税处理中，不考虑不同合同之间交易内容的关联性，一般以一个合同作为独立单元，根据实际发生原则进行确认和计量，所以在合同变更业务中，除属于第一种情况，即合同变更部分作为单独合同外，其他两种情况均可能会产生税收和会计差异问题，尤其是合同交易价格包含可变对价且合同变更后可变对价也发生变化的情况。

一、合同变更部分作为单独合同

如果合同变更新增加的商品与原合同商品可明确区分，并且新增加的合同商品价款按照当时的市场价格计算，不受原合同的影响，即反映该商品的单独售价，应当将合同变更部分作为一份单独的合同进行会计处理。新增加的合同不影响原合同的确认与计量。

可明确区分的商品，应同时满足两项条件：一是该商品本身能够与其他商品明确区分，即客户能够从该商品本身或从该商品与其他易于获得资源一起使用中受益；二是企业向客户转让该商品的承诺与合同中其他承诺可单独区分，即不会因为合同条款规定，将该商品与其他商品紧密联系在一起。

税务处理上，也是按照两笔交易分别计算应纳税义务，与会计处理结果一致。

二、合同变更作为原合同终止及新合同订立

如果合同变更增加的商品与原合同商品不可明确区分，或者新增合同价款按照新增商品单独售价计算的，并且在合同变更日原合同已转让的商品（或服务）与未转让的商品（或服务）之间可以明确区分，在这种情况下应当视为原合同终止，将原合同未履约部分与合同变更部分合并为新合同进行会计处理。新合同的交易价格包括原合同中尚未确认为收入的交易价格和合同变更后增加的对价金额。例如，甲企业向乙企业销售商品100件，单价为120元，甲企业已交付60件，尚未交付40件。因商品存在瑕疵，乙企业虽不要求退货但要求甲企业对于新增销售部分提供折扣，即以80元每件的价格新增销售30件。对于新增销售的30件产品，不是该产品在合同变更时的单独售价，而是基于此前产品质量问题提供的价格让利，因此该合同变更不能作为单独合同处理。尚未交付的40件商品与已交付的60件商品可以明确区分，甲公司应当将合同变更作为原合同终止，将原合同的未履约部分与合同变更部分合并为新合同进行会计处理。合同总价款7200元（$40 \times 120 + 30 \times 80$），合同单价为102.9元每件，后期按照产品交换的进度和数量确认收入。

税务处理上，由于按照增值税相关规定，新增采购合同与原合同是两笔交易，原合同的40件商品仍应按照120元的单价开具增值税发票；新增的30件商品，按照原单价120元，折扣金额40元，折扣后金额80元的单价开具增值税发票。因此，虽然合同变更后的收入金额与会计处理的总金额均为7200元，但是如果存在纳税义务发生时间不在一个年度的情形，则需要进行纳税调整。例如，原合同的40件产品交付及开票时间为2021年，而新增的30件产品交付及开票时间为2022年，则2021年度会计确认是收入是4116元（102.9×40），而税法确认的收入是4800元（120×40），需要进行纳税调整684元。

三、合同变更部分作为原合同的组成部分

如果合同变更增加的商品与原合同商品不能明确区分，或者新增合同价款不是按照新增商品单独售价计算的，并且在合同变更日原合同中已转让的商品（或服务）与未转让的商品（或服务）之间不能明确区分，在这种情况下应当将合同变更部分作为原合同的组成部分与原合同合并，在合同变更日重新计算履约进度，并调整当期收入和相应成本。

税务处理上，通常将这类合同变更视为对原合同增加补充条款，税务处理时一

般不作为两项合同处理。根据《企业所得税法实施条例》第二十三条规定，跨年度完成的劳务收入，符合条件的应按照完工百分比法计算收入。合同调整后重新计算完工进度，如果企业的收入确认存在不合理的商业目的、故意延迟缴纳税款等行为，税务部门可进行纳税调整。

四、包含可变对价因素的合同变更处理

交易价格是企业因向客户转让商品，而预期有权收取的对价金额，企业在确定交易价格时应当考虑的重要影响因素之一是可变对价。交易价格发生后续变动的，企业应当按照在合同开始日所采用的基础将后续变动金额分摊至合同中的履约义务。对于已履行的履约义务，其分摊的可变对价后续变动额应当调整变动当期的收入。如果合同变更导致交易价格后续变动，应当按照合同变更的规定，区分不同情形分别进行会计处理：（1）如果合同变更属于“合同变更部分作为单独合同”处理的，应当判断可变对价后续变动与哪一项合同相关，按照分摊可变对价的相关规定进行处理。（2）如果合同变更属于“合同变更作为原合同终止及新合同订立”，且可变对价后续变动与合同变更前已承诺可变对价相关，企业应首先将该可变对价后续变动额以原合同开始日确定的单独售价为基础进行分摊，然后再将分摊至合同变更日尚未履行履约义务的该可变对价后续变动额以新合同开始日确定的基础进行二次分摊。（3）如果合同变更之后发生不属于以上两种情形的可变对价后续变动的，企业应当将该可变对价后续变动额分摊至合同变更日尚未履行的履约义务。税务处理上，可变对价对应的收入金额不能够具体确定暂不确认，当期实现的收入为合同约定的价款，待可变对价对应的收入实际发生时确认收入。

第四节　商品定价中包含融资成分的会计处理及税务处理的差异

一、合同中存在重大融资成分的判断

合同中包含重大融资成分，是指企业将商品的控制权转移给客户的时间与客户实际付款的时间不一致，客户实际支付的价款中除了反映商品价款，还包含着融资利益或融资成本的影响，如企业以赊销的方式销售商品，或者要求客户支付预付

款。根据《收入准则》规定，企业在确定交易价格时，应当剔除资金时间价值的影响，按照假定客户在取得商品控制权时即以现金支付的应付金额确定交易价格。企业在评估合同中是否存在融资成分以及该融资成分对于该合同而言是否重大时，应当考虑所有相关的事实和情况。

（一）是否存在价格差额

价格差额是指已承诺的对价金额与已承诺商品的现销价格之间的差额。如果企业在销售相同商品时，不同的付款时间会导致销售价格有所差别，表明各方知晓合同中包含了融资成分。已承诺的对价金额是指双方约定的合同对价，即在本合同中客户应付给企业的款项；已承诺商品的现销价格是指企业销售商品时确定的一般价格，即商品的正常销售价格。

（二）是否存在时间间隔

企业将承诺的商品交付给客户与客户支付相关款项之间存在时间间隔，在此期间根据相应的市场现行利率计算，该时间间隔中会产生融资收益或融资成本。

需要注意的是，并不是只要向客户转移商品与客户支付相关款项之间存在时间间隔，就一定存在融资成分，即时间间隔不是存在融资成分的决定性因素。下列情况中，企业向客户转让商品与客户支付相关款项之间虽然存在时间间隔，但两者之间的合同没有包含重大融资成分：(1) 客户购买商品支付了预付款，但是客户可以自行决定取货的时间。例如，企业向客户出售其发行的储值卡，客户可随时到该企业持卡购物。(2) 客户承诺支付的对价是可变的，该对价金额或付款时间取决于某一未来事项是否发生，且该事项实质上不受客户或企业控制。例如，按照实际销售量收取的特许权使用费，根据销售数量享受的折扣金额。(3) 合同承诺的对价金额与现销价格之间的差额是向客户或企业提供融资利益以外的其他原因所导致的，对该原因产生的这项差额符合商业常规，被普遍接受。例如，合同约定企业提供的劳务完成后，客户需要经过一段时间验证工程质量是否合格再支付尾款，这种延期支付条款是为了保护客户权益，防止企业未能依照合同约定充分履行其义务，这种情况下的延期付款不属于存在重大融资成分。

二、合同中存在企业向客户融资的商品销售

如果企业与客户的合同中约定，客户取得商品控制权的时间与实际支付对价的时间存在间隔，合同承诺的对价金额与商品现销价格之间的差额符合存在重大融资成分的判断条件，并且是客户先支付对价，企业后交付商品，这种业务属于企业向客户融资的情况。

（一）会计核算

合同中存在重大融资成分的，企业在确定该重大融资成分的金额时，应使用将合同对价的名义金额折现为商品现销价格的折现率。该折现率一经确定，不得因后续市场利率或客户信用风险等情况的变化而变更。企业确定的交易价格与合同承诺的对价金额之间的差额，应当在合同期间内采用实际利率法摊销。为简化实务操作，如果在合同开始日，企业预计客户取得商品控制权与客户支付价款间隔不超过一年的，可以不考虑合同中存在的重大融资成分。企业应当对类似情形下的合同均采用这种简化处理方法。

（二）税务处理

合同约定客户先付款企业后交付货物的情况，属于预付款方式销售货物。根据《国家税务总局关于确认企业所得税收入若干问题的通知》（国税函〔2008〕875号）规定，销售商品采取预收款方式的，应在发出商品时确认收入，但是房地产开发企业销售所开发的商品房除外。《国家税务总局关于印发〈房地产开发经营业务企业所得税处理办法〉的通知》（国税发〔2009〕31号）规定，企业通过正式签订《房地产销售合同》或《房地产预售合同》所取得的收入，应确认为销售收入的实现。采取一次性全额收款方式销售开发产品的，应于实际收讫价款或取得索取价款凭据（权利）之日，确认收入的实现。开发产品销售收入的范围为销售开发产品过程中取得的全部价款，包括现金、现金等价物及其他经济利益。

因此，会计确认的商品收入金额是企业交付商品时商品的销售价格，即商品收入会大于合同约定的客户应付对价金额，两者差额部分应单独确认为企业向客户融资所承担的利息费用。税法不考虑资金的时间价值，按照客户实际支付的对价金额确认商品收入，因此不需要确认企业发生的借款利息费用。

三、合同中存在客户向企业融资的商品销售

如果企业与客户的合同中约定，客户取得商品控制权的时间与实际支付对价的时间存在间隔，合同承诺的对价金额与商品现销价格之间的差额符合存在重大融资成分的判断条件，并且是企业先交付商品，客户后支付对价的，这种情况属于客户向企业融资的业务，最常见的业务是分期收款方式销售货物。

（一）会计核算

新《收入准则》规定，企业采用分期收款方式销售商品，企业应当按照确定客户在取得商品控制权时即以现金支付的应付金额（即现销价格）确定交易价格，合同或协议约定的应收价款与交易价格之间的差额，确认为未实现融资收益。未实现

融资收益应当在合同或协议规定的期间内，按照应收款项的摊余成本和实际利率的乘积分期确认为融资收益，冲减财务费用。

（二）税务处理

根据《企业所得税法实施条例》第二十三条规定，企业以分期收款方式销售货物的，按照合同约定的收款日期确认收入的实现。《国家税务总局关于印发〈房地产开发经营业务企业所得税处理办法〉的通知》（国税发〔2009〕31 号）第六条规定，企业采取分期收款方式销售开发产品的，应按销售合同或协议约定的价款和付款日确认收入的实现。付款方提前付款的，在实际付款日确认收入的实现。

第五节　收入计量的总额法与净额法会计处理及税务处理的差异

一、收入准则有关总额法和净额法的规定

新《收入准则》第三十四条规定，企业若以主要责任人身份从事相关交易，应当按照其自行向客户提供商品而有权收取的对价总额确认收入，即总额法；企业若以代理人身份从事相关交易的，应当按照其因安排他人向客户提供特定商品而有权收取的佣金或手续费的金额确认收入，该金额可能是按照既定的佣金金额或比例确定，也可能是按照已收或应收对价总额扣除应支付给提供该特定商品的其他方的价款后的净额确定，即净额法。可见，商品销售业务中交易收入的计量方法，取决于企业从事相关交易的身份。

（一）判断企业是主要责任人或代理人的原则

新《收入准则》第三十四条规定，从事相关交易身份判定的原则是企业在向客户转让商品前是否拥有对该商品的控制权。所谓“拥有对该商品的控制权”，是指能够主导该商品的使用并从中获得几乎全部的经济利益。企业在向客户转让商品前能够控制该商品的，该企业为主要责任人，否则为代理人。企业在判断其是主要责任人还是代理人时，应当根据其承诺的性质，也就是履约义务的性质，确定企业在某项交易中的身份是主要责任人还是代理人。企业承诺自行向客户提供特定商品的，其身份是主要责任人；企业承诺安排他人提供特定商品的，即为他人提供协助的，其身份是代理人。自行向客户提供特定商品可能也包含委托另一方（包括分包

商）代为提供特定商品。

（二）判断企业是主要责任人或代理人的具体方法

企业向客户转让商品前能够控制该商品的情形一般包括三种：一是企业自第三方取得商品或其他资产控制权后，再转让给客户。二是企业能够主导第三方代表本企业向客户提供服务。三是企业自第三方取得商品控制权后，通过提供重大的服务将该商品与其他商品整合成某组合产出转让给客户。企业向客户转让商品的交易符合上述任一情形的，均属于主要责任人；若上述所有情形都不符合的，则属于代理人。

如何具体判断企业在向客户转让商品前能控制该商品，企业应当综合考虑以下几个方面的所有事实和情况：

第一，企业承担向客户转让商品的主要责任，该主要责任主要体现为承担商品接受性责任。从客户的角度进行评估，当客户对商品不满意时，认为谁应该对商品的质量或性能负责、谁负责提供售后服务、谁解决客户投诉等。如果是企业，说明企业在转让商品过程中承担主要责任。如果存在的第三方向客户提供商品，则表明该第三方是在代表企业提供该特定商品。

第二，企业在转让商品之前或之后承担了该商品的存货风险。存货风险通常是指企业出售取得的存货从而获得目标利润的不确定性。企业在转让商品之前承担商品的存货风险，是指企业在与客户签约前要承担诸如再售价格变动、过时陈旧、自然损耗等风险；企业在转让商品之后承担商品的存货风险，主要指企业因客户执行退货权而接受所退回存货的风险。

第三，企业有权自主决定所交易商品的价格。一般情况下，企业能够自主决定向客户所提供特定商品的交易价格，表明企业对该特定商品的利用及其相关的经济利益有主导权，企业控制着该商品。企业有权决定与客户交易的特定商品的价格，可能表明企业有能力主导该商品的使用并从中获得几乎全部的经济利益。在某些情况下，代理人可能在主要责任人规定的某一价格范围内拥有定价权，如代理人向客户提供一定折扣优惠，以激励该客户购买商品，这种情况下并不表明其身份是主要责任人，代理人只是放弃了一部分自己应当赚取的佣金或手续费而已。

企业在判断其是主要责任人还是代理人时，应当以该企业在特定商品转让给客户之前是否能够控制该商品为原则。企业应当根据相关商品的性质、合同条款的约定以及其他具体情况，综合进行判断。不同的合同可能需要采用上述不同的事实和情况提供支持证据。企业无论是主要责任人还是代理人，均应当在履约义务时确认收入。

二、税务处理

企业所得税法目前未对存在第三方当事人的交易活动中涉及的主体身份进行区分，不涉及总额法和净额法的运用。《企业所得税法》第六条规定，企业以货币形式和非货币形式从各种来源取得的收入，为收入总额，包括销售货物收入。企业以货币形式取得的收入，包括现金、存款、应收账款、应收票据、准备持有至到期的债券投资以及债务的豁免等。企业以非货币形式取得的收入，包括存货、固定资产、投资性房地产、生物资产、无形资产、股权投资、劳务、不准备持有至到期的债券投资等资产以及其他权益。企业以非货币形式取得的收入，应当按公允价值确定收入额。公允价值，是指按照资产的市场价格、同类或类似资产市场价值基础确定的价值。《企业所得税法实施条例》第十四条的规定，销售货物收入，是指企业销售商品、产品、原材料、包装物、低值易耗品以及其他存货取得的收入。依据《中华人民共和国所得税法实施条例释义及适用指南》的解释，企业应当按照从购货方已收或应收的合同或协议价款确定销售货物收入的金额。

第六节　特定交易中单项履约义务识别会计处理及税务处理的差异

一、附有客户额外购买选择权的商品销售

企业在销售商品的同时，会向客户授予选择权，允许客户据此免费或者以折扣价格购买额外的商品。企业向客户授予的额外购买选择权的形式包括销售激励、客户奖励积分、未来购买商品的折扣券以及合同续约选择权等。对于附有客户额外购买选择权的销售，企业应当评估该选择权是否向客户提供了一项重大权利。如果客户只有在订立了一项合同的前提下才取得了额外购买选择权，并且客户行使该选择权购买额外商品时，能够享受到超过该地区或该市场中其他同类客户所能够享有的折扣，则通常认为该选择权向客户提供了一项重大权利。在考虑授予客户的该项额外购买选择权是否重大时，应根据其金额和性质综合判断。

企业提供的额外购买选择权构成单项履约义务的，企业应当按照交易价格分摊的相关原则，将交易价格分摊至该履约义务。在客户未来行使购买选择权取得相关

商品控制权时，或者该选择权失效时，确认相应的收入。客户额外购买选择权的单独售价无法直接观察的，企业应当综合考虑客户行使和不行使该选择权所能获得的折扣的差异、客户行使该选择权的可能性等全部相关信息后，予以合理估计。当客户享有的额外购买选择权是一项重大权利时，如果客户行使该权利购买的额外商品与原合同下购买的商品类似，且企业将按照原合同条款提供该额外商品的，则企业可以无需估计该选择权的单独售价，而是直接把其预计提供的额外商品的数量以及预计收取的相应对价金额纳入原合同，并进行相应的会计处理。这是一种便于实务操作的简化处理方式，常见于企业向客户提供续约选择权的情况。

在税务处理上，对于企业提供的额外购买选择权，作为独立的交易处理，不对企业提供的额外购买选择权进行价格分摊，不对原合同价款进行调整。在客户未来行使购买选择权时确认该笔交易的收入，交易价格按照折扣后价格处理，除非证明不符合合理商业目的需要进行纳税调整的除外。

二、给予客户积分奖励的商品销售业务

奖励积分是企业为了吸引客户持续消费，根据客户的消费金额赠与客户一定数量的积分，该积分可能有多种使用方式，如可以用积分兑换本企业商品（或服务），也可以用于兑换第三方的商品（或服务），或者将积分折合成现金，抵减客户后期消费时需要支付的金额等。企业向客户赠与奖励积分，如果属于向客户提供的重大权利，根据《收入准则》规定，该权利应构成单项履约义务，应分摊交易价格，并在积分兑换时确认相应的收入。

在税务处理上，积分奖励促销方式中按照每一笔交易的实际结算金额计算收入，会计将赠与客户积分确认为向客户提供的一项权利，将积分对应的收入在积分赠与当期和积分使用所在期间分摊。因此，在积分赠与当期，税法确认的收入金额大于会计确认的金额，应做纳税调增处理；积分使用的期间税法确认的收入金额小于会计确认的金额，应作纳税调减处理。

三、附有质量保证条款的商品销售

企业在向客户销售商品时，根据合同约定、法律规定或本企业以往的习惯等，可能会为所销售的商品提供质量保证，这些质量保证的性质可能因行业或客户而不同。如果质量保证是为了向客户保证所销售的商品符合既定标准，即为保证类质量保证；如果质量保证是在向客户保证所销售的商品符合既定标准之外提供一项单独的服务，则为服务类质量保证。

企业应当对其所提供的质量保证的性质进行分析，对于客户能够选择单独购买质量保证的，该质量保证构成单项履约义务；对于客户虽然不能选择单独购买质量保证，但是，如果该质量在向客户保证所销售的商品符合既定标准之外提供单独服务的，也应当作为单项履约义务。作为单项履约义务的质量保证应当规定进行会计处理，并将部分交易价格分摊至该项履约义务。对于不能作为单项履约义务的质量保证，企业应当按照《企业会计准则第13号——或有事项》的规定进行会计处理。

在评估质量保证是否在向客户保证所销售商品符合既定标准之外提供了一项单独的服务时，企业应当考虑该质量保证是否为法定要求、质量保证期限以及企业承诺履行任务的性质等因素。具体如下：

（1）该质量保证是否为法定要求。当法律要求企业提供质量保证时，这些法律规定通常是为了保护客户，以免其购买瑕疵或缺陷商品，而并非为客户提供一项单独的服务。该法律规定通常表明企业承诺提供的质量保证不是单项履约义务。

（2）质量保证期限。企业提供质量保证的期限越长，越有可能表明企业向客户提供了保证商品符合既定标准之外的服务，所承诺提供的质量保证越有可能构成单项履约义务。

（3）企业承诺履行任务的性质。如果企业必须履行某些特定的任务以保证所销售的商品符合既定标准，例如，企业负责运输被客户退回的瑕疵商品，则这些特定的任务一般不构成单项履约义务。

当企业销售的商品对客户造成损害或损失时，如果相关法律法规要求企业需要对此进行赔偿，该法定要求不会产生单项履约义务。如果企业承诺，当企业向客户销售的商品由于专利权、版权、商标或其他侵权等原因被索赔而对客户造成损失时，向客户赔偿该损失，该承诺也不会产生单项履约义务。企业应当按照《企业会计准则第13号——或有事项》的规定对上述义务进行会计处理。企业提供的质量保证同时包含保证类质量保证和服务类质量保证的，应当分别对其进行会计处理；无法合理区分的，应当将这两类质量保证一起作为单项履约义务按照收入准则进行会计处理。

税务处理上，不适用谨慎性原则，不确认预计负债，待服务费用实际发生时进行税前扣除。对于销售商品时提供的质量保证服务，区分情况进行处理：一是对于企业提供的法律规定期限范围内的质保服务，在实际发生时将支出计入销售费用，如果企业确认预计负债则可能需要进行纳税调整。二是企业提供超出法律规定期限范围的质量保证服务，如说延长保修服务等，在实务处理中存在两种观点：（1）将免费提供的“服务型质保”作为和商品一起出售的服务，按照“买赠组合”方式销售处理，根据《国家税务总局关于确认企业所得税的收入若干问题通知》（国税函〔2008〕875 号）规定，将总销售金额按各项商品的公允价值比例分摊确认各项的销售收入。商品收入在商品权属发生转移时确认，维修服务收入在实际提供维修服务时确认，处理方法与会计规定类似。（2）将保修服务发生的支出作为销售费用确认，将收取费用全部计入销售商品收入，实际发生保修服务时将保修支出作为当期的销售费用处理，这种做法存在税会差异。

第七节　知识产权许可业务会计处理及税务处理的差异

一、知识产权许可业务概述

（一）知识产权的内容

知识产权是公民、法人或其他组织对其智力劳动成果依法享有的占有、使用、处分和收益的专有权利。知识产权的确认或授予必须经过国家专门立法直接规定，并在法定期限内受国家法律的保护。知识产权为权利主体所专有，权利人以外的任何人，未经权利人的同意或者法律的特别规定，都不能享有或者使用这种权利。

从权利的内容上看，知识产权包括人身权利和财产权利。人身权利是与智力活动成果创造人的人身不可分离的专属权，如署名权、发表权等；财产权利则是指享有知识产权的人基于这种智力活动成果而享有的获得报酬或其他物质利益的权利，如工业品外观设计，商标权等。知识产权具有价值和使用价值，有些知识产权的价值，要远远高于有形财产。

（二）知识产权许可

知识产权许可，是指企业授予客户对企业拥有的知识产权享有相应权利。按照享有权利范围的不同，许可方式主要有普通许可、排他许可和独占许可。

1. 普通许可

普通许可，是指许可人允许被许可人在规定的地域范围内使用在合同中所约定的知识产权内容，同时保留在该地域范围内许可人使用该项知识产权以及再与第三方就该项知识产权签订许可证合同的权利。

2. 排他许可

排他许可，是指许可方允许被许可方在规定的地域内独家实施其知识产权，而不再许可第三方在该地域内实施其知识产权，但仍保留许可方实施其知识产权的权利。

3. 独占许可

独占许可，是指许可方允许被许可方在规定的地域范围内，拥有独占该项知识产权的使用权，任何第三方也包括许可方在内，均无权使用该项知识产权。

二、知识产权许可收入的会计核算

《收入准则》采用“五步法”核算收入，包括识别合同、识别合同中的单项履约义务、确定交易价格、将交易价格分摊至单项履约义务和确认收入五步。与其他业务相比较，“授予知识产权许可”业务在运用“五步法”时，应该特别关注以下三个问题：

（一）识别单项履约义务

合同中如果包括授予知识权许可内容，应首先识别企业向客户授予的知识产权许可是否与所售商品能够明确区分。如果知识产权本身可独立使用，并且合同约定也可以与其他商品区分，则知识产权许可应作为单独的履约义务，分摊交易价格，单独确认收入。如果不能够明确区分，则不能作为单独履约义务，不需要分摊合同交易价格，应该与所售商品一起确认收入。知识产权许可不能明确区分的情形包括两种：一是知识产权许可是构成有形商品的不可或缺的组成部分，没有该知识产权，商品将无法使用，如电脑中的功能软件，电脑必须安装了该软件之后才能正常使用，这个功能软件不应作为单项履约义务；二是客户只有将该知识产权许可和相关服务一起使用才能够从中获益，这种许可为获得收益提供了必要的途径，如企业提供网上培训服务，没有网络访问权则无法获得相关培训服务内容，这种访问权许可不能明确区分，不能确认为单项履约业务。

（二）确认交易价格

交易价格，是指企业因向客户转让商品而预期有权收取的对价金额。合同标价并不一定代表交易价格，企业还需要考虑可变对价、合同中存在的重大融资成分、非现金对价以及应付客户对价等因素的影响，最终确定交易价格。

企业按照期望值或最可能发生金额确定可变对价金额之后，计入交易价格的可变对价金额还应该满足限制条件，即包含可变对价的交易价格，应当不超过在相关不确定性消除时，累计已确认的收入极可能不会发生重大转回的金额。包含知识产权许可合同中，在考虑“可变对价”因素对交易价格的影响时有例外情况，即企业向客户授予知识产权许可并约定按客户实际销售或使用情况收取特许权使用费时，不适用这种限制条件。

这种例外规定只有在特许权使用费仅与知识产权许可相关，或者特许权使用费与合同中的知识产权许可相关的部分占有主导地位时适用。对于不适用该例外规定的特许权使用费，应当按照估计可变对价的一般原则进行处理。

（三）判断收入确认时间

一般合同收入的确认方式有两种，分别是在某一时点确认收入和在一段时间内确认收入。企业向客户授予知识产权许可，构成单项履约义务的，除了这两种确认收入的方式，还有基于客户销售和使用情况计算特许权使用费的例外情形。并且除了例外情况，上述两种基本方式的判断也与其他收入有着显著的不同。

1. 在某一时间段内确认收入

应当在一时间段内确认收入的知识产权许可，同时满足三个条件：一是合同要求或客户能够合理预期企业将从事对该项知识产权有重大影响的活动；二是该活动对客户将产生有利或不利影响；三是该活动不会导致向客户转让某项商品。这三个条件说明知识产权许可收入的确认与所许可的知识产权特征有关，如果知识产权本身可变，则属于一个时间段内确认收入的情况。如何判断知识产权本身是否可变呢？如果合同要求或客户可以预期企业将会开展一些活动，这些活动会让知识产权所具备的功能发生变化，而这些变化又将直接影响着客户的利益，则该知识产权是可变的。需要注意的是，企业所做的活动改变的是知识产权本身的功能，而不是为客户提供了新的服务或商品，客户受到有利或不利影响是源于知识产权本身，而不是其他原因。从客户的角度进行分析，客户所获得的利益对知识产权带来的效应是动态的。例如，餐饮连锁店取得的加盟费收入。加盟方支付加盟费后，会获得该加盟品牌效应所带来的收益，这种收益是变动的，其中品牌本身的社会评价情况直接影响着加盟商的利益。如果餐饮店开展宣传活动，使品牌自身价值提升，则加盟商也会受益；如果餐饮店存在食品安全等问题，造成负面影响则加盟商也会因此受到影响。这种有利或不利影响源自品牌本身，餐饮店的这些活动并未再向加盟商提供任何额外的商品，所以餐饮连锁店品牌使用权就属于同时满足上述两个条件的知识产权，所取得的加盟费收入就应该在一段时间内确认。

2. 在某一时点确认收入

如果知识产权不能同时满足上述三个条件，则应该在某一时点确认收入。不能够满足三个条件的知识产权一般具有某种固定功能，知识产权在被使用过程中这种功能不会轻易再改变，并且客户从该项知识产权中获得的利益主要来源于该项功能，如软件、药物配方、已完成的电影、电视节目、录音的版权等，客户获得的是这类知识产权的功能收益。例如，编剧方将剧本版权许可给电影公司，编剧的后续活动都不会影响这部电影。编剧方应该在给交付版权的时点确认收入。在判断某项知识产权许可是属于在某一时段内履行的履约义务还是某一时点履行的履约义务时，企业不应考虑该许可在时间、地域、排他性以及相关知识产权消耗和使用方面的限制，因为这些限制界定的是已承诺的许可的属性，并不能界定企业是在某一时点还是在某一时段内履行其履约义务。

3. 企业向客户授予知识产权许可，并约定按客户实际销售或使用情况（如按照客户的销售额）收取特许权使用费的

该种情形应当在客户后续销售或使用行为实际发生与企业履行相关履约义务两者孰晚的时点确认收入，如根据销售数量计算商标权使用费，应该在商品实际销售完成时确认收入。

三、税务处理

知识产权许可实现的收入包括两种类型：一是转让知识产权所有权；二是让渡知识产权使用权。《企业所得税法》第六条规定，转让知识产权所有权实现的收入属于收入总额中的财产转让收入，应按照权责发生制原则确认收入的实现时间。转让知识产权使用权取得的收入属于特许权使用费收入，《企业所得税法实施条例》第二十条规定，特许权使用费收入应按照合同约定的特许权使用人应付特许权使用费的日期确认收入的实现。

因此，知识产权许可按照新《收入准则》的规定确认与计量的结果与税法可能产生的差异主要体现在两个方面：

第一，收入确认金额的差异。在《收入准则》中，收入计量的最小单位是单项履约义务，要识别合同中包含几个单项履约义务。要确定实际的交易价格，要考虑融资成分、可变对价等因素，然后按照单独售价将交易价格在各个单项履约义务中分配。税法在确认收入时考虑的是商品、劳务、服务、财产等这些确定性的对象，不会将客户未来可能的“选择权”作为可以分摊交易价格的对象，也不会考虑融资成分对价格的影响，这样会导致会计确认的收入金额与税法产生差异。此外，如果合同中存在多种交易对象，税法规定是按照公允价值进行分配，而会计分配的依据是单独售价。

第二，收入确认时间的差异。会计确认收入的时间是以控制权转移为标准，分别是时点确认、在一段时间内确认和控制权转移与收入实现孰晚时确认。企业所得税法中按照合同约定的付款时间确认收入，会计与税法收入归属年度可能会不同。

第八节 让渡资产使用权收入和其他收入的差异

一、让渡资产使用权收入概念差异

会计准则规定，让渡资产使用权收入，包括利息收入、使用费收入等。利息收入，主要是指金融企业对外贷款形成的利息收入等；使用费收入，主要是指企业转让无形资产（如商标权、专利权、专营权、软件、版权）等资产的使用权形成的使用费收入。《企业所得税法》没有专门规定让渡资产使用权收入的概念。从概念界定上，有以下不同：

第一，会计准则规定的让渡资产使用权收入，不同于《企业所得税法》第六条第（三）项规定的转让财产收入。税法上规定的转让财产收入，根据《企业所得税法实施条例》第十六条规定，企业所得税法第六条第（三）项所称转让财产收入，是指企业转让固定资产、生物资产、无形资产、股权、债权等财产取得的收入。这主要是指的转让财产所有权取得的收入，而不是使用权。

第二，会计准则规定的让渡资产使用权收入中的利息收入，不同于《企业所得税法》第六条第（五）项规定的利息收入。根据《企业所得税法实施条例》第十八条规定，企业所得税法第六条第（五）项所称利息收入，是指企业将资金提供他人使用但不构成权益性投资，或者因他人占用本企业资金取得的收入，包括存款利息、贷款利息、债券利息、欠款利息等收入。

第三，会计准则规定的让渡资产使用权收入中的使用费收入，对应于《企业所得税法》第六条第（七）项规定的特许权使用费收入。根据《企业所得税法实施条例》第二十条规定，企业所得税法第六条第（七）项所称特许权使用费收入，是指企业提供专利权、非专利技术、商标权、著作权以及其他特许权的使用权取得的收入。

二、让渡资产使用权收入确认的原则

在会计处理上，让渡资产使用权收入同时满足下列条件的，才能予以确认：相关的经济利益很可能流入企业；收入的金额能够可靠地计量。企业应当区别下列情况确定让渡资产使用权收入金额：利息收入金额，按照他人使用本企业货币资金的

时间和实际利率计算确定。使用费收入金额，按照有关合同或协议约定的收费时间和方法计算确定。

在税务处理上，利息收入，根据《企业所得税法实施条例》第十八条规定，按照合同约定的债务人应付利息的日期确认收入的实现。特许权使用费收入，根据《企业所得税法实施条例》第二十条规定，按照合同约定的特许权使用人应付特许权使用费的日期确认收入的实现。

三、其他收入项目的差异

根据会计准则规定，收入准则所涉及的收入，只包括销售商品收入、提供劳务收入和让渡资产使用权收入。会计收入准则只规范销售商品收入、提供劳务收入和让渡资产使用权收入，长期股权投资、金融资产、套期工具、建造合同、租赁、保险合同等形成的收入适用其他相关会计准则。

根据《企业所得税法》第六条规定，企业以货币形式和非货币形式从各种来源取得的收入，为收入总额。包括：销售货物收入；提供劳务收入；转让财产收入；股息、红利等权益性投资收益；利息收入；租金收入；特许权使用费收入；接受捐赠收入；其他收入。其中，销售货物收入、提供劳务收入、特许权使用费收入与会计收入较为对应；股息、红利等权益性投资收益，利息收入，接受捐赠收入，其他收入以及不征税收入和免税收入与会计规定差异较大。

第一，根据《企业所得税法实施条例》第十七条规定，企业所得税法第六条第（四）项所称股息、红利等权益性投资收益，是指企业因权益性投资从被投资方取得的收入。股息、红利等权益性投资收益，除国务院财政、税务主管部门另有规定外，按照被投资方作出利润分配决定的日期确认收入的实现。

第二，根据《企业所得税法实施条例》第二十一条规定，企业所得税法第六条第（八）项所称接受捐赠收入，是指企业接受的来自其他企业、组织或者个人无偿给予的货币性资产、非货币性资产。接受捐赠收入，按照实际收到捐赠资产的日期确认收入的实现。

第三，根据《企业所得税法实施条例》第二十二条规定，企业所得税法第六条第（九）项所称其他收入，是指企业取得的除企业所得税法第六条第（一）项至第（八）项规定的收入外的其他收入，包括企业资产溢余收入、逾期未退包装物押金收入、确实无法偿付的应付款项、已作坏账损失处理后又收回的应收款项、债务重组收入、补贴收入、违约金收入、汇兑收益等。这些收入在税务处理上都应计入收入总额。

第四，根据《企业所得税法实施条例》第二十五条规定，企业发生非货币性资产交换，以及将货物、财产、劳务用于捐赠、偿债、赞助、集资、广告、样品、职工福利或者利润分配等用途的，应当视同销售货物、转让财产或者提供劳务，但国务院财政、税务主管部门另有规定的除外。

第五，根据《企业所得税法》第七条规定，收入总额中的下列收入为不征税收入：财政拨款、依法收取并纳入财政管理的行政事业性收费、政府性基金，国务院规定的其他不征税收入。根据《企业所得税法实施条例》第二十六条规定，第七条第（一）项所称财政拨款，是指各级人民政府对纳入预算管理的事业单位、社会团体等组织拨付的财政资金，但国务院和国务院财政、税务主管部门另有规定的除外。第七条第（二）项所称行政事业性收费，是指依照法律法规等有关规定，按照国务院规定程序批准，在实施社会公共管理，以及在向公民、法人或者其他组织提供特定公共服务过程中，向特定对象收取并纳入财政管理的费用。《企业所得税法》第七条第（二）项所称政府性基金，是指企业依照法律、行政法规等有关规定，代政府收取的具有专项用途的财政资金。第七条第（三）项所称国务院规定的其他不征税收入，是指企业取得的，由国务院财政、税务主管部门规定专项用途并经国务院批准的财政性资金。

第六，根据《企业所得税法》第二十六条规定，企业的下列收入为免税收入：国债利息收入；符合条件的居民企业之间的股息、红利收入；在中国境内设立机构、场所的非居民企业从居民企业取得与该机构、场所有实际联系的股息、红利收入；符合条件的非营利公益组织的收入。以上收入会计处理上即使作为收入处理，在计算应纳税所得额时都应从收入总额中减除。

第九节　建造合同会计处理与税务处理的差异

一、概念差异

企业会计准则规定，建造合同是指为建造一项或数项在设计、技术、功能、最终用途等方面密切相关的资产而订立的合同。建造合同分为固定造价合同和成本加成合同。固定造价合同，是指按照固定的合同价或固定单价确定工程价款的建造合同。成本加成合同，是指以合同约定或其他方式议定的成本为基础，加上该成本的一定比例或定额费用确定工程价款的建造合同。

《企业所得税法》没有单独的建造合同规定，但是，建造合同收入，应属于第六条第（二）项规定的提供劳务收入。企业受托加工制造大型机械设备、船舶、飞机等，以及从事建筑、安装、装配工程业务等而取得的建造合同收入，均应计入收入总额。企业的合同收入、合同成本、合同收入与合同费用的确认等方面，会计处理与税务处理存在着一定差异。

二、合同收入

在会计处理上，建造合同收入应当包括下列内容：合同规定的初始收入；因合同变更、索赔、奖励等形成的收入。合同变更，是指客户为改变合同规定的作业内容而提出的调整。合同变更款同时满足下列条件的，才能构成合同收入：客户能够认可因变更而增加的收入；该收入能够可靠地计量。索赔款，是指因客户或第三方的原因造成的、向客户或第三方收取的、用以补偿不包括在合同造价中成本的款项。索赔款同时满足下列条件的，才能构成合同收入：根据谈判情况，预计对方能够同意该项索赔；对方同意接受的金额能够可靠地计量。奖励款，是指工程达到或超过规定的标准，客户同意支付的额外款项。奖励款同时满足下列条件的，才能构成合同收入：根据合同目前完成情况，足以判断工程进度和工程质量能够达到或超过规定的标准；奖励金额能够可靠地计量。

在税务处理上，根据《企业所得税法》第六条规定，企业以货币形式和非货币形式从各种来源取得的建造合同收入，都应计入收入总额，包括建造合同价款和价外费用。建造合同收入中因合同变更、索赔、奖励等形成的收入，都属于应税收入。

三、合同成本

在会计处理上，合同成本应当包括从合同签订开始至合同完成止所发生的、与执行合同有关的直接费用和间接费用。合同的直接费用应当包括下列内容：耗用的材料费用；耗用的人工费用；耗用的机械使用费；其他直接费用，指其他可以直接计入合同成本的费用。间接费用是企业下属的施工单位或生产单位为组织和管理施工生产活动所发生的费用。直接费用在发生时直接计入合同成本，间接费用在资产负债表日按照系统、合理的方法分摊计入合同成本。合同完成后处置残余物资取得的收益等与合同有关的零星收益，应当冲减合同成本。合同成本不包括应当计入当期损益的管理费用、销售费用和财务费用。因订立合同而发生的有关费用，应当直接计入当期损益。

在税务处理上，根据《企业所得税法》第八条规定，企业实际发生的与取得建造合同收入有关的、合理的支出，包括成本、费用、税金、损失和其他支出，可以在计算应纳税所得额时扣除。但至少有以下差异：一是合同完成后处置残余物资取得的收益等与合同有关的收益，一般不能冲减合同成本，应计入收入总额；二是已计入合同成本的借款费用，不能再重复扣除财务费用，应作纳税调整；三是已在会计处理上计入合同成本，税法规定不允许扣除、有限额扣除的成本项目，应作纳税调整。

四、合同收入与合同费用的确认

（一）结果能够可靠估计的建造合同

在会计处理上，在资产负债表日，建造合同的结果能够可靠估计的，应当根据完工百分比法确认合同收入和合同费用。完工百分比法，是指根据合同完工进度确认收入与费用的方法。

（1）固定造价合同的结果能够可靠估计，是指同时满足下列条件：合同总收入能够可靠地计量；与合同相关的经济利益很可能流入企业；实际发生的合同成本能够清楚地区分和可靠地计量；合同完工进度和为完成合同尚需发生的成本能够可靠地确定。

（2）成本加成合同的结果能够可靠估计，是指同时满足下列条件：与合同相关的经济利益很可能流入企业；实际发生的合同成本能够清楚地区分和可靠地计量。

（3）企业确定合同完工进度可以选用下列方法：累计实际发生的合同成本占合同预计总成本的比例；已经完成的合同工作量占合同预计总工作量的比例；实际测定的完工进度。

（4）采用累计实际发生的合同成本占合同预计总成本的比例确定合同完工进度的，累计实际发生的合同成本不包括下列内容：施工中尚未安装或使用的材料成本等与合同未来活动相关的合同成本；在分包工程的工作量完成之前预付给分包单位的款项。

（5）在资产负债表日，应当按照合同总收入乘以完工进度扣除以前会计期间累计已确认收入后的金额，确认为当期合同收入；同时，按照合同预计总成本乘以完工进度扣除以前会计期间累计已确认费用后的金额，确认为当期合同费用。

（6）当期完成的建造合同，应当按照实际合同总收入扣除以前会计期间累计已确认收入后的金额，确认为当期合同收入；同时，按照累计实际发生的合同成本扣除以前会计期间累计已确认费用后的金额，确认为当期合同费用。

在税务处理上，根据《企业所得税法实施条例》第二十三条第（二）款规定，企业受托加工制造大型机械设备、船舶、飞机，以及从事建筑、安装、装配工程业务或者提供其他劳务等，持续时间超过 12 个月的，按照纳税年度内完工进度或者完成的工作量确认收入的实现。

（二）结果不能够可靠估计的建造合同

在会计处理上，建造合同的结果不能可靠估计的，应当分别下列情况处理：一是合同成本能够收回的，合同收入根据能够收回的实际合同成本予以确认，合同成本在其发生的当期确认为合同费用。二是合同成本不可能收回的，在发生时立即确认为合同费用，不确认合同收入。三是使建造合同的结果不能可靠估计的不确定因素不复存在的，应当按照准则的规定确认与建造合同有关的收入和费用。

在税务处理上，税法不认同建造合同的结果不能可靠估计地处理，应区别情况进行纳税调整：一是合同成本能够收回的，合同收入应根据合同规定的建造合同收入计入收入总额；合同收入不能根据能够收回的实际合同成本予以确认，但合同成本在其发生的当期在计算应纳税所得额时扣除。二是合同成本不可能收回的，不能直接不确认合同收入；应根据合同规定先确认建造合同收入，计入收入总额，等经过法律程序认定合同成本不能收回后，需要提供符合条件的备查资料。

（三）合同预计损失的处理

在会计处理上，合同预计总成本超过合同总收入的，则形成合同预计损失，应提取损失准备，将预计损失确认为当期费用；合同完工时，将已提取的损失准备冲减合同费用。

在税务处理上，根据《企业所得税法》第八条规定，合同预计总成本超过合同总收入形成合同预计损失，不属于实际发生的损失，在计算应纳税所得额时不得扣除；企业提取的损失准备，属于《企业所得税法》第十条第（七）项规定的未经核定的准备金支出，在计算应纳税所得额时不得扣除，不得将预计损失确认为当期费用，应按照税法的规定进行纳税调整。

第十节　政府补助会计处理与税务处理的差异

一、基本概念

（一）政府补助的内容及特征

根据《企业会计准则第 16 号——政府补助》规定，政府补助是指企业从政府无偿取得货币性资产或非货币性资产，但不包括政府作为企业所有者投入的资本。政府包括各级政府及其所属机构，国际类似组织也在此范围之内。政府补助具有两个特征：一是来源于政府的经济资源。对于企业收到的来源其他方的补助，有确凿证据表明政府是补助的实际拨付者，其他方只起到代收代付作用的，该项补助也属于来源于政府的经济资源。二是具有无偿性。即企业取得来源于政府的经济资源，不需要向政府交付商品或服务等对价。政府并不因此而享有企业的所有权，企业未来也不需要以提供服务、转让资产等方式偿还。

（二）政府补助的会计分类

政府补助分为与资产相关的政府补助和与收益相关的政府补助。其中：与资产相关的政府补助，是指企业取得的、用于购建或以其他方式形成长期资产的政府补助。与收益相关的政府补助，是指除与资产相关的政府补助之外的政府补助。需要说明的是，企业从政府取得的经济资源，如果与企业销售商品或提供服务等活动密切相关，且是企业商品或服务的对价或者是对价的组成部分，适用《企业会计准则14号——收入》等相关会计准则。

（三）政府补助的税法分类

《企业所得税法》没有政府补助概念，但第六条规定，企业以货币形式和非货币形式从各种来源取得的收入，为收入总额。第七条规定，收入总额中财政拨款为不征税收入。《企业所得税法实施条例》第二十二条规定，收入总额包括补贴收入等。第二十六条规定企业所得税法第七条第（一）项所称财政拨款，是指各级人民政府对纳入预算管理的事业单位、社会团体等组织拨付的财政资金，但国务院和国务院财政、税务主管部门另有规定的除外。所以，收入总额，包括政府补助，即包括企业从政府无偿取得货币性资产或非货币性资产，但不包括政府作为企业所有者投入的资本。可见，政府补助，在税法中的对应概念是收入总额中的补贴收入。另外，在执行税法上，政府包括各级政府及其所属机构，但国际类似组织一般不在此范围之内。根据具体情况不同，政府补助可以分为不征税收入的政府补助和应税收入的政府补助，具体如下：

1. 属于不征税收入的政府补助

根据《财政部　国家税务总局关于专项用途财政性资金企业所得税处理问题的通知》（财税〔2011〕70号）规定，自2011年1月1日起，企业从县级以上各级人民政府财政部门及其他部门取得的应计入收入总额的财政性资金，凡同时符合以下条件的，可以作为不征税收入，在计算应纳税所得额时从收入总额中减除：首先，企业能够提供规定资金专项用途的资金拨付文件。其次，财政部门或其他拨付资金的政府部门对该资金有专门的资金管理办法或具体管理要求。最后，企业对该资金以及以该资金发生的支出单独进行核算。企业将符合规定条件的财政性资金作不征税收入处理后，在5年（60个月）内未发生支出且未缴回财政部门或其他拨付资金的政府部门的部分，应计入取得该资金第六年的应税收入总额；计入应税收入总额的财政性资金发生的支出，允许在计算应纳税所得额时扣除。

根据《国家税务总局关于企业所得税应纳税所得额若干问题的公告》（国家税务总局公告2014年第29号）第一条第（二）项规定，企业接收县级以上人民政府划入的国有资产，凡指定专门用途并按《财政部 国家税务总局关于专项用途财政性资金企业所得税处理问题的通知》（财税〔2011〕70号）规定进行管理的，企业可作为不征税收入进行企业所得税处理。其中，该项资产属于非货币性资产的，应按政府确定的接收价值计算不征税收入。

《财政部 国家税务总局关于进一步鼓励软件产业和集成电路产业发展企业所得税政策的通知》（财税〔2012〕27号）第五条规定，符合条件的软件企业按照《财政部 国家税务总局关于软件产品增值税政策的通知》（财税〔2011〕100号）规定取得的即征即退增值税款，由企业专项用于软件产品研发和扩大再生产并单独进行核算，可以作为不征税收入，在计算应纳税所得额时从收入总额中减除。《财政部 国家税务总局关于核电行业税收政策有关问题的通知》（财税〔2008〕38号）规定，自2008年1月1日起，核力发电企业取得的增值税退税款，专项用于还本付息，不征收企业所得税。

2. 属于应税收入的政府补助

根据《财政部 国家税务总局关于财政性资金、行政事业性收费、政府性基金有关企业所得税政策问题的通知》（财税〔2008〕151号）规定，企业取得的各类财政性资金，除属于国家投资和资金使用后要求归还本金的以外，均应计入企业当年收入总额。对企业取得的由国务院财政、税务主管部门规定专项用途并经国务院批准的财政性资金，准予作为不征税收入，在计算应纳税所得额时从收入总额中减除。

《国家税务总局关于企业所得税应纳税所得额若干税务处理问题的公告》（国家税务总局公告2012年第15号）第七条规定，企业取得的符合不征税收入条件的政府补助，企业未按照不征税收入相关规定进行管理，则应作为企业的应税收入计入应纳税所得额，依法缴纳企业所得税。

《国家税务总局关于企业所得税应纳税所得额若干问题的公告》（国家税务总局公告2014年第29号）第一条第二款规定，县级以上人民政府将国有资产无偿划入企业，属于政府投资和不征税收入以外情形的，应按政府确定的接收价值计入当期收入总额计算缴纳企业所得税。政府没有确定接收价值的，按资产的公允价值计算确定应税收入。

《国家税务总局关于企业所得税若干政策征管口径问题的公告》（国家税务总局公告 2021 年第 17 号）规定，企业按照市场价格销售货物、提供劳务服务等，凡由政府财政部门根据企业销售货物、提供劳务服务的数量、金额的一定比例给予全部或部分资金支付的，应当按照权责发生制原则确认收入。除上述情形外，企业取得的各种政府财政支付，如财政补贴、补助、补偿、退税等，应当按照实际取得收入的时间确认收入。

二、政府补助的主要形式及其会计与税务处理的差异

政府补助同时满足下列条件的，才能予以确认：企业能够满足政府补助所附条件、企业能够收到政府补助。政府补助为货币性资产的，应当按照收到或应收的金额计量。政府补助为非货币性资产的，应当按照公允价值计量；公允价值不能可靠取得的，按照名义金额计量。政府补助主要有以下形式：

（一）财政拨款

在会计处理上，财政拨款，是政府无偿拨付给企业的资金，通常在拨款时明确规定了资金用途。例如，财政部门拨付给企业用于购建固定资产或进行技术改造的专项资金，鼓励企业安置职工就业而给予的奖励款项，拨付企业的粮食定额补贴，拨付企业开展研发活动的研发经费等，均属于财政拨款。

在税务处理上，财政拨款，是指各级人民政府对纳入预算管理的事业单位、社会团体等组织拨付的财政资金，但国务院和国务院财政、税务主管部门另有规定的除外。可见，税法上规定的“财政拨款”，只是对政府对纳入预算管理的事业单位、社会团体等组织拨付的财政资金，不包括企业取得的财政资金，因为企业的资金一般是不会“纳入预算管理”的；对企业无偿取得的财政资金，在税务处理上根据《企业所得税法实施条例》第二十二条规定，应计入收入总额中其他收入的“补贴收入”。

（二）财政贴息

在会计处理上，财政贴息是政府为支持特定领域或区域发展，根据国家宏观经济形势和政策目标，对承贷企业的银行贷款利息给予的政策性优惠贷款贴息。企业取得政策性优惠贷款贴息的，应当区分财政将贴息资金拨付给贷款银行和财政将贴息资金直接拨付给企业两种情况分别处理。

第一，财政将贴息资金拨付给贷款银行，由贷款银行以政策性优惠利率向企业提供贷款的，企业可以选择下列方法之一进行会计处理：一是以实际收到的借款金额作为借款的入账价值，按照借款本金和该政策性优惠利率计算相关借款费用。二是以借款的公允价值作为借款的入账价值并按照实际利率法计算借款费用，实际收到的金额与借款公允价值之间的差额确认为递延收益。递延收益在借款存续期内采用实际利率法摊销，冲减相关借款费用。

第二，财政将贴息资金直接拨付给企业，企业应当将对应的贴息冲减相关借款费用。

在税务处理上，区分财政贴息的不同方式进行处理：一是对财政将贴息资金直接拨付给受益企业的，财政贴息收入作补贴收入处理，利息支出按规定在税前扣除；二是财政将贴息资金拨付给贷款银行，由贷款银行以政策性优惠利率向企业提供贷款，受益企业按照实际发生的利率计算和确认利息费用。

（三）税收返还

在会计处理上，税收返还是政府按照国家有关规定采取先征后返（退）、即征即退等办法向企业返还的税款，属于以税收优惠形式给予的一种政府补助。增值税出口退税不属于政府补助。税收优惠还包括直接减征、免征、增加计税抵扣额、抵免部分税额等形式，并未直接向企业无偿提供资产，不作为会计准则规范的政府补助。

在税务处理上，企业按照国务院财政、税务主管部门有关文件规定，实际收到具有专门用途的先征后返（退）、即征即退等办法向企业返还的所得税税款，按照会计准则规定应计入取得当期的利润总额，暂不计入取得当期的应纳税所得额；其他没有国务院财政、税务主管部门有关文件明确规定免税的税收返还，除企业取得的出口退税（增值税进项）外，一般都应作为应税收入征收企业所得税。对出口货物退返增值税进项税额不作为应税收入，是因为根据相关税收法规规定，对增值税出口货物实行零税率，即对出口环节的增值部分免征增值税，同时退还出口货物前道环节所征的进项税额。由于增值税是价外税，出口货物前道环节所含的进项税额是抵扣项目，体现为企业垫付资金的性质，增值税出口退税实质上是政府归还企业事先垫付的资金，会计处理上不属于政府补助，税务处理上不计入应纳税所得额。

（四）无偿划拨非货币性资产

在会计处理上，企业取得无偿划拨非货币性资产，例如，行政划拨土地使用权、天然起源的天然林等，都属于政府补助。在税务处理上，企业取得无偿划拨非货币性资产，除国务院财政、税务主管部门另有规定外，都应计入收入总额。

对企业实际收到的财政补贴和税收返还等，按照现行会计准则的规定，属于政府补助的范畴，被排除在税法规定的“财政拨款”之外，会计核算中计入企业的“营业外收入”科目，除企业取得的出口退税（增值税进项）外，一般作为应税收入征收企业所得税。这主要有以下考虑：一是企业从政府取得的补贴收入符合收入总额的立法精神。企业取得的财政补贴形式多种多样，既有减免的流转税，也有给予企业从事特定事项的财政补贴。无论企业取得何种形式的财政补贴，都导致企业净资产增加和经济利益流入，符合收入总额的立法精神。二是为了规范财政补贴收入和加强减免税的管理。从 1994 年分税制财政体制改革实行后，中央集中管理税权，各地不得自行或擅自减免税。地方政府为促进地区经济发展，不得不采取各种财政补贴等变相“减免税”形式给予企业优惠，进行招商引资，造成财政补贴收入的不规范，破坏了全国统一的公平税负的环境，也是对中央税权的严重侵蚀。为此，对企业从政府取得的财政补贴收入征税，有利于加强对财政补贴收入和减免税的规范管理。三是出于尽量减少税法与财务会计制度差异的考虑，也没有必要在这一问题上保持两者之间的差异，这有利于降低纳税遵从成本和税收管理成本。

三、与资产相关的政府补助的会计与税务处理差异

（一）会计处理

与资产相关的政府补助，应当冲减相关资产的账面价值或确认为递延收益，具体包括：一是与资产相关的政府补助冲减相关资产的账面价值后，相关资产按照冲减后的账面价值和剩余使用寿命计提折旧或进行摊销。二是与资产相关的政府补助确认为递延收益的，应当在相关资产使用寿命内按照合理、系统的方法分期计入损益。相关资产在使用寿命结束前被出售、转让、报废或发生毁损的，应当将尚未分配的相关递延收益余额转入资产处置当期的损益。

（二）税务处理

1. 资产相关的政府补助属于应税收入的税务处理

根据《财政部　国家税务总局关于财政性资金、行政事业性收费、政府性基金有关企业所得税政策问题的通知》（财税〔2008〕151 号）规定，与资产相关的政府补助，应计入企业当年的收入总额，即应按收付实现制确认收入的实现，因为企业实际收到款项时才具有纳税能力。在企业能够收到政府补助，但尚未收到政府补助时，在税收上还不应确认收入的实现，因为此时企业尚不具备纳税能力。具体如下：

（1）若会计核算将收到政府补助确认为递延收益并分期计入损益，税法与会计

上的差异为时间性差异，税法与会计确认的总金额相同，税法一次性计入应纳税所得额，会计分期计入利润总额，取得政府补助的当期应纳税调增，以后期间逐期纳税调减。

（2）若会计核算将收到政府补助冲减资产的账面价值，未来期间不再确认其他收益，资产折旧按照冲减后的金额计算。按照税法规定，取得政府补助当期计入损益，所以取得当期应进行纳税调增，同时该项资产的计税基础为资产购置时的历史成本。

2. 资产相关的政府补助属于不征税收入的税务处理

根据《关于专项用途财政性资金企业所得税处理问题的通知》（财税〔2011〕70号），与资产相关的政府补助如果满足相关条件的属于不征税收入，不征税收入用于支出所形成的费用，不得在计算应纳税所得额时扣除。

（1）若会计核算将收到政府补助确认为递延收益，并分期计入损益增加当期利润，但是资产折旧会减少当期利润。在税务处理上，不征税的政府补助收入，成本也不能扣除，在纳税时要做反向调整。

（2）若会计核算将收到政府补助冲减资产的账面价值，则资产账面价值与计税基础一致，资产折旧按照冲减后的金额计算，如果折旧年限和折旧方法不存在差异，则不需要进行纳税调整。

四、与收益相关的政府补助的会计与税务处理差异

（一）会计处理

与收益相关的政府补助，用于补偿企业以后期间的相关费用或损失的，取得时确认为递延收益，在确认相关费用的期间计入当期损益（营业外收入）或冲减相关成本；用于补偿企业已发生的相关费用或损失的，取得时直接计入当期损益（营业外收入）或冲减相关成本。与企业日常活动相关的政府补助，应当按照经济业务实质，计入其他收益或冲减相关成本费用。与企业日常活动无关的政府补助，应当计入营业外收支。

对于同时包含与资产相关部分和与收益相关部分的政府补助，应当区分不同部分分别进行会计处理；难以区分的，应当整体归类为与收益相关的政府补助。

（二）税务处理

1. 与收益相关的政府补助属于应税收入的税务处理

与收益相关的政府补助，除国务院财政、税务主管部门另有规定外，都应在实际取得时计入收入总额。具体如下：

（1）当会计上将与收益相关的政府补助，用于补偿企业以后期间的相关费用或损失，取得时确认为递延收益，不计入当期损益，以后期间实际发生成本或损失时再计入损益。企业在收到政府补助当期，应进行纳税调增处理，全额计入应纳税收入；以后期间企业计入损益，则进行纳税调减处理。

（2）当会计上将与收益相关的政府补助，用于补偿企业已发生的相关费用或损失，取得时直接计入当期损益（营业外收入）的，税法上在当期计算应纳税所得额时，应计入收入总额，对应的成本费用或损失如果发生在以前年度，不需要追溯调整，税法与会计无差异。

2. 与收益相关的政府补助属于不征税收入的税务处理

（1）当会计上将与收益相关的政府补助，用于补偿企业以后期间的相关费用或损失，取得时确认为递延收益，不计入当期损益，以后期间实际发生成本或损失时再计入损益。企业在收到政府补助当期，不进行纳税调整；在会计核算计入损益的当期进行调整。以后期间如果企业计入其他收益或营业外收入，应调减该项收入，同时调增成本或损失；如果企业冲减相关成本费用或营业支出，不需要纳税调整。

（2）当会计上将与收益相关的政府补助，用于补偿企业已发生的相关费用或损失，取得时直接计入当期损益。如果企业计入其他收益或营业外收入，税法上应调减该项收入，同时将以前期间已在税前扣除的成本或损失进行调增；如果企业冲减相关成本费用或营业支出，税法上应调减当期会计冲减的成本或损失，调增以前年度税前扣除的成本或损失。

第三章　扣除

第一节　成本费用会计处理与税前扣除的差异

一、基本概念差异

（一）基本规定与分类

《基本准则》规定，费用是指企业在日常活动中发生的、会导致所有者权益减少的、与向所有者分配利润无关的经济利益的总流出。费用只有在经济利益很可能流出从而导致企业资产减少或者负债增加，且经济利益的流出额能够可靠计量时才能予以确认。企业为生产产品、提供劳务等发生的可归属于产品成本、劳务成本等的费用，应当在确认产品销售收入、劳务收入等时，将已销售产品、已提供劳务的成本等计入当期损益。企业发生的支出不产生经济利益的，或者即使能够产生经济利益但不符合或者不再符合资产确认条件的，应当在发生时确认为费用，计入当期损益。企业发生的交易或者事项导致其承担了一项负债而又不确认为一项资产的，应当在发生时确认为费用，计入当期损益。符合费用定义和费用确认条件的项目，应当列入利润表。

在会计准则应用指南中，通过会计科目对企业的成本、费用、损失和税金进行了划分和范围的确定。对成本设置了“营业成本”会计科目；对费用设置了“销售费用”“管理费用”“研发费用”和“财务费用”会计科目；对税金设置了“税金及附加”和“所得税费用”会计科目；对损失设置了“信用减值损失”“资产减值损失”“资产处置收益”和“营业外支出”会计科目。

在企业所得税中，与会计准则成本费用对应的概念是扣除。扣除＝会计核算的成本、费用、损失和税金－税法规定不允许税前扣除的成本、费用、税金、损失和其他支出－税法规定有限额在税前扣除的成本、费用、税金、损失和其他支出的超出限额部分。

《企业所得税法》第八条规定，企业实际发生的与取得收入有关的、合理的支出，包括成本、费用、税金、损失和其他支出，可以在计算应纳税所得额时扣除。根据《企业所得税法实施条例》第二十七条规定，企业所得税法第八条所称有关的支出，是指与取得收入直接相关的支出。企业所得税法第八条所称合理的支出，是指符合生产经营活动常规，应当计入当期损益或者有关资产成本的必要和正常的支出。第二十八条规定，企业发生的支出应当区分收益性支出和资本性支出。收益性支出在发生当期直接扣除；资本性支出应当分期扣除或者计入有关资产成本，不得在发生当期直接扣除。企业的不征税收入用于支出所形成的费用或者财产，不得扣除或者计算对应的折旧、摊销扣除。除企业所得税法和本条例另有规定外，企业实际发生的成本、费用、税金、损失和其他支出，不得重复扣除。2018 年国家税务总局发布《企业所得税税前扣除凭证管理办法》（国家税务总局公告 2018 年第 28 号），进一步规范了税前扣除凭证管理。

（二）成本

会计准则界定的“营业成本”科目，核算企业主营业务成本和其他业务成本，一般而言，企业主营业务成本是与企业主要经营业务相关联的，主要确认销售商品、提供劳务等主营业务收入时应结转的成本；其他业务成本是除主营业务活动以外的其他经营活动所发生的支出，包括销售材料的成本、出租固定资产的折旧额、出租无形资产的摊销额、出租包装物的成本或摊销额等。

《企业所得税法实施条例》第二十九条规定，企业所得税法第八条所称成本，是指企业在生产经营活动中发生的销售成本、销货成本、业务支出以及其他耗费。对会计准则与税法界定的成本差异分析如下：

1. 成本的范围

税法所指的成本概念与一般会计意义上的成本概念有所不同。会计上的成本，是指企业在生产产品、提供劳务过程中劳动对象、劳动手段和活劳动的耗费，是对象化的费用，针对一定的产出物计算归集的。在实务中，成本一般包括直接材料、直接人工、燃料和动力、制造费用。其中，直接材料，是指直接用于产品生产、构成产品实体的原料及主要材料、外购半成品、有助于产品形成的辅助材料以及其他直接材料。直接人工，是指参加产品生产的工人工资以及按生产工人工资总额和按规定比例计算提取的职工福利费。燃料和动力，是指直接用于产品生产的外购和自制的燃料和动力费。制造费用，是指未生产产品和提供劳务所发生的各项期间费用。

税法上的成本比会计上的成本范围要大，包括纳税申报期间已经申报确认的销售商品（包括产品、材料、下脚料、废料和废旧物资等）、提供劳务、转让、处置固定资产和无形资产的成本。企业对象化的费用，有的成为在产品、产成品等存货，只有销售出去，并在申报纳税期间确认了销售（营业）收入的相关部分商品的成本才能申报扣除。

由于所得税法和财务会计制度的目的不同，会计收入分类侧重于经济收入的稳定性和经常性，税法收入分类的基础是税收政策待遇的异同。因此，税法中成本归集的内容不仅包括企业的主营业务成本（销售商品、提供劳务、提供他人使用本企业的无形资产），还包括其他业务成本（销售材料、转让技术等）和营业外支出（固定资产清理费用等）。

纳税人必须将经营活动中发生的成本合理划分为直接成本和间接成本。直接成本是可直接计入有关成本计算对象或劳务的经营成本中的直接材料、直接人工等。间接成本是指多个部门为同一成本对象提供服务的共同成本，或者同一种投入可以制造、提供两种或两种以上的产品或劳务的联合成本。

直接成本可根据有关会计凭证、记录直接计入有关成本计算对象或劳务的经营成本中。间接成本必须根据与成本计算对象之间的因果关系、成本计算对象的产量等，以合理的方法分配计入有关成本计算对象中。

2. 制造成本的分配

为准确计算税前扣除成本，企业应将全部制造成本在在产品和完工产品之间进行合理分配。企业的产品制造成本可采用简单法（品种法）、分批法（定单法）或分步法等方法进行计算。如果企业从事的是单步骤的简单生产，产品单一，没有在产品，可采用简单法按产品品种归集计算产品制造成本；如果纳税人从事的是单件、小批的复杂生产，可采用分批法按批计算产品制造成本；如果企业从事的是连续式大量大批复杂生产，应采用分步法分产品、按步骤核算各步骤的半成品和产成品的成本。

3. 间接成本的分配

在计算确定税前扣除成本的过程中，一个重要的问题是如何合理分配间接成本。过去对这一问题没有给予足够的重视，间接成本的分配完全由企业会计人员确定，会计实务中虽然有一些习惯做法，但分配的合理性与否并没有较具约束性的规定。这很容易成为企业在不同纳税期间或不同产品、应税项目和非应税项目之间调剂利润，设法避税，因此，需要对间接成本明确提出合理分配的原则要求。

对多部门为同一成本对象提供服务的共同成本的分配，一般应以共同成本与成本对象的因果关系为基础；如果共同成本与成本对象之间的关系不止一种，可采用双重或多重基础分配；在一般分配基础无法反映其间的因果关系时，也可采取某些复杂性指标。如果无法确定共同成本与成本对象之间的关系，纳税人确定的最合理的分配基础应保留详细资料，以备税务机关审查。

对于同一种投入可以制造两种或两种以上的产品的联合成本的分配，应反映投入成本与产出经济效益之间的关系，如果联产品在联合生产结束时的分离点上可以出售，则可以售价或市价来进行分配；如果联产品必须经过进一步加工才能出售，则可以再加工后的售价减加工成本，得到推定的净变现价值后进行分配；如果联产品价格起伏不定，从分离点到可出售点之间需要大量加工，或者在成本加成合同下无法事先得知成本的情况下，可以用联产品在体积、重量等方面的实际数量来分配联合成本，但前提是联产品的实际数量应能够反映其经济价值；如果联产品中有不重要的副产品，可以将全部联合成本分配给主产品。

（三）费用

会计准则界定的“销售费用”科目核算企业销售商品和材料、提供劳务的过程中发生的各种费用，包括保险费、包装费、展览费和广告费、商品维修费、预计产品质量保证损失、运输费、装卸费等以及为销售本企业商品而专设的销售机构（含销售网点、售后服务网点等）的职工薪酬、业务费、折旧费等经营费用。

会计准则界定的“管理费用”科目核算企业为组织和管理企业生产经营所发生的管理费用，包括企业在筹建期间内发生的开办费、董事会和行政管理部门在企业的经营管理中发生的或者应由企业统一负担的公司经费（包括行政管理部门职工工资及福利费、物料消耗、低值易耗品摊销、办公费和差旅费等）、工会经费、董事会费（包括董事会成员津贴、会议费和差旅费等）、聘请中介机构费、咨询费（含顾问费）、诉讼费、业务招待费、房产税、车船使用税、土地使用税、印花税、技术转让费、矿产资源补偿费、排污费等。

会计准则界定的“研发费用”科目核算企业进行研究与开发过程中发生的费用化支出，以及计入相关管理费用的自行开发无形资产的摊销。

会计准则界定的“财务费用”科目核算企业为筹集生产经营所需资金等而发生的筹资费用，包括利息支出（减利息收入）、汇兑损益以及相关的手续费、企业发生的现金折扣或收到的现金折扣等。

《企业所得税法实施条例》第三十条规定，企业所得税法第八条所称费用，是指企业在生产经营活动中发生的销售费用、管理费用和财务费用，已经计入成本的有关费用除外。对会计准则与税法界定的费用差异分析如下：

1. 费用的范围

实施条例明确了与取得应税收入有关的支出，凡没有计入成本，没有资本化的支出，都应计入期间费用，具体包括销售费用、管理费用、研发费用和财务费用。需要注意的是，不能在成本与期间费用之间重复扣除。因此，企业发生的期间费用，只要符合税前扣除基本条件和一般原则规定的、与取得应税收入有关的支出，凡没有计入成本，没有资本化的支出，以及税法没有禁止和限制的，都应计入期间费用在税前扣除。需要注意的是，不能在成本和期间费用之间重复扣除。

2. 销售费用

企业为销售商品和材料、提供劳务的过程中发生的符合企业所得税法规定的各种费用允许在税前扣除。其中，按会计准则处理的广告费、销售佣金、福利费等费用税前扣除有标准限制；预计产品质量保证损失要在实际发生售后服务支出时才能扣除；企业发生的与专设销售机构相关的固定资产修理费用等后续支出，符合税法规定大修理支出标准的，要作为长期待摊费用进行资产化处理。

3. 管理费用

企业为组织和管理企业生产经营活动所发生的符合企业所得税法规定的各种费用允许在税前扣除。其中，按会计准则处理的行政管理部门职工福利费、工会经费、业务招待费等税前扣除有标准限制；属于被环境保护主管部门的排污罚款不允许扣除等。

4. 财务费用

财务费用是纳税人筹集经营性资金而发生的筹资费用，其中按会计准则处理利息支出应作纳税调整，因利息收入已计入收入总额；汇兑损益应作纳税调整，因汇兑收益已计入收入总额；企业发生的现金折扣可作为财务费用，但收到的现金折扣应计入收入总额，应作纳税调整。

5. 研发费用

“研发费用”是企业进行研究与开发过程中发生的费用化支出，以及计入相关管理费用的自行开发无形资产的摊销，符合条件的研发费用可以加计扣除。

（四）税金

会计准则界定的“税金及附加”科目核算企业经营活动发生的消费税、城市维护建设税、资源税和教育费附加等相关税费。房产税、车船使用税、土地使用税、印花税在“管理费用”科目核算，但与投资性房地产相关的房产税、土地使用税在本科目核算。“所得税费用”科目核算企业确认的应从当期利润总额中扣除的所得税费用。

《企业所得税法实施条例》第三十一条规定，企业所得税法第八条所称税金，是指企业发生的除企业所得税和允许抵扣的增值税以外的各项税金及其附加。企业发生的税金是企业为取得经营收入实际发生的必要的、正常的支出，与企业发生的成本、费用性质相同，是企业取得经营收入实际发生的经济负担，符合税前扣除的基本原则，因此，将税金和成本、费用并列为允许在税前扣除的支出。

企业所得税税款是依据应税收入减去扣除项目的余额计算得到，本质上是企业利润分配的支出，是国家参与企业经营成果分配的一种形式，而非为取得经营收入实际发生的费用支出，不能作为企业的税金在税前扣除。

目前，我国的增值税是价外税，产品的价格和税款分开。企业的增值税通过逐环节抵扣，最终将增值税负担转嫁给最终消费者，并非企业的实际负担，因此，允许抵扣的增值税不允许作为税金在税前扣除。对于企业未实际抵扣，由企业最终负担的增值税税款，按规定允许计入资产的成本，在当期或以后期间扣除。如我国实现的生产型增值税，企业购置固定资产发生的增值税税款，由于不允许抵扣增值税进项税款，成为企业实际发生的支出，按规定计入购置固定资产的成本，在当期或以后期间通过固定资产的折旧得到扣除。

（五）损失

会计准则界定的“资产减值损失”科目核算的是企业在资产负债表日，经过对资产的测试，判断资产的可回收金额低于其账面价值而计提资产减值损失准备所确认的相应损失。“信用减值损失”科目核算的是企业按要求计提的各项金融工具信用减值准备所确认的信用损失。“营业外支出”科目核算企业发生的除营业利润以外的支出，主要包括公益性捐赠支出、非常损失、盘亏损失、非流动资产毁损报废损失等。《企业所得税法实施条例》第三十二条规定，企业所得税法第八条所称损失，是指企业在生产经营活动中发生的固定资产和存货的盘亏、毁损、报废损失，转让财产损失，呆账损失，坏账损失，自然灾害等不可抗力因素造成的损失以及其他损失。企业发生的损失，减除责任人赔偿和保险赔款后的余额，依照国务院财政、税务主管部门的规定扣除。企业已经作为损失处理的资产，在以后纳税年度又全部收回或者部分收回时，应当计入当期收入。

企业的各项财产损失，按财产的性质分为货币资金损失、坏账损失、存货损失、投资转让或清算损失、固定资产损失、在建工程和工程物资损失、无形资产损失和其他资产损失；税法规定，企业发生的资产损失应按规定申报后扣除。企业实际资产损失，应当在其实际发生且会计上已作损失处理的年度申报扣除；法定资产损失，应当在企业证明该项资产已符合法定资产损失确认条件，且会计上已作损失处理的年度申报扣除。按损失原因分为正常损失（包括正常转让、报废、清理等）、非正常损失（包括因战争、自然灾害等不可抗力造成损失，因人为管理责任毁损、被盗造成损失，政策因素造成损失等）、发生改组等评估损失和永久实质性损害。这些损失允许按照税法规定在税前扣除。

按会计“资产减值损失”“信用减值损失”科目核算企业计提各项资产减值准备所形成的损失原则上不能在计提时扣除，应在实际发生损失后依照税法规定扣除，但符合税法规定的金融企业、保险企业和证券行业企业准予税前提取的各类损失准备金、基金除外。“营业外支出”科目核算企业发生的各项营业外支出，包括非流动资产处置损失、非货币性资产交换损失、债务重组损失、公益性捐赠支出、非常损失、盘亏损失等，符合企业所得税法规定条件、限额的，依照税法规定程序申报后方可在税前扣除。

除了以上总结的成本、费用、税金、损失以外，《企业所得税法实施条例》第三十三条还规定，企业在生产经营活动中发生的与生产经营活动有关的、合理的其他支出，可以按照《企业所得税法》第八条规定在税前扣除。企业经营活动中发生的支出多种多样，千差万别，有些支出可能还不能完全归集到成本、费用、税金、损失中，为保证企业经营活动中实际发生的有关的、合理的支出能够得到扣除，条例中作为兜底条款处理。

二、不得在税前扣除的成本费用项目差异

在会计处理上，企业所有的支出都可以在一定的会计科目里进行会计核算，但是，按照企业所得税法的规定，有些支出项目是不得在税前扣除的。根据《企业所得税法》第十条规定，在计算应纳税所得额时，下列支出不得税前扣除：（1）向投资者支付的股息、红利等权益性投资收益款项；（2）企业所得税税款；（3）税收滞纳金；（4）罚金、罚款和被没收财物的损失；（5）本法第九条规定以外的捐赠支出（即公益性捐赠以外的捐赠支出）；（6）赞助支出；（7）未经核定的准备金支出；（8）与取得收入无关的其他支出。现将上述不得税前扣除的相关支出会计处理与税务处理规定的差异如下：

（一）向投资者支付的股息、红利等权益性投资收益款项

在会计处理上，向投资者支付的股息、红利等权益性投资收益款项，在“利润

分配”科目进行核算。由于是被投资者对其税后利润的分配，本质上不属于企业取得经营收入的正常的费用支出，因此，不允许在税前扣除。各国的所得税法对向投资者支付的权益性投资收益款项均不允许在税前扣除，我国也遵循国际惯例。企业所得税法之所以规定向投资者支付的股息、红利等权益性投资收益款项不得在税前扣除，一是为了防止企业将股息、红利直接在税前扣除；二是为了防止企业将权益性投资收益款项，以税法允许在税前扣除的形式，在计算应纳税所得额前先扣除，如企业股东以工资、利息等形式取得权益性投资收益款项以达到避税的目的。

投资是企业经营活动的重要内容，是企业为获取股息、利息，实现资本增值，用所持有的资产与其他单位（一般称为“被投资单位”）相交换而取得的资产。按照投资的性质分类，投资包括债权性投资和权益性投资。利息是投资方持有债权投资的经济回报，而股息、红利是投资者对被投资单位净利润的分享。企业所得税有关投资政策的目的，是消除或减轻对企业取得的权益性投资所得（股息、红利）的重复征税，保持股息等权益性投资所得和投资转让所得（资本利得性质）的税负平衡，鼓励企业的长期投资。

（二）企业所得税税款

在会计处理上，企业所得税税款是在“所得税费用”科目核算。从税务处理来说，企业所得税税款是依据应税收入减去扣除项目的余额计算得到的，本质上是企业利润分配的支出，是国家参与企业经营成果分配的一种形式，而非为取得经营收入实际发生的费用支出，不能作为企业的成本、费用在税前扣除。同时，企业所得税税款如果作为企业扣除项目，会出现计算企业所得税税款时循环倒算的问题，不符合企业所得税原理。

（三）税收滞纳金

在会计处理上，税收滞纳金一般会计入损益类科目作为费用列支。在税务处理上，税收滞纳金是税务机关对未按规定期限缴纳税款的纳税人按比例附加征收的。纳税人未按照法律、行政法规规定或者税务机关依照法律、行政法规的规定确定的缴纳期限缴纳税款，扣缴义务人未按照上述规定解缴税款的，都属于税款的滞纳。征收税收滞纳金主要目的是督促纳税人按期缴纳税款，减少欠税，保证税款及时入库。所以，不允许税收滞纳金在税前扣除。

（四）罚金、罚款和被没收财物的损失

在会计处理上，罚金、罚款和被没收财物的损失可能会计入损益类科目作为费用列支。但是，在税务处理上，真实、合法和合理是纳税人经营活动中发生的费用支出可以税前扣除的基本原则。不管费用是否实际发生，或合理与否，如果是非法支出，即使按财务会计法规或制度可以作为费用，也不能在税前扣除。罚金、罚款和被没收财物的损失，本质上都违反了国家法律、法规或行政性规定所造成的损失，不属于正常的经营性支出，而是非法支出。如果允许企业将罚金、罚款和被没收财物的损失作为费用和损失在税前列支，等于在税收上承认其违法经营，并用国家应收的税款弥补其罚没的损失，因此，罚金、罚款和被没收财物的损失不允许在税前扣除。

罚金，是指人民法院判处犯罪分子强制向国家缴纳一定数额金钱的刑罚方法，主要适用破坏经济秩序和其他谋取非法利益有联系的犯罪，以及少数较轻的犯罪。罚金作为一种附加刑，并不剥夺犯罪人的人身自由权，也不会对犯罪人产生直接的人身痛苦和社会后果等，判处罚金以犯罪人是否触犯刑律，且触犯的是否属于财产刑为先决条件。罚金的目的是对犯罪分子在刑罚上给予处罚外，在经济上亦给予制裁的一种手段，是一种附加刑。

罚款，是行政处罚的一种，是指行为人的行为没有违反刑法的规定，而是违反了治安管理、工商、行政、税务等各行政法规的规定，行政执法部门依据行政法规的规定和程序决定对行为人采取的一种行政处罚。罚款不由人民法院判决，因此在性质上与没收财产、罚金有本质上的区别。

没收财产，是指将犯罪人的财物、现金、债权等财产收归国家所有，以弥补因其犯罪造成的损失，同时断绝其犯罪活动的经济来源。没收财产，属财产刑刑事处罚，可以单处，也可以并处。

（五）本法第九条规定以外的捐赠支出

在会计处理上，捐赠支出在“营业外支出”科目核算。《企业所得税法》第十条第（五）项规定，公益性捐赠以外的捐赠支出不得扣除。主要原因：一是捐赠支出本身并不是与取得经营收入有关正常、必要的支出，不符合税前扣除的基本原则，原则上不允许在税前扣除；二是如果允许公益性捐赠以外的捐赠支出在税前扣除，纳税人往往会以捐赠支出名义开支不合理与企业本身生产经营无关的支出，容易出现纳税人滥用国家税法，导致税收流失，不利于加强对公益性捐赠以外的捐赠支出的税收管理。

（六）赞助支出

在会计处理上，赞助支出在“营业外支出”科目核算。《企业所得税法》第十条第（六）项规定，赞助支出不得扣除。《企业所得税法实施条例》第五十四条规定，企业所得税法第十条第（六）项所称赞助支出，是指企业发生的与生产经营活动无关的各种非广告性质支出。企业赞助支出本身并不是与取得经营收入有关正常、必要的支出，不符合税前扣除的基本原则，不允许在税前扣除。

（七）未经核定的准备金支出

在会计处理上，基于资产的真实性和谨慎性原则考虑，为防止企业虚增资产或虚增利润，保证企业因市场变化、科学技术的进步，或者企业经营管理不善等原因导致资产实际价值的变动能够客观真实地得以反映，要求企业合理地预计各项资产可能发生的损失，提取准备金。在税务处理上，企业按照税法标准认定该项资产实际发生损失时（如实体发生毁损等），其损失金额可以在税前扣除，企业计提各项资产减值准备所形成的损失原则上不能在计提时扣除，但符合税法规定的金融企业、保险企业和证券行业企业准予税前提取的各类损失准备金、基金除外。《企业所得税法》第十条第（七）项规定，未经核定的准备金支出不得扣除。《企业所得税法实施条例》第五十五条规定，企业所得税法第十条第（七）项所称未经核定的准备金支出，是指不符合国务院财政、税务主管部门规定的各项资产减值准备、风险准备等准备金支出。税法上除对金融保险等特殊行业外，一般不允许企业提取各种形式的准备，主要考虑以下因素：

一是企业所得税税前允许扣除的项目，原则上必须遵循真实发生的据实扣除原则，企业只有实际发生的损失，允许在税前扣除；反之，企业非实际发生的损失，一般不允许扣除。而企业各项资产减值准备的提取，是由会计人员根据会计制度和自身职业判断进行的，不同的企业提取的比例不同，允许企业准备金扣除可能成为企业会计人员据以操纵的工具，而税务人员从企业外部很难判断企业会计人员据以提取准备的依据充分合理与否。

二是由于市场复杂多变，各行业因市场风险不同，税法上难以对各种准备金规定一个合理的提取比例，如果规定统一比例，会导致税负不公。

三是企业提取的各种准备金实际上是为了减少市场经营风险，但这种风险应由企业自己承担，不应转嫁到国家身上。因此，企业提取的资产跌价准备或减值准备，尽管在提取年度在税前不允许扣除，但企业资产损失实际发生时，在实际发生年度允许扣除，体现了企业所得税据实扣除和确定性的原则。

四是各国所得税法不允许各种准备税前扣除的一般做法，特别是在当前我国面临企业法人治理结构不合理、内控机制不完善等状况，许多企业利用提取准备的办法达到逃税的目的。但由于人寿保险、财产保险、风险投资和其他具有特殊风险的金融工具，风险大，一些国家所得税允许提取一定比例准备金在税前扣除。

（八）与取得收入无关的其他支出

在会计处理上，企业发生的各项支出无论与取得收入有无关系，都会在一定的会计科目上进行会计核算。但是，从企业所得税处理的角度来看，企业一些支出项目受到国家税收政策的限制，且无法一一列举，从总体上说，判断一项支出是否可以在所得税前扣除，关键看其是否与取得的收入相关。企业发生的与取得收入无关的其他支出，一律不允许在企业所得税前扣除。

三、有税前扣除限额的成本费用项目差异

（一）公益性捐赠支出

在会计处理上，公益性捐赠支出在“营业外支出”科目核算。在税务处理上，根据《企业所得税法》第九条规定，企业发生的公益救济性捐赠，在年度利润总额12%以内的部分，准予在计算应纳税所得额时扣除；超过年度利润总额12%的部分，准予结转以后3年内在计算应纳税所得额时扣除。《企业所得税法实施条例》第五十一条规定，企业所得税法第九条所称公益性捐赠，是指企业通过公益性社会团体或者县级以上人民政府及其部门，用于《中华人民共和国公益事业捐赠法》规定的公益事业的捐赠。第五十三条规定，企业发生的公益性捐赠支出，不超过年度利润总额12%的部分，准予扣除。年度利润总额，是指企业依照国家统一会计制度的规定计算的年度会计利润。

1. 公益性捐赠立法背景

捐赠是企业承担社会责任的主要形式之一。在发达国家，企业捐赠是社会慈善事业的主要资金来源，国外非常重视公益性捐赠，相关税法也比较完善。我国对公益性捐赠税收处理上也采取了国际通行的做法，给予一定的照顾。

允许公益性捐赠支出可以在税前扣除的主要原因有：第一，弥补政府职能的缺位。市场经济条件下，政府的主要职能是为市场和社会提供满足社会成员需要的公共产品或公共服务。由于国家财力有限，许多本应由政府承担的公共事务，如教育、卫生、社会保障等，难以完全到位，需要全社会共同参与。第二，有利于调动企业积极参与社会公共事业的发展的积极性。由于公益性捐赠是与企业经营无关的支出，不符合所得税税前扣除的基本原则，之所以允许公益性捐赠支出按一定比例在税前扣除，主要是基于激发企业支持社会公益事业的积极性，促进我国公益性事业发展方面的考虑。

2. 公益性捐赠税前扣除的管理

界定公益性捐赠支出的关键是明确国家机关和公益性社会团体。国家机关是按照政府组织法成立的具有行政管理职能的行政机关，比较明确。实施条例对公益性社会团体界定的条件和标准进行了明确规定，财政部、税务总局、民政部定期发布

公告，公布公益性社会组织捐赠税前扣除资格名单。《企业所得税法实施条例》第五十二条规定，该条例第五十一条所称公益性社会团体，是指同时符合下列条件的基金会、慈善组织等社会团体：（1）依法登记，具有法人资格；（2）以发展公益事业为宗旨，且不以营利为目的；（3）全部资产及其增值为该法人所有；（4）收益和营运结余主要用于符合该法人设立目的的事业；（5）终止后的剩余财产不归属任何个人或者营利组织；（6）不经营与其设立目的无关的业务；（7）有健全的财务会计制度；（8）捐赠者不以任何形式参与社会团体财产的分配；（9）国务院财政、税务主管部门会同国务院民政部门等登记管理部门规定的其他条件。

3. 公益性捐赠的扣除比例规定

按原税收规定，内资企业发生的公益性捐赠，对教育事业、老年服务机构、青少年活动场所以及经国务院批准的中国红十字会等基金会允许全额在税前扣除，其他公益性捐赠按照应纳税所得额 3% 在税前扣除；外资企业的公益性捐赠允许全额在税前扣除。《中华人民共和国税法》（以下简称《税法》）第十一条规定，企业发生的公益性捐赠支出，在年度利润总额 12% 以内的部分，准予扣除。主要原因如下：一是参照国际上通行的做法。其他国家对公益性捐赠都规定一个扣除比例，多数规定在 10% 左右。因此，借鉴世界各国税制改革惯例，有利于体现税法的科学性、完备性和前瞻性。二是解决内资企业的公益性捐赠税负过重的问题。过去，内资企业总体上公益性捐赠支出税前扣除比例较低，适当提高公益性捐赠支出税前扣除比例有利于调动内资企业公益性捐赠的积极性，解决内资企业公益性捐赠税负过重问题。三是有利于兼顾财政承受能力和纳税人负担水平，有效地组织财政收入。过去，对外资企业的公益性捐赠允许全额在税前扣除。由于公益性捐赠支出是企业的自愿行为，公益性捐赠支出税收负担应在国家和企业之间合理分配，如果允许公益性支出全额在税前扣除，其税收负担完全由国家承担，加大财政承受能力，不尽合理。适当提高外资企业公益性捐赠支出的税收负担有利于合理规范国家和企业的分配关系，有利于兼顾财政承受能力和纳税人负担水平。

4. 公益性捐赠的扣除比例的基数

过去，无论内资企业还是外资企业，计算公益性捐赠税前扣除的基数都是应纳税所得额。现行税法（修改原文中“新税法”的提法）将公益性捐赠扣除比例的基数由应纳税所得额改为利润总额，主要原因是便于公益性捐赠扣除的计算，方便纳税人的申报。公益性捐赠支出按照应纳税所得额一定比例在税前扣除，在计算公益性捐赠支出税前扣除额时，由于公益性捐赠支出是计算应纳税所得额的组成部分，需要进行倒算，非常麻烦，容易出错，也不利于企业所得税纳税申报管理。

实施条例规定，年度利润总额，是指企业依照国家统一会计制度的规定计算的年度会计利润。例如：2022 年，企业向符合税法优惠条件，经认定的公益性社会团体 ABC 基金会捐赠货币性资产和非货币性资产合计 100 万元，2022 年，该企业按照国家统一会计制度计算的会计利润总额（利润表中利润总额）800 万元。按照企业所得税法的规定，企业向公益性社会团体 ABC 基金会捐赠扣除限额为 96 万元（800×12%），企业实际捐赠数额 100 万元，大于扣除限额 4 万元（100－96），应作纳税调整增加，并入应纳税所得额征收企业所得税。

5. 公益性捐赠的具体规定

一是捐赠额的确定。根据《财政部 税务总局 民政部关于公益性捐赠税前扣除有关事项的公告》（财政部公告 2020 年第 27 号）规定，公益性社会组织、县级以上人民政府及其部门等国家机关在接受企业或个人捐赠时，按以下原则确认捐赠额：（1）接受的货币性资产捐赠，以实际收到的金额确认捐赠额。（2）接受的非货币性资产捐赠，以其公允价值确认捐赠额。捐赠方在向公益性社会组织、县级以上人民政府及其部门等国家机关捐赠时，应当提供注明捐赠非货币性资产公允价值的证明；不能提供证明的，接受捐赠方不得向其开具捐赠票据。根据《国家税务总局关于企业所得税若干政策征管口径问题的公告》（国家税务总局公告 2021 年第 17 号）的规定，企业在非货币性资产捐赠过程中发生的运费、保险费、人工费用等相关支出，凡纳入国家机关、公益性社会组织开具的公益捐赠票据记载的数额中的，作为公益性捐赠支出按照规定在税前扣除；上述费用未纳入公益性捐赠票据记载的数额中的，作为企业相关费用按照规定在税前扣除。

二是结转扣除的规定。根据《财政部 税务总局关于公益性捐赠支出企业所得税税前结转扣除有关政策的通知》（财税〔2018〕15 号）的规定，自 2017 年起，企业通过公益性社会组织或者县级（含县级）以上人民政府及其组成部门和直属机构，用于慈善活动、公益事业的捐赠支出，在年度利润总额 12% 以内的部分，准予在计算应纳税所得额时扣除；超过年度利润总额 12% 的部分，准予结转以后三年内在计算应纳税所得额时扣除。企业在对公益性捐赠支出计算扣除时，应先扣除以前年度结转的捐赠支出，再扣除当年发生的捐赠支出。

三是股权捐赠的规定。根据《财政部 国家税务总局关于公益股权捐赠企业所得税政策问题的通知》（财税〔2016〕45 号）的规定，从 2016 年 1 月 1 日起，企业向公益性社会团体实施的股权捐赠，应按规定视同转让股权，股权转让收入额以企业所捐赠股权取得时的历史成本确定。此项所称的股权，是指企业持有的其他企业的股权、上市公司股票等。企业实施股权捐赠后，以其股权历史成本为依据确定捐赠额，并依此按照企业所得税法有关规定在所得税前予以扣除。公益性社会团体接受股权捐赠后，应按照捐赠企业提供的股权历史成本开具捐赠票据。此项所称公益性社会团体，是指注册在中华人民共和国境内，以发展公益事业为宗旨，且不以营利为目的，并经确定为具有接受捐赠税前扣除资格的基金会、慈善组织等公益性社会团体。此项所称股权捐赠行为，是指企业向中华人民共和国境内公益性社会团体实施的股权捐赠行为。企业向中华人民共和国境外的社会组织或团体实施的股权捐赠行为不适用上述规定。

四是扶贫捐赠的规定。根据《财政部 税务总局 国务院扶贫办关于企业扶贫捐赠所得税税前扣除政策的公告》（财政部 税务总局 国务院扶贫办公告 2019 年第 49 号）规定，自 2019 年 1 月 1 日至 2022 年 12 月 31 日，企业通过公益性社会组织或者县级（含县级）以上人民政府及其组成部门和直属机构，用于目标脱贫地区的扶贫捐赠支出，准予在计算企业所得税应纳税所得额时据实扣除。在政策执行期限内，目标脱贫地区实现脱贫的，可继续适用上述政策。“目标脱贫地区”包括 832 个国家扶贫开发工作重点县、集中连片特困地区县（新疆阿克苏地区 6 县 1 市享受片区政策）和建档立卡贫困村。

（二）业务招待费

在会计处理上，业务招待费在“管理费用”科目核算。根据《企业所得税法实施条例》第四十三条规定，企业发生的与生产经营活动有关的业务招待费支出，按照发生额的 60% 扣除，但最高不得超过当年销售（营业）收入的 5‰。实施条例对业务招待费的税前扣除作了调整，主要考虑：

1. 原规定采取限额扣除不尽合理

原内资和外资企业所得所对业务招待费都采取按销售（营业）收入的一定比例限额扣除的做法。这种处理会造成一部分企业销售（营业）收入较少，计算扣除限额小，导致实际发生的业务招待费得不到税前扣除，特别是新办企业，往往处于业务拓展期，需要大量的业务招待费。而一部分销售（营业）收入较多的大型企业，计算扣除限额大，基本上能满足实际发生的业务招待费支出，起不到调节控制业务招待费的作用。因此，采取按销售（营业）收入的一定比例限额扣除的做法，对不同规模企业、新老企业不尽合理。

2. 企业的业务招待难以准确划分商业招待和个人娱乐

业务招待费支出是各国公司税法中滥用扣除最严重的领域，进行业务上的招待是一个十分正常的商业做法。但是，毫无疑问商业招待又不可避免包括个人娱乐的成分。在许多情况下，实际上根本无法将商业招待与个人娱乐区分开。有的国家甚至规定，如果接受业务招待的个人不将所受招待包括在个人所得税的收入总额中，招待方即不能申报有关业务招待费用的扣除，如英国。中国现行税法对业务招待费的总体政策是相当宽松的。所以我们更有必要加强对业务招待费的真实性的管理。

3. 业务招待费税前扣除的管理

由于业务招待费支出是各国公司税法中滥用扣除最严重的领域，管理难度大，各国一般都强调对业务招待费税前扣除的管理。

一是加强业务招待费的真实性管理。业务招待费的真实性管理一方面有赖于完善申报制度；另一方面需要对真实性容易出问题的项目加强纳税检查。纳税人申报扣除的业务招待费，在主管税务机关要求提供证明材料的情况下，应能够提供证明真实性的足够的有效凭证或资料。否则，不得扣除。这一规定的意义是多方面的：首先，明确赋予纳税人对所申报扣除费用的真实性自我举证的责任，虽然税务机关一般情况下会认同纳税人申报的扣除费用，但如果税务机关发现业务招待费用支出有不正常现象，或者在纳税检查中发现有不真实的业务招待支出，税务机关有权据此条款要求纳税人在一定期间提供证明真实性足够的有效的凭证或资料，逾期不能提供资料的，税务机关可以直接否定纳税人已申报业务招待费的扣除权。其次，这样规定并没有直接要求纳税人在每次申报时都将有关全部资料提供给税务机关，因为这样做可能会给纳税人带来很大的麻烦和工作量，同时，税务机关也没有力量去处理这些资料。最后，暗示在征管法规定的追溯期内，纳税人必须对其申报的业务招待费的真实性负责，必须为其申报的业务招待费准备足够有效的证明材料，尽管这些材料税务机关可能并不要求提供，但一旦要求提供而纳税人无法提供，将失去扣除权。需要说明的是，此条款的实质在于保证业务招待费用的真实性，有关凭证资料只要对证明业务招待费的真实性是足够的和有效的即可，并不严格要求提供某种特定凭证，这也为纳税人的经营管理留有一定的余地。凭证资料可以包括发票、被取消的支票、收据、销售账单、会计账目、纳税人或其他方面的证词，越客观的证词越有效。例如，给客户业务员的礼品，大多数情况下并不能取得发票等特定凭证，但只要有接受礼品者的证明，并且接受礼品者与企业确实存在商业业务关系，即可承认该项支出的真实性。一般情况下，税法并不强迫企业在送给客户业务人员礼品时要求有关人员签字，但是，如果税务机关要求证明真实性，企业也可以事后追补证据。

二是业务招待费支出的税前扣除的管理必须符合税前扣除的一般条件和原则。具体分析：第一，企业开支的业务招待费必须是正常和必要的。这一规定虽然没有定量指标，但有一般商业常规做参考。例如，企业对某个客户业务员的礼品支出与所成交的业务额或业务的利润水平严重不相吻合；再如，企业向无业务关系的特定范围人员所赠送礼品，而且不属于业务宣传性质（业务宣传的礼品支出一般是随机的或与产品销售相关联的）。第二，业务招待费支出一般要求与经营活动“直接相关”。由于商业招待与个人娱乐的界线不好掌握，所以一般情况下必须证明业务招待与经营活动的直接相关性。如是因企业销售业务的真实的商谈而发生的费用。第三，必须有大量足够有效凭证证明企业相关性的陈述。如费用金额、招待、娱乐旅行的时间和地点、商业目的、企业与被招待人之间的业务关系等。

4. 相关管理规定

（1）根据《国家税务总局关于贯彻落实企业所得税法若干税收问题的通知》（国税函〔2010〕79号）规定，对从事股权投资业务的企业（包括集团公司总部、创业投资企业等），其从被投资企业所分配的股息、红利以及股权转让收入，可以按规定的比例计算业务招待费扣除限额。

（2）根据《国家税务总局关于企业所得税应纳税所得额若干税务处理问题的公告》（国家税务总局公告2012年第15号）规定，企业在筹建期间，发生的与筹办活动有关的业务招待费支出，可按实际发生额的60%计入企业筹办费，并按有关规定在税前扣除；发生的广告费和业务宣传费，可按实际发生额计入企业筹办费，并按有关规定在税前扣除。

（三）广告费和业务宣传费

在会计处理上，广告费和业务宣传费在“销售费用”科目核算。《企业所得税法实施条例》第四十四条规定，企业发生的符合条件的广告费和业务宣传费，除国务院财政、税务主管部门另有规定外，不超过当年销售（营业）收入15%的部分，准予扣除；超过部分，准予在以后纳税年度结转扣除。

1. 实施条例将广告费和业务宣传费进行合并，对广告费和业务宣传费支出作出调整

（1）提高税前扣除比例，有效解决广告费支出税前扣除问题。许多行业反映，内资企业广告费支出税前扣除普遍不足，内外资企业处理不一致，税负不公平。在充分调查基础上，规定可扣除的广告费用支出限制在销售（营业）收入的15%以内，从企业长期经营角度分析是适当的。

（2）近年来，我国的广告市场出现一些较为混乱的情况。有些企业不重视提高产品质量和技术水平，而是通过巨额广告支出进行恶性竞争，有的甚至以虚假广告欺骗消费者。允许巨额广告支出直接扣除，实际上是拿部分国家税款或国家无息贷款做广告，而且许多企业越来越不考虑产品未来到底能否取得与巨额广告相对称的

收益。有的所谓“明星”为企业做个广告，收入动辄几百万甚至更多，虽然通过征收个人所得税可以起到一定调节作用，但收入分配不公的矛盾难以得到根本扭转，造成负面社会影响。广告支出的均衡摊销是基于广告费用性质确定的正确的政策，必须不折不扣地执行。

（3）由于企业发生的广告费用可能绝对数额或相对数都较大，特别是在企业创立初期，或者新产品开拓市场初期和产品市场占有率出现下降趋势时，可能需要加大广告宣传支出。但在市场占有率相对稳定后广告费用占销售（营业）收入的比重会相对固定甚至出现下降趋势。企业长期的广告宣传可能为企业带来品牌效应，甚至形成著名商标。这样的品牌、商标甚至商誉会使企业终身受益，而不是仅对某一个或几个经营年度发生作用。因此，企业在某些纳税年度发生的数额较大的广告支出具有资本性支出性质，不应该在发生的纳税年度全部直接扣除，而应在受益期内均衡摊销。所以，超过限额的部分，准予在以后纳税年度结转扣除，实际上就是这一政策精神的体现。

2. 企业申报扣除的广告费支出应与赞助支出严格区分

对于非广告性质的赞助支出，由于与企业取得应税收入不直接相关，不允许在税前扣除。同时，对于一些特殊行业税费有特别规定，具体如下：

（1）对化妆品制造或销售、医药制造和饮料制造（不含酒类制造）企业发生的广告费和业务宣传费支出，不超过当年销售（营业）收入 30% 的部分，准予扣除；超过部分，准予在以后纳税年度结转扣除。

（2）对签订广告费和业务宣传费分摊协议（以下简称分摊协议）的关联企业，其中一方发生的不超过当年销售（营业）收入税前扣除限额比例内的广告费和业务宣传费支出可以在本企业扣除，也可以将其中的部分或全部按照分摊协议归集至另一方扣除。另一方在计算本企业广告费和业务宣传费支出企业所得税税前扣除限额时，可将按照上述办法归集至本企业的广告费和业务宣传费不计算在内。

（3）烟草企业的烟草广告费和业务宣传费支出，一律不得在计算应纳税所得额时扣除。根据《财政部 税务总局关于广告费和业务宣传费支出税前扣除有关事项的公告》（财政部 税务总局公告 2020 年第 43 号）。

四、税前扣除的若干特殊规定

（一）企业提取的专项基金

对于特殊行业的特定资产，通常需要根据国家法律、行政法规和国际条约等规定，承担环境保护和生态恢复等义务，如核电站设施等的弃置和恢复环境义务。对于企业这部分支出，国家有明确的法律规定和要求，有专门和特定的用途，税收处理上给予一定的支持。《企业所得税法实施条例》第四十五条规定，企业依照法律、行政法规有关规定提取的用于环境保护、生态恢复等专项资金，准予扣除。上述专项资金提取后改变用途的，不得扣除。

（二）企业财产保险及责任险支出

在会计处理上，企业的财产保险费支出在“管理费用”科目核算（根据查询资料，调整原文关于“企业的保险费支出在‘销售费用’科目核算”的说法）。企业参加财产保险所发生的支出，是企业正常经营必要合理的支出，符合税前扣除的一般要求，因此，《企业所得税法实施条例》第四十六条规定，企业参加财产保险，按照规定缴纳的保险费，准予扣除。企业参加雇主责任险、公众责任险等责任保险，按照规定缴纳的保险费，准予在企业所得税税前扣除。雇主责任险、公众责任险主要是指参加责任保险的企业出现保单中所列明的事故，需对第三者承担损害赔偿责任时，由承保人代其履行赔偿责任的一种保险。

（三）劳动保护支出

在会计处理上，企业的劳动保护费支出在“主营业务成本”和“其他业务成本”科目核算。企业根据劳动保护法等有关法规规定，确因工作需要为雇员配备或提供工作服、手套、安全保护用品、防暑降温用品等劳保费支出，一般可以据实扣除。《企业所得税法实施条例》第四十八条规定，企业发生的合理的劳动保护支出，准予扣除。本地区企业劳动保护支出扣除的控制标准可根据本地区的地理环境、气候特点等因素确定。为了防止企业利用不合理的劳动保护支出避税，一般把非因工作需要和国家规定以外的带有普遍福利性质的支出，除从职工福利费用中支付的以外，一律视为工资薪金支出。

（四）营业机构内部往来的处理

企业的经营活动中，经常发生内部提供管理服务、融通资金、调剂资产等内部往来活动。过去，内资企业基本纳税实体界定上遵循独立核算标准，将企业内部能够独立核算的营业机构或分支机构作为独立纳税人处理，为准确反映企业不同营业机构的应纳税所得额，对内部提供管理服务、融通资金、调剂资产等内部往来活动一般需要按照独立交易原则处理，分别确认应税收入和费用。

《企业所得税法实施条例》第四十九条对企业内部和管理方的业务往来作出重新规范，规定企业之间支付的管理费、企业内营业机构之间支付的租金和特许权使用费，以及非银行企业内营业机构之间支付的利息，不得扣除。主要考虑：

一是企业内营业机构之间支付的租金和特许权使用费，以及非银行企业内营业机构之间支付的利息，本身是同一法人内部的交易行为，不宜作为收入和费用体现；二是由于企业内各营业机构是一独立的纳税人，而且税法实行法人所得税，允许同一法人的各分支机构汇总纳税。即一方作为收入，另一方作为费用，在汇总纳税时相互抵销，在税前扣除没有实际意义。

对企业之间支付的管理费，既有总分机构之间因总机构提供管理服务而分摊的合理管理费，也有独立法人的母子公司等集团之间提供的管理费。由于税法采取法人所得税，对总分机构之间因总机构提供管理服务而分摊的合理管理费，通过总分机构自动汇总得到解决。对属于不同独立法人的母子公司之间，确实发生提供管理服务的管理费，应按照独立企业之间公平交易原则确定管理服务的价格，作为企业正常的劳务费用进行税务处理。实施条例规定，企业接受关联方提供的管理或其他形式的服务，按照独立交易原则支付的有关费用，准予扣除，不得再采用分摊管理费用的方式在税前扣除。

（五）非居民企业总机构费用分摊

非居民企业在中国境内设立的机构、场所，由于非居民发生的费用，与其中国境外总机构发生的与本机构、场所生产经营有关，如非居民企业给在中国境内设立的机构、场所提高管理服务，由于双方位于不同的国家，属于不同税收管辖权管辖，为了加强对非居民企业在中国境内设立的机构、场所，就其中国境外总机构发生的与本机构、场所生产经营有关的费用的管理，《企业所得税法实施条例》第五十条规定，非居民企业在中国境内设立的机构、场所，就其中国境外总机构发生的与本机构、场所生产经营有关的费用，能够提供总机构出具的费用汇集范围、定额、分配依据和方法等证明文件，并合理计算分摊的，准予扣除。

第二节　职工薪酬会计处理与税务处理的差异

一、职工薪酬的范围

会计准则规定，职工薪酬，是指企业为获得职工提供的服务或解除劳动关系而给予的各种形式的报酬或补偿。职工，是指与企业订立劳动合同的所有人员，含全职、兼职和临时职工，也包括虽未与企业订立劳动合同但由企业正式任命的人员，如董事会成员、监事会成员等。未与企业订立劳动合同或未由其正式任命，但向企业所提供服务与职工所提供服务类似的人员，也属于职工的范畴，包括通过企业与劳务中介公司签订用工合同而向企业提供服务的人员。职工薪酬包括短期薪酬、离职后福利、辞退福利和其他长期职工福利。具体包括：一是短期薪酬，指企业在职工提供相关服务的年度报告期间结束后十二个月内需要全部予以支付的职工薪酬，因解除与职工的劳动关系给予的补偿除外。短期薪酬具体包括：职工工资、奖金、津贴和补贴，职工福利费，医疗保险费、工伤保险费和生育保险费等社会保险费，住房公积金，工会经费和职工教育经费，短期带薪缺勤，短期利润分享计划，非货币性福利以及其他短期薪酬。二是离职后福利，指企业为获得职工提供的服务而在职工退休或与企业解除劳动关系后，提供的各种形式的报酬和福利，短期薪酬和辞退福利除外。三是辞退福利，指企业在职工劳动合同到期之前解除与职工的劳动关系，或者为鼓励职工自愿接受裁减而给予职工的补偿。四是其他长期职工福利，指除短期薪酬、离职后福利、辞退福利之外所有的职工薪酬，包括长期带薪缺勤、长期残疾福利、长期利润分享计划等。企业提供给职工配偶、子女、受赡养人、已故员工遗属及其他受益人等的福利，也属于职工薪酬。

企业所得税法没有使用职工薪酬的概念，但在《企业所得税法实施条例》第三十四条，对工资薪金进行了界定。工资薪金，是指企业每一纳税年度支付给在本企业任职或者受雇的员工的所有现金形式或者非现金形式的劳动报酬，包括基本工资、奖金、津贴、补贴、年终加薪、加班工资，以及与员工任职或者受雇有关的其他支出。企业所得税法是把会计上的职工薪酬，分解为工资薪金、基本养老保险费、基本医疗保险费、失业保险费、工伤保险费、生育保险费、住房公积金、补充养老保险费、补充医疗保险费、人身安全保险费、企业为投资者或者职工支付的商业保险费、职工福利费、工会经费、职工教育经费等，分别作出规定的。在税务处理上，不能简单地把职工薪酬作为工资薪金支出在税前扣除，应把会计上的职工薪酬分解为税法对应的费用支出，根据税法规定确定能否在税前扣除。

二、职工薪酬的确认、计量和税前扣除的一般原则

在会计处理上，企业应当在职工为其提供服务的会计期间，将应付的职工薪酬确认为负债，除因解除与职工的劳动关系给予的补偿外，应当根据职工提供服务的受益对象，分下列情况处理：应由生产产品、提供劳务负担的职工薪酬，计入产品成本或劳务成本；应由在建工程、无形资产负担的职工薪酬，计入建造固定资产或无形资产成本；除此之外的其他职工薪酬，计入当期损益。

在税务处理上，根据《企业所得税法实施条例》第三十四条规定，企业发生的

合理的工资薪金支出，准予扣除。应由生产产品、提供劳务负担的职工薪酬，计入产品成本或劳务成本在税前扣除；应由在建工程、无形资产负担的职工薪酬，计入建造固定资产或无形资产成本，资本化后分期扣除。相关规定如下：

一是根据《国家税务总局关于企业工资薪金及职工福利费扣除问题的通知》（国税函〔2009〕3号）第一条规定，“合理工资薪金”，是指企业按照股东大会、董事会、薪酬委员会或相关管理机构制订的工资薪金制度规定实际发放给员工的工资薪金。税务机关在对工资薪金进行合理性确认时，可按以下原则掌握：(1）企业制订了较为规范的员工工资薪金制度；(2）企业所制订的工资薪金制度符合行业及地区水平；(3）企业在一定时期所发放的工资薪金是相对固定的，工资薪金的调整是有序进行的；(4）企业对实际发放的工资薪金，已依法履行了代扣代缴个人所得税义务；(5）有关工资薪金的安排，不以减少或逃避税款为目的。

二是根据《关于企业工资薪金和职工福利费等支出税前扣除问题的公告》（国家税务总局公告2015年第34号），列入企业员工工资薪金制度、固定与工资薪金一起发放的福利性补贴，符合《国家税务总局关于企业工资薪金及职工福利费扣除问题的通知》（国税函〔2009〕3号）第一条规定的，可作为企业发生的工资薪金支出，按规定在税前扣除。不能同时符合上述条件的福利性补贴，应作为国税函〔2009〕3号文件第三条规定的职工福利费，按规定计算限额税前扣除。

工资薪金支出税前扣除应当注意以下几点：

第一，允许在税前扣除的工资薪金，是属于当期的实际发生的金额，仅计提的应付工资支出不发放给职工不允许在税前扣除。企业在年度汇算清缴结束前向员工实际支付的已预提汇缴年度工资薪金，准予在汇缴年度按规定扣除。

第二，工资薪金支出存在“任职或雇佣关系”，即连续性的服务关系，提供服务的任职者或雇员的主要收入或很大一部分收入来自于任职的企业，并且这种收入基本上代表了提供服务人员的劳动。所谓连续性服务并不排除临时工的使用，临时工可能是由于季节性经营活动需要雇佣的，虽然对某些临时工的使用是一次性的，但从企业经营活动的整体需要看又具有周期性，服务的连续性应足以对提供劳动的人确定计时或计件工资，应足以与个人劳务支出相区别。

第三，与任职或雇佣有关的全部支出，包括现金或非现金形式的全部报酬。

第四，工资薪金支出应是合理性的。因任职或雇佣关系支付的劳动报酬应与所付出的劳动相关，这是判断工资薪金支出合理性的主要依据。企业的职工除了取得劳动报酬外，可能还持有该企业的股权，甚至是企业的主要股东，因此，必须将工资薪金支出与股息分配区别开来，因为股息分配不得在税前扣除。特别是私营企业或私人控股公司，其所有者通过给自己或亲属支付高工资的办法，变相分配利润，以达到在企业所得税前多扣除费用的目的。企业支付给其所有者及其亲属的不合理的工资薪金支出，应推定为股息分配。

决定工资合理性的主要尺度是市场工资水平。具体分析，包括以下三个方面的因素：（1）职员提供的劳动，如岗位责任的性质、工作时间、工作质量、数量和复杂程度、工作条件；（2）与其他职员比较，如通行的总体市场情况的可比工资、职员与所有者关系、职员的能力、企业某一特定经营场所的生活条件、职员的工作经历和教育情况、职员提供劳动的利润水平、是否有其他职员可执行同一职责；（3）投资者的分配和所有权，如企业过去关于股息和工资方面的政策、职员的工资同该职员所持有的股权份额的比例。

这些合理性分析因素所要分析的重点有：一是防止企业的股东以工资名义分配利润；二是防止企业的经营者不适当地为自己开支高工资。对于前者重点是那些既是职员又是主要股东或主要股东的亲属；对于后者，重点是企业的前几位经理人员。目前中国的企业家阶层有自己的特色。在国外，一般讲企业家，大多数就是企业的主要股东；而在中国，由于国有资产所占比重较高，企业家持有的股权比例很小，甚至没有持股，因此，他们的主要动力是为自己争取高工资。这些工资水平，有时甚至侵蚀了企业其他劳动者和所有者的权益。这是中国计税工资合理性管理的一个重要特点。

三、专项费用

（一）保险费

在会计处理上，计量应付职工薪酬时，国家规定了计提基础和计提比例的，应当按照国家规定的标准计提。例如，应向社会保险经办机构等缴纳的医疗保险费、养老保险费（包括根据企业年金计划向企业年金基金相关管理人缴纳的补充养老保险费）、失业保险费、工伤保险费、生育保险费等社会保险费，应向住房公积金管理机构缴存的住房公积金，以及工会经费和职工教育经费等。企业为职工缴纳的医疗保险费、养老保险费、失业保险费、工伤保险费、生育保险费等社会保险费和住房公积金，应当在职工为其提供服务的会计期间，根据工资总额的一定比例计算，并按照准则的规定处理。

在税务处理上，根据《企业所得税法实施条例》第三十五条规定，企业依照国务院有关主管部门或者省级人民政府规定的范围和标准为职工缴纳的基本养老保险费、基本医疗保险费、失业保险费、工伤保险费、生育保险费等基本社会保险费和住房公积金，准予扣除。企业为投资者或者职工支付的补充养老保险费、补充医疗保险费，在国务院财政、税务主管部门规定的范围和标准内，准予扣除。第三十六条规定，除企业依照国家有关规定为特殊工种职工支付的人身安全保险费和国务院财政、税务主管部门规定可以扣除的其他商业保险费外，企业为投资者或者职工支付的商业保险费，不得扣除。

基本养老保险费、基本医疗保险费、基本失业保险费、工伤保险费和生育保险费，企业为全体职工按国家规定的基准和比例计算向社保经办部门（一般是劳动社会保障部门或税务部门）缴纳的社会保险支出，属于国家基本保障性质的保险，且国家有明文规定的，税收上应给予支持，可以据实扣除。企业除了要按照国家相关法律法规的规定，缴纳基本社会保险外，可能还会根据企业的实际情况，建立基本社会保险以外的补充保险，如补充养老保险费、补充医疗保险费。自 2008 年 1 月 1 日起，企业根据国家有关政策规定，为在本企业任职或者受雇的全体员工支付的补充养老保险费、补充医疗保险费，分别在不超过职工工资总额 5% 标准内的部分，在计算应纳税所得额时准予扣除；超过的部分，不予扣除。这些补充保险不仅是一种企业福利、激励制度，也是一种社会制度，对调动企业职工的劳动积极性，增强企业凝聚力和竞争力，完善国家多层次养老、医疗保障体系，适应人口老龄化的需要具有重要作用，国家一般给予税收支持。按照国家法律、行政法规的规定，企业除了需要支付基本社会保险外，对有些特定工作，特别是高危行业，对职工的人身安全危害较大，为有效保护职工的合法权益，要求企业按照国家有关规定为特殊工种职工支付的人身安全保险费，这些为特殊工种职工支付的人身安全保险费，实质上也是企业为获取职工提供服务的必要支出，允许在税前扣除。企业职工因公出差乘坐交通工具发生的人身意外保险费支出，准予企业在计算应纳税所得额时扣除。而有些其他商业保险，是一种个人费用，不应在企业成本费用中扣除。

（二）职工福利费

《企业所得税法实施条例》第四十条规定，企业发生的职工福利费支出，不超过工资薪金总额 14% 的部分，准予扣除。

《国家税务总局关于企业工资薪金及职工福利费扣除问题的通知》（国税函〔2009〕3 号）规定，《企业所得税法实施条例》第四十条规定的企业职工福利费，包括以下内容：（1）尚未实行分离办社会职能的企业，其内设福利部门所发生的设备、设施和人员费用，包括职工食堂、职工浴室、理发室、医务所、托儿所、疗养院等集体福利部门的设备、设施及维修保养费用和福利部门工作人员的工资薪金、社会保险费、住房公积金、劳务费等。（2）为职工卫生保健、生活、住房、交通等所发放的各项补贴和非货币性福利，包括企业向职工发放的因公外地就医费用、未实行医疗统筹企业职工医疗费用、职工供养直系亲属医疗补贴、供暖费补贴、职工防暑降温费、职工困难补贴、救济费、职工食堂经费补贴、职工交通补贴等。(3) 按照其他规定发生的其他职工福利费，包括丧葬补助费、抚恤费、安家费、探亲假路费等。企业发生的职工福利费，应该单独设置账册，进行准确核算。没有单独设置账册准确核算的，税务机关应责令企业在规定的期限内进行改正。逾期仍未改正的，税务机关可对企业发生的职工福利费进行合理的核定。

《国家税务总局关于企业工资薪金和职工福利费等支出税前扣除问题的公告》(国家税务总局公告 2015 年第 34 号) 规定，列入企业员工工资薪金制度、固定与工资薪金一起发放的福利性补贴，符合《国家税务总局关于企业工资薪金及职工福利费扣除问题的通知》(国税函〔2009〕3 号) 第一条规定的，可作为企业发生的工资薪金支出，按规定在税前扣除。不能同时符合上述条件的福利性补贴，应作为国税函〔2009〕3 号文件第三条规定的职工福利费，按规定计算限额税前扣除。

(三) 工会经费

《企业所得税法实施条例》第四十一条规定，企业拨缴的工会经费，不超过工资薪金总额 2% 的部分，准予扣除。

《国家税务总局关于工会经费企业所得税税前扣除凭据问题的公告》(国家税务总局公告 2010 年第 24 号) 规定，自 2010 年 7 月 1 日起，企业拨缴的职工工会经费，不超过工资薪金总额 2% 的部分，凭工会组织开具的《工会经费收入专用收据》在企业所得税税前扣除。

《国家税务总局关于税务机关代收工会经费企业所得税税前扣除凭据问题的公告》(国家税务总局公告 2011 年第 30 号) 规定，自 2010 年 1 月 1 日起，在委托税务机关代收工会经费的地区，企业拨缴的工会经费，也可凭合法、有效的工会经费代收凭据依法在税前扣除。

(四) 职工教育经费

《企业所得税法实施条例》第四十二条规定，除国务院财政、税务主管部门另有规定外，企业发生的职工教育经费支出，不超过工资薪金总额 2.5% 的部分，准予扣除；超过部分，准予在以后纳税年度结转扣除。

《财政部 税务总局关于企业职工教育经费税前扣除政策的通知》(财税〔2018〕51 号) 规定，2018 年起，企业发生的职工教育经费支出，不超过工资薪金总额 8% 的部分，准予在计算企业所得税应纳税所得额时扣除；超过部分，准予在以后纳税年度结转扣除。

《财政部 国家税务总局关于进一步鼓励软件产业和集成电路产业发展企业所得税政策的通知》（财税〔2012〕27 号）规定，集成电路设计企业和符合条件软件企业的职工培训费用，应单独进行核算并按实际发生额在计算应纳税所得额时扣除。

《国家税务总局关于企业所得税应纳税所得额若干问题的公告》（国家税务总局公告 2014 年第 29 号）规定，核力发电企业为培养核电厂操纵员发生的培养费用，可作为企业的发电成本在税前扣除。企业应将核电厂操纵员培养费与员工的职工教育经费严格区分，单独核算，员工实际发生的职工教育经费支出不得计入核电厂操纵员培养费直接扣除。

实施条例对工会经费、职工福利费、职工教育经费的税前扣除问题重新作出规范，主要考虑：一是与企业财务会计制度的处理保持一致，同时解决实际执行中存在的问题。新的企业会计准则对职工福利费的处理按照实际发生额计入企业损益，取消过去对职工福利费预提的办法。另外，过去职工福利费没有严格的定义，企业的许多支出在此项目中归集，甚至一些企业借职工福利支出私设小金库，导致国家的税收流失。为保持职工福利费税收处理与会计处理保持一致，有效解决实际执行中存在的问题，实施条例规定，对企业实际发生的职工福利支出准予在税前据实扣除，同时对职工福利支出作出界定，即必须是满足职工共同需要的集体生活、文化、体育等方面的职工福利费支出；二是与国家有关法律、行政法规和有关政策保持一致。《中华人民共和国工会法》（以下简称《工会法》）规定，企业实际发生的职工工会经费支出，在职工工资薪金总额 2%（含）内的，准予扣除。同时，近年来，国家为鼓励技术创新，提高劳动力的职业素质，《国家中长期科技规划》规定，企业实际发生的职工教育经费支出，按照职工工资总额 2% 计入企业的成本费用。实施条例为与《工会法》《国家中长期科技规划》有关规定保持一致，按照《工会法》《国家中长期科技规划》有关规定对工会经费、职工教育经费的税收扣除作了调整。

四、非货币性福利

在会计处理上，企业以其自产产品作为非货币性福利发放给职工的，应当根据受益对象，按照该产品的公允价值，计入相关资产成本或当期损益，同时确认应付职工薪酬。将企业拥有的房屋等资产无偿提供给职工使用的，应当根据受益对象，将该住房每期应计提的折旧计入相关资产成本或当期损益，同时确认应付职工薪酬。租赁住房等资产供职工无偿使用的，应当根据受益对象，将每期应付的租金计入相关资产成本或当期损益，并确认应付职工薪酬。难以认定受益对象的非货币性福利，直接计入当期损益和应付职工薪酬。

在税务处理上，根据《企业所得税法实施条例》第二十五条规定，企业以其自产产品作为非货币性福利发放给职工、用于职工集体福利的，应当视同销售，按照该产品的公允价值，确认销售货物收入；同时，按公允价值和相关税费计入工资薪金支出或职工福利费支出。职工福利费税前扣除要受税法规定标准的限制。将企业拥有的房屋等资产无偿提供给职工使用的，该住房每期应计提的折旧不应计入相关资产成本或当期损益税前扣除，属于与经营活动无关的固定资产折旧，应作纳税调整。租赁住房等资产供职工无偿使用的，每期应付的租金不应计入相关资产成本或当期损益，属于与取得收入无关的其他支出，应作纳税调整。

五、辞退福利

在会计处理上，辞退福利是指企业在职工劳动合同到期之前解除与职工的劳动关系，或者为鼓励职工自愿接受裁减给予职工的补偿。企业向职工提供辞退福利的，应当在下列两者孰早日确认辞退福利产生的职工薪酬负债，并计入当期损益：（1）企业不能单方面撤回因解除劳动关系计划或裁减建议所提供的辞退福利时。（2）企业确认与涉及支付辞退福利的重组相关的成本或费用时。企业应当按照辞退计划条款的规定，合理预计并确认辞退福利产生的应付职工薪酬。辞退福利预期在其确认的年度报告期结束后十二个月内完全支付的，应当适用短期薪酬的相关规定；辞退福利预期在年度报告期结束后十二个月内不能完全支付的，应当适用其他长期职工福利的有关规定。

在税务处理上，企业与职工解除劳动合同而支付的合理的补偿费，属于与生产经营有关的必要而合理的支出，允许据实扣除。企业已经制定正式的解除劳动关系计划或提出自愿裁减建议，并即将实施而确认因解除与职工的劳动关系给予补偿而产生的预计负债，不应计入当期损益，当期不允许在税前扣除；应在实际发生时才允许在税前扣除。

第三节　股份支付会计处理与税务处理的差异

一、基本概念

股份支付，是指企业为获取职工和其他方提供服务而授予权益工具或者承担以权益工具为基础确定的负债的交易。

股份支付分为以权益结算的股份支付和以现金结算的股份支付。以权益结算的股份支付，是指企业为获取服务以股份或其他权益工具作为对价进行结算的交易。以现金结算的股份支付，是指企业为获取服务承担以股份或其他权益工具为基础计算确定的交付现金或其他资产义务的交易。

授予日，是指股份支付协议获得批准的日期。其中“获得批准”，是指企业与职工或其他方就股份支付的协议条款和条件已达成一致，该协议获得股东大会或类似机构的批准。等待期，是指可行权条件得到满足的期间。可行权日，是指可行权条件得到满足、职工和其他方具有从企业取得权益工具或现金的权利的日期。行权日，是指职工和其他方行使权利、获取现金或权益工具的日期。

二、以权益结算的股份支付处理差异

在会计处理上，以权益结算的股份支付换取职工提供服务的，应当以授予职工权益工具的公允价值计量。授予后立即可行权的换取职工服务的以权益结算的股份支付，应当在授予日按照权益工具的公允价值计入相关成本或费用，相应增加资本公积。完成等待期内的服务或达到规定业绩条件才可行权的换取职工服务的以权益结算的股份支付，在等待期内的每个资产负债表日，应当以对可行权权益工具数量的最佳估计为基础，按照权益工具授予日的公允价值，将当期取得的服务计入相关成本或费用和资本公积。

在资产负债表日，后续信息表明可行权权益工具的数量与以前估计不同的，应当进行调整，并在可行权日调整至实际可行权的权益工具数量。对于可行权条件为规定服务期间的股份支付，等待期为授予日至可行权日的期间；对于可行权条件为规定业绩的股份支付，应当在授予日根据最可能的业绩结果预计等待期的长度。企业在可行权日之后不再对已确认的相关成本或费用和所有者权益总额进行调整。

以权益结算的股份支付换取其他方服务的，应当分别下列情况处理：第一，其他方服务的公允价值能够可靠计量的，应当按照其他方服务在取得日的公允价值，计入相关成本或费用，相应增加所有者权益。第二，其他方服务的公允价值不能可靠计量，但权益工具公允价值能够可靠计量的，应当按照权益工具在服务取得日的公允价值，计入相关成本或费用，相应增加所有者权益。

在行权日，企业根据实际行权的权益工具数量，计算确定应转入实收资本或股本的金额，将其转入实收资本或股本。

在税务处理上，《国家税务总局关于我国居民企业实行股权激励计划有关企业

所得税处理问题的公告》（国家税务总局公告 2012 年第 18 号）规定，自 2012 年 7 月 1 日起，上市公司以本公司股票为标的，对其董事、监事、高级管理人员及其他员工（以下简称激励对象）进行的长期性激励。股权激励实行方式包括授予限制性股票、股票期权以及其他法律法规规定的方式。其中：限制性股票，是指《上市公司股权激励管理办法（试行）》（证监公司字〔2005〕151 号，以下简称《管理办法》）中规定的激励对象按照股权激励计划规定的条件，从上市公司获得的一定数量的本公司股票。股票期权，是指《管理办法》中规定的上市公司按照股权激励计划授予激励对象在未来一定期限内，以预先确定的价格和条件购买本公司一定数量股票的权利。

上市公司依照《管理办法》要求建立职工股权激励计划，并按我国企业会计准则的有关规定，在股权激励计划授予激励对象时，按照该股票的公允价格及数量，计算确定作为上市公司相关年度的成本或费用，作为换取激励对象提供服务的对价。上述企业建立的职工股权激励计划，其企业所得税的处理，按以下规定执行：

（1）对股权激励计划实行后立即可以行权的，上市公司可以根据实际行权时该股票的公允价格与激励对象实际行权支付价格的差额和数量，计算确定作为当年上市公司工资薪金支出，依照税法规定进行税前扣除。

（2）对股权激励计划实行后，需待一定服务年限或者达到规定业绩条件（以下简称等待期）方可行权的。上市公司等待期内会计上计算确认的相关成本费用，不得在对应年度计算缴纳企业所得税时扣除。在股权激励计划可行权后，上市公司方可根据该股票实际行权时的公允价格与当年激励对象实际行权支付价格的差额及数量，计算确定作为当年上市公司工资薪金支出，依照税法规定进行税前扣除。

（3）此处所指股票实际行权时的公允价格，以实际行权日该股票的收盘价格确定。

在我国境外上市的居民企业和非上市公司，凡比照《管理办法》的规定建立职工股权激励计划，且在企业会计处理上，也按我国会计准则的有关规定处理的，其股权激励计划有关企业所得税处理问题，可以按照上述规定执行。

三、以现金结算的股份支付处理差异

在会计处理上，以现金结算的股份支付，应当按照企业承担的以股份或其他权益工具为基础计算确定的负债的公允价值计量。

授予后立即可行权的以现金结算的股份支付，应当在授予日以企业承担负债的公允价值计入相关成本或费用，相应增加负债。完成等待期内的服务或达到规定业绩条件以后才可行权的以现金结算的股份支付，在等待期内的每个资产负债表日，应当以对可行权情况的最佳估计为基础，按照企业承担负债的公允价值金额，将当期取得的服务计入成本或费用和相应的负债。

在资产负债表日，后续信息表明企业当期承担债务的公允价值与以前估计不同的，应当进行调整，并在可行权日调整至实际可行权水平。对于现金结算的股份支付，企业在可行权日之后不再确认成本费用，应付职工薪酬公允价值的变动，应当计入当期公允价值变动损益。

在税务处理上，《企业所得税法》及其《企业所得税法实施条例》尚未直接规定以现金结算的股份支付的内容。但根据《企业所得税法实施条例》第三十四条的规定，企业发生的合理的工资薪金支出，准予扣除。前款所称工资薪金，是指企业每一纳税年度支付给在本企业任职或者受雇的员工的所有现金形式或者非现金形式的劳动报酬，包括基本工资、奖金、津贴、补贴、年终加薪、加班工资，以及与员工任职或者受雇有关的其他支出。从企业所得税原理上讨论，企业以现金结算的股份支付，属于增加应付职工薪酬，即实施条例规定的工资薪金支出，在计算应纳税所得额时允许在税前扣除。

由于根据《企业所得税法》第八条规定，企业实际发生的与取得收入有关的、合理的支出，包括成本、费用、税金、损失和其他支出，可以在计算应纳税所得额时扣除，所以税法确定的扣除时点与会计准则不同。按照税法规定，应当在行权时才属于实际发生的费用，一般应在实际行权时确认费用扣除。对按照会计准则在授予后立即可行权的以现金结算的股份支付，在授予日以企业承担负债的公允价值已计入相关成本或费用的，在行权以前应进行纳税调整。对按照会计准则完成等待期内的服务或达到规定业绩条件以后才可行权的以现金结算的股份支付，在等待期内的每个资产负债表日，以对可行权情况的最佳估计为基础，按照企业承担负债的公允价值金额，将当期取得的服务计入成本或费用和相应的负债的，在行权以前亦应进行纳税调整。

第四节 或有事项会计处理与税务处理的差异

一、概念差异

《企业会计准则第13号——或有事项》是为了规范或有事项的确认、计量和相关信息的披露而制定的。或有事项，是指过去的交易或者事项形成的，其结果须由某些未来事项的发生或不发生才能决定的不确定事项。职工薪酬、建造合同、所得税、企业合并、租赁、原保险合同和再保险合同等形成的或有事项，适用其他相关会计准则。

或有事项具有以下特征：第一，由过去交易或事项形成，即或有事项的现存状况是过去交易或事项引起的客观存在。例如，未决诉讼虽然是正在进行中的诉讼，但该诉讼是企业因过去的经济行为导致起诉其他单位或被其他单位起诉。这是现存的一种状况而不是未来将要发生的事项。未来可能发生的自然灾害、交通事故、经营亏损等，不属于或有事项。第二，结果具有不确定性，即或有事项的结果是否发生具有不确定性，或者或有事项的结果预计将会发生，但发生的具体时间或金额具有不确定性。例如，债务担保事项的担保方到期是否承担和履行连带责任，需要根据债务到期时被担保方能否按时还款加以确定。这一事项的结果在担保协议达成时具有不确定性。第三，由未来事项决定，是指或有事项的结果只能由未来不确定事项的发生或不发生才能决定。例如，债务担保事项只有在被担保方到期无力还款时企业（担保方）才履行连带责任。

《企业所得税法》虽然没有专门提及或有事项的概念，但是未决诉讼或仲裁、债务担保、产品质量保证（含产品安全保证）、承诺、亏损合同、重组义务、环境污染整治等或有事项，都会涉及税务处理和纳税调整。会计准则规定企业不应当确认或有负债和或有资产，对此税法和会计准则的要求是一致的。或有负债，是指过去的交易或者事项形成的潜在义务，其存在须通过未来不确定事项的发生或不发生予以证实；或过去的交易或者事项形成的现时义务，履行该义务不是很可能导致经济利益流出企业或该义务的金额不能可靠计量。或有资产，是指过去的交易或者事项形成的潜在资产，其存在须通过未来不确定事项的发生或不发生予以证实。

二、预计负债

在会计处理上，与或有事项相关的义务同时满足下列条件的，应当确认为预计负债：该义务是企业承担的现时义务；履行该义务很可能导致经济利益流出企业；该义务的金额能够可靠地计量。预计负债应当按照履行相关现时义务所需支出的最佳估计数进行初始计量。所需支出存在一个连续范围，且该范围内各种结果发生的可能性相同的，最佳估计数应当按照该范围内的中间值确定。在其他情况下，最佳估计数应当分别下列情况处理：或有事项涉及单个项目的，按照最可能发生金额确定；或有事项涉及多个项目的，按照各种可能结果及相关概率计算确定。企业在确定最佳估计数时，应当综合考虑与或有事项有关的风险、不确定性和货币时间价值等因素。货币时间价值影响重大的，应当通过对相关未来现金流出进行折现后确定最佳估计数。企业清偿预计负债所需支出全部或部分预期由第三方补偿的，补偿金额只有在基本确定能够收到时才能作为资产单独确认。确认的补偿金额不应当超过预计负债的账面价值。

在税务处理上，根据《企业所得税法》第八条规定，企业实际发生的与取得收入有关的、合理的支出，包括成本、费用、税金、损失和其他支出，可以在计算应纳税所得额时扣除。预计负债只是履行该义务很可能导致经济利益流出企业，还没有实际发生，不符合税法规定的实际发生原则，所以不允许在计算应纳税所得额时扣除。企业对未决诉讼或仲裁、债务担保、产品质量保证（含产品安全保证）、承诺、环境污染整治等方面计提的预计负债，在申报企业所得税时应调增应纳税所得额；待这些方面的支出实际发生时，才允许扣除。

三、亏损合同

在会计处理上，待执行合同变成亏损合同的，该亏损合同产生的义务满足规定条件的，应当确认为预计负债。待执行合同，是指合同各方尚未履行任何合同义务，或部分地履行了同等义务的合同。亏损合同，是指履行合同义务不可避免会发生的成本超过预期经济利益的合同。企业不应当就未来经营亏损确认预计负债。在履行合同义务过程中，发生的成本预期将超过与合同相关的未来流入经济利益的，待执行合同即变成了亏损合同。企业与其他方签订的尚未履行或部分履行了同等义务的合同，如商品买卖合同、劳务合同、租赁合同等，均属于待执行合同。待执行合同不属于或有事项准则规范的内容，但待执行合同变成亏损合同的，应当作为或有事项准则规范的或有事项。待执行合同变成亏损合同时，有合同标的资产的，应当先对标的资产进行减值测试并按规定确认减值损失，如预计亏损超过该减值损失，应将超过部分确认为预计负债；无合同标的资产的，亏损合同相关义务满足预计负债确认条件时，应当确认为预计负债。

在税务处理上，根据《企业所得税法》第五条规定，企业每一纳税年度的收入总额，减除不征税收入、免税收入、各项扣除以及允许弥补的以前年度亏损后的余额，为应纳税所得额。第八条规定，企业实际发生的与取得收入有关的、合理的支出，包括成本、费用、税金、损失和其他支出，可以在计算应纳税所得额时扣除。企业的亏损合同，虽然履行合同义务不可避免会发生成本超过预期经济利益而亏损，但目前尚未形成扣除项目，所以该预计负债不属于真正的亏损，不允许扣除，在申报企业所得税时应调增应纳税所得额；待亏损合同形成实际亏损，才允许确认。

四、重组义务

在会计处理上，企业承担的重组义务满足准则规定条件的，应当确认预计负债。同时存在下列情况时，表明企业承担了重组义务：有详细、正式的重组计划，包括重组涉及的业务、主要地点、需要补偿的职工人数及其岗位性质、预计重组支出、计划实施时间等；该重组计划已对外公告。重组，是指企业制定和控制的，将显著改变企业组织形式、经营范围或经营方式的计划实施行为。企业应当按照与重组有关的直接支出确定预计负债金额。直接支出不包括留用职工岗前培训、市场推广、新系统和营销网络投入等支出。

在税务处理上，根据《企业所得税法》第八条规定，企业实际发生的与取得收入有关的、合理的支出，包括成本、费用、税金、损失和其他支出，可以在计算应纳税所得额时扣除。企业因计划出售或终止企业的部分经营业务、对企业的组织结构进行较大调整、关闭企业的部分营业场所，或将营业活动由一个国家或地区迁移到其他国家或地区等而确定的预计负债，根据税法规定不允许扣除，在申报企业所得税时应调增应纳税所得额；待实际执行重组时而发生的支出，才允许在税前扣除。

第五节　借款费用会计处理与税务处理的差异

一、基本概念

借款费用，是指企业因借款而发生的利息及其他相关成本。借款费用包括借款利息、折价或者溢价的摊销、辅助费用以及因外币借款而发生的汇兑差额等。

借款利息，是指企业向银行或者其他金融机构等借入资金发生的利息、发行公司债券发生的利息，以及为购建或者生产符合资本化条件的资产而发生的带息债务所承担的利息等。

折价或者溢价，是指发行债券等所发生的折价或者溢价，发行债券中的折价或者溢价，其实质是对债券票面利息的调整（即将债券票面利率调整为实际利率），属于借款费用的范畴。

辅助费用，是指企业在借款过程中发生的诸如手续费、佣金等费用，由于这些费用是因安排借款而发生的，也属于借入资金所付出的代价，是借款费用的构成部分。

因外币借款而发生的汇兑差额，是指由于汇率变动对外币借款本金及其利息的记账本位币金额所产生的影响金额。由于汇率的变化往往和利率的变化相联动，它是企业外币借款所需承担的风险，因此，因外币借款相关汇率变化所导致的汇兑差额属于借款费用的组成部分。

企业借款分为专门借款与一般借款。专门借款，是指为购建或者生产符合资本化条件的资产而专门借入的款项；一般借款，是指除专门借款以外的其他借款。

二、借款费用的资本化确认与税前扣除

在会计处理上，企业发生的借款费用，可直接归属于符合资本化条件的资产的购建或者生产的，应当予以资本化，计入相关资产成本；其他借款费用，应当在发生时根据其发生额确认为费用，计入当期损益。符合资本化条件的资产，是指需要经过相当长时间的购建或者生产活动才能达到预定可使用或者可销售状态的固定资产、投资性房地产和存货等资产。

借款费用同时满足下列条件的，才能开始资本化：资产支出已经发生，资产支出包括为购建或者生产符合资本化条件的资产而以支付现金、转移非现金资产或者承担带息债务形式发生的支出；借款费用已经发生；为使资产达到预定可使用或者可销售状态所必要的购建或者生产活动已经开始。

在资本化期间内，外币专门借款本金及利息的汇兑差额，应当予以资本化，计入符合资本化条件的资产的成本。

专门借款发生的辅助费用，在所购建或者生产的符合资本化条件的资产达到预定可使用或者可销售状态之前发生的，应当在发生时根据其发生额予以资本化，计入符合资本化条件的资产的成本；在所购建或者生产的符合资本化条件的资产达到预定可使用或者可销售状态之后发生的，应当在发生时根据其发生额确认为费用，计入当期损益。

符合资本化条件的资产在购建或者生产过程中发生非正常中断，如果中断是所购建或者生产的符合资本化条件的资产达到预定可使用或者可销售状态必要的程序，借款费用的资本化应当继续进行。

购建或者生产符合资本化条件的资产达到预定可使用或者可销售状态，可从下

列几个方面进行判断：符合资本化条件的资产的实体建造（包括安装）或者生产工作已经全部完成或者实质上已经完成；所购建或者生产的符合资本化条件的资产与设计要求、合同规定或者生产要求相符或者基本相符，即使有极个别与设计、合同或者生产要求不相符的地方，也不影响其正常使用或者销售；继续发生在所购建或生产的符合资本化条件的资产上的支出金额很少或者几乎不再发生。购建或者生产符合资本化条件的资产需要试生产或者试运行的，在试生产结果表明资产能够正常生产出合格产品，或者试运行结果表明资产能够正常运转或者营业时，应当认为该资产已经达到预定可使用或者可销售状态。

购建或者生产的符合资本化条件的资产的各部分分别完工，且每部分在其他部分继续建造过程中可供使用或者可对外销售，且为使该部分资产达到预定可使用或可销售状态所必要的购建或者生产活动实质上已经完成的，应当停止与该部分资产相关的借款费用的资本化。购建或者生产的资产的各部分分别完工，但必须等到整体完工后才可使用或者可对外销售的，应当在该资产整体完工时停止借款费用的资本化。

企业借款购建或者生产的存货中，符合借款费用资本化条件的，应当将符合资本化条件的借款费用予以资本化。符合借款费用资本化条件的存货，主要包括企业（房地产开发）开发的用于对外出售的房地产开发产品、企业制造的用于对外出售的大型机械设备等。这类存货通常需要经过相当长时间的建造或者生产过程，才能达到预定可销售状态。其中“相当长时间”，是指为资产的购建或者生产所必需的时间，通常为 1 年以上（含 1 年）。

在税务处理上，根据《企业所得税法实施条例》第三十七条第二款规定，企业为购置、建造固定资产、无形资产和经过 12 个月以上的建造才能达到预定可销售状态的存货发生借款的，在有关资产购置、建造期间发生的合理的借款费用，应当作为资本性支出计入有关资产的成本，并依照本条例的规定扣除。其他借款费用不予资本化。另外，购置、建造活动发生非正常中断，但如果中断是使资产达到可使用状态所必需的程序，则中断期间发生的借款费用，仍应予资本化。

三、借款费用的费用化确认与税前扣除

在会计处理上，企业发生的借款费用，除可直接归属于符合资本化条件的资产的购建或者生产的，应当予以资本化的借款费用外，其他借款费用，应当在发生时根据其发生额确认为费用，计入当期损益。

专门借款发生的辅助费用，在所购建或者生产的符合资本化条件的资产达到预

定可使用或者可销售状态之后发生的，应当在发生时根据其发生额确认为费用，计入当期损益。

一般借款发生的辅助费用，应当在发生时根据其发生额确认为费用，计入当期损益。

符合资本化条件的资产在购建或者生产过程中发生非正常中断、且中断时间连续超过 3 个月的，应当暂停借款费用的资本化。在中断期间发生的借款费用应当确认为费用，计入当期损益，直至资产的购建或者生产活动重新开始。

购建或者生产符合资本化条件的资产达到预定可使用或者可销售状态时，借款费用应当停止资本化。在符合资本化条件的资产达到预定可使用或者可销售状态之后所发生的借款费用，应当在发生时根据其发生额确认为费用，计入当期损益。

在税务处理上，根据《企业所得税法实施条例》第三十七条规定，企业在生产经营活动中发生的合理的不需要资本化的借款费用，准予扣除。企业为购置、建造和生产固定资产、无形资产和经过 12 个月以上的建造才能达到预定可销售状态的存货，如果发生非正常中断且中断时间较长的，其中断期间发生的借款费用，不予以资本化，直接在发生当期扣除。借款费用应否资本化与借款期间长短无直接关系，如果某纳税年度企业发生长期借款，并且没有指定用途，当期也没有发生购置固定资产支出，则其借款费用全部可直接扣除。在使相关资产达到其预定可使用或可销售状态所必要的工作实际完成时，应停止借款费用资本化。如果相关资产的各部分是分别完工的，每部分在其他部分建造过程中可供使用，并且为该部分达到预定可使用或可销售状态所必要的准备工作实际上已完成，借款费用的资本化应停止。如果资产的任何一部分都必须在所有组成部分全部完工后才能交付使用，应在整个资产全部交付使用时，停止借款费用资本化。

四、借款费用的计量与税前扣除标准

在会计处理上，在资本化期间内，每一会计期间的利息（包括折价或溢价的摊销）资本化金额，应当按照下列规定确定：为购建或者生产符合资本化条件的资产而借入专门借款的，应当以专门借款当期实际发生的利息费用，减去将尚未动用的借款资金存入银行取得的利息收入或进行暂时性投资取得的投资收益后的金额确定。为购建或者生产符合资本化条件的资产而占用了一般借款的，企业应当根据累计资产支出超过专门借款部分的资产支出加权平均数乘以所占用一般借款的资本化率，计算确定一般借款应予资本化的利息金额。资本化率应当根据一般借款加权平均利率计算确定。资本化期间，是指从借款费用开始资本化时点到停止资本化时点的期间，借款费用暂停资本化的期间不包括在内。

借款存在折价或者溢价的，应当按照实际利率法确定每一会计期间应摊销的折价或者溢价金额，调整每期利息金额。在资本化期间内，每一会计期间的利息资本化金额，不应当超过当期相关借款实际发生的利息金额。

在税务处理上，根据《企业所得税法实施条例》第三十八条规定，企业在生产经营活动中发生的下列利息支出，准予扣除：非金融企业向金融企业借款的利息支出、金融企业的各项存款利息支出和同业拆借利息支出、企业经批准发行债券的利息支出；非金融企业向非金融企业借款的利息支出，不超过按照金融企业同期同类贷款利率计算的数额的部分。根据《企业所得税法》第四十六条规定，企业从其关联方接受的债权性投资与权益性投资的比例超过规定标准而发生的利息支出，不得在计算应纳税所得额时扣除。

《国家税务总局关于企业投资者投资未到位而发生的利息支出企业所得税前扣除问题的批复》（国税函〔2009〕312 号）规定，关于企业由于投资者投资未到位而发生的利息支出扣除问题，根据《企业所得税法实施条例》第二十七条规定，凡企业投资者在规定期限内未缴足其应缴资本额的，该企业对外借款所发生的利息，相当于投资者实缴资本额与在规定期限内应缴资本额的差额应计付的利息，其不属于企业合理的支出，应由企业投资者负担，不得在计算企业应纳税所得额时扣除。

《国家税务总局关于企业向自然人借款的利息支出企业所得税税前扣除问题的通知》（国税函〔2009〕777 号）规定，一是企业向股东或其他与企业有关联关系的自然人借款的利息支出，应根据《企业所得税法》第四十六条及《财政部、国家税务总局关于企业关联方利息支出税前扣除标准有关税收政策问题的通知》（财税〔2008〕121 号）规定的条件，计算企业所得税扣除额。二是企业向除第一条规定以外的内部职工或其他人员借款的利息支出，其借款情况同时符合以下条件的，其利息支出在不超过按照金融企业同期同类贷款利率计算的数额的部分，根据《税法》第八条和《税法实施条例》第二十七条规定，准予扣除。（1）企业与个人之间的借贷是真实、合法、有效的，并且不具有非法集资目的或其他违反法律、法规的行为；（2）企业与个人之间签订了借款合同。

《国家税务总局关于企业所得税若干问题的公告》（国家税务总局公告 2011 年第 34 号）规定，根据《企业所得税法实施条例》第三十八条规定，非金融企业向非金融企业借款的利息支出，不超过按照金融企业同期同类贷款利率计算的数额的部分，准予税前扣除。鉴于目前我国对金融企业利率要求的具体情况，企业在按照合同要求首次支付利息并进行税前扣除时，应提供“金融企业的同期同类贷款利率情况说明”，以证明其利息支出的合理性。“金融企业的同期同类贷款利率情况说明”中，应包括在签订该借款合同当时，本省任何一家金融企业提供同期同类贷款利率情况。该金融企业应为经政府有关部门批准成立的可以从事贷款业务的企业，包括银行、财务公司、信托公司等金融机构。“同期同类贷款利率”是指在贷款期限、贷款金额、贷款担保以及企业信誉等条件基本相同下，金融企业提供贷款的利率。既可以是金融企业公布的同期同类平均利率，也可以是金融企业对某些企业提供的实际贷款利率。

第六节 外币折算会计处理与税务处理的差异

一、基本概念

外币交易，是指以外币计价或者结算的交易。外币是企业记账本位币以外的货币。外币交易包括：买入或者卖出以外币计价的商品或者劳务；借入或者借出外币资金；其他以外币计价或者结算的交易。

即期汇率，通常是指中国人民银行公布的当日人民币外汇牌价的中间价。企业发生的外币兑换业务或涉及外币兑换的交易事项，应当按照交易实际采用的汇率（即银行买入价或卖出价）折算。

买入价，是指银行买入其他货币的价格；卖出价，是指银行出售其他货币的价格；中间价，是指银行买入价与卖出价的平均价。

即期汇率的近似汇率，是指按照系统合理的方法确定的、与交易发生日即期汇率近似的汇率，通常采用当期平均汇率或加权平均汇率等。

即期汇率是相对于远期汇率而言的，远期汇率是在未来某一日交付时的结算价格。企业在发生外币业务时，进行账面记录时所选用的汇率为记账汇率，往往是业务发生当天的汇率。由于即期汇率与远期汇率之间一般是存在差异的，这就会产生汇兑收益或汇兑损失。

二、记账本位币的确定与税款货币计量

在会计处理上，记账本位币，是指企业经营所处的主要经济环境中的货币。企业通常应选择人民币作为记账本位币。业务收支以人民币以外的货币为主的企业，

可以按照准则规定选定其中一种货币作为记账本位币。但是，编报的财务报表应当折算为人民币。

企业选定记账本位币，应当考虑下列因素：第一，该货币主要影响商品和劳务的销售价格，通常以该货币进行商品和劳务的计价和结算；第二，该货币主要影响商品和劳务所需人工、材料和其他费用，通常以该货币进行上述费用的计价和结算；第三，融资活动获得的货币以及保存从经营活动中收取款项所使用的货币。

企业选定境外经营的记账本位币，还应当考虑下列因素：第一，境外经营对其所从事的活动是否拥有很强的自主性；第二，境外经营活动中与企业的交易是否在境外经营活动中占有较大比重；第三，境外经营活动产生的现金流量是否直接影响企业的现金流量、是否可以随时汇回；第四，境外经营活动产生的现金流量是否足以偿还其现有债务和可预期的债务。

境外经营，是指企业在境外的子公司、合营企业、联营企业、分支机构。在境内的子公司、合营企业、联营企业、分支机构，采用不同于企业记账本位币的，也视同境外经营。

企业记账本位币一经确定，不得随意变更，除非企业经营所处的主要经济环境发生重大变化。企业因经营所处的主要经济环境发生重大变化，确需变更记账本位币的，应当采用变更当日的即期汇率将所有项目折算为变更后的记账本位币。

在税务处理上，根据《企业所得税法》第五十六条规定，依照本法缴纳的企业所得税，以人民币计算。所得以人民币以外的货币计算的，应当按照中国人民银行公布的人民币基准汇价折合成人民币计算并缴纳税款。可见，无论企业以何种货币作为记账本位币，在计算缴纳企业所得税时，都以人民币计算并缴纳税款。税法所称所得以人民币以外的货币计算的，主要是考虑香港、澳门和台湾都是中国领土，港币、澳元和台币，都不是外币，所以称为人民币以外的货币。

三、汇率的会计选择与税务选择

在会计处理上，企业对于发生的外币交易，应当将外币金额折算为记账本位币金额。外币交易应当在初始确认时，采用交易发生日的即期汇率将外币金额折算为记账本位币金额；也可以采用按照系统合理的方法确定的、与交易发生日即期汇率近似的汇率折算。企业发生的外币兑换业务或涉及外币兑换的交易事项，应当按照交易实际采用的汇率（即银行买入价或卖出价）折算。企业通常应当采用即期汇率进行折算。汇率变动不大的，也可以采用即期汇率的近似汇率进行折算。

在税务处理上，根据《企业所得税法实施条例》第三十九条规定，企业在货币交易中，以及纳税年度终了时将人民币以外的货币性资产、负债按照期末即期人民币汇率中间价折算为人民币时产生的汇兑损失，除已经计入有关资产成本以及与向所有者进行利润分配相关的部分外，准予扣除。第一百二十九条规定，企业所得以人民币以外的货币计算的，预缴企业所得税时，应当按照月度或者季度最后一日的人民币汇率中间价，折合成人民币计算应纳税所得额。年度终了汇算清缴时，对已经按照月度或者季度预缴税款的，不再重新折合计算，只就该纳税年度内未缴纳企业所得税的部分，按照纳税年度最后一日的人民币汇率中间价，折合成人民币计算应纳税所得额。经税务机关检查确认，企业少计或者多计前款规定的所得的，应当按照检查确认补税或者退税时的上一个月最后一日的人民币汇率中间价，将少计或者多计的所得折合成人民币计算应纳税所得额，再计算应补缴或者应退的税款。可见，企业应纳税所得额的计算，只采用人民币汇率中间价，不采用买入价、卖出价和即期汇率的近似汇率。

四、外币交易的会计处理与税务处理

在会计处理上，企业在资产负债表日，应当按照下列规定对外币货币性项目和外币非货币性项目进行处理：

外币货币性项目，采用资产负债表日即期汇率折算。因资产负债表日即期汇率与初始确认时或者前一资产负债表日即期汇率不同而产生的汇兑差额，计入当期损益。货币性项目，是指企业持有的货币资金和将以固定或可确定的金额收取的资产或者偿付的负债。货币性项目分为货币性资产和货币性负债。货币性资产包括库存现金、银行存款、应收账款、其他应收款、长期应收款等；货币性负债包括短期借款、应付账款、其他应付款、长期借款、应付债券、长期应付款等。对于外币货币性项目，因结算或采用资产负债表日的即期汇率折算而产生的汇兑差额，计入当期损益，同时调增或调减外币货币性项目的记账本位币金额。

以历史成本计量的外币非货币性项目，仍采用交易发生日的即期汇率折算，不改变其记账本位币金额。非货币性项目，是指货币性项目以外的项目，包括存货、长期股权投资、固定资产、无形资产等。第一，以历史成本计量的外币非货币性项目，由于已在交易发生日按当日即期汇率折算，资产负债表日不应改变其原记账本位币金额，不产生汇兑差额。第二，以公允价值计量的外币非货币性项目，如交易性金融资产（股票、基金等），采用公允价值确定日的即期汇率折算，折算后的记账本位币金额与原记账本位币金额的差额，作为公允价值变动（含汇率变动）处理，计入当期损益。

在税务处理上，企业在计算应纳税所得额时，应当注重以下几个方面：

第一，根据《企业所得税法》第六条和《企业所得税法实施条例》第二十二条的规定，企业的汇兑收益，应计入收入总额中的其他收入，作为应税收入计算应纳税所得额。

第二，根据《企业所得税法实施条例》第三十九条规定，企业在货币交易中产生的汇兑损失，在计算应纳税所得额时准予扣除。这些交易活动包括：企业买入或者卖出以外币计价的商品或者劳务，通常情况下指以外币买卖商品，或者以外币结算劳务合同，如以人民币为记账本位币的居民企业向国外出口商品，以美元结算货款；借入或者借出外币资金，如企业借入记账本位币以外的货币表示的资金、发行以外币计价或结算的债券；其他以外币计价或者结算的交易，如接受外币现金捐赠等。在这些交易活动中，由于初始确认与后续计量间的汇率变化，将会产生汇率差，可能产生的汇兑损失允许在税前扣除。

第三，根据《企业所得税法实施条例》第三十九条规定，纳税年度终了时将人民币以外的货币性资产、负债按照期末即期人民币汇率中间价折算为人民币时产生的汇兑损失，在计算应纳税所得额时准予扣除。企业所拥有的货币性资产、负债，可能是以记账本位币以外的货币计量的，在纳税年度终了时，需要按照期末即期人民币汇率中间价为标准，折算为人民币计算纳税，此时期末即期人民币汇率中间价，若不同于企业取得货币性资产、负债的汇率时，就可能产生汇兑损失。这属于企业生产经营活动中发生的正常的、必要的支出，准予在税前扣除。但税法只规定货币性资产、负债的汇兑损失允许在税前扣除，外币非货币性项目的汇兑损失没有规定允许在税前扣除，应做纳税调整。

第四，根据《企业所得税法实施条例》第三十九条规定，已经计入有关资产成本以及与向所有者进行利润分配相关部分的汇兑损失，不允许在税前扣除。企业发生的汇兑损失，如果已经计入有关资产成本的话，那么这部分汇兑损失可以通过资产的折旧或者摊销等方式予以税前扣除，假如直接作为汇兑损失在税前扣除，就违背了税前扣除不得重复扣除的原则；如果发生的汇兑损失，是由向所有者进行利润分配相关部分所产生的，这部分损失应由所有者负担，属于税后利润分配问题，故不允许在税前扣除。

第四章　资产的税务处理

第一节　固定资产会计处理与税务处理的差异

一、固定资产的界定与确认

《企业会计准则第4号——固定资产》，是为了规范固定资产的确认、计量和相关信息的披露。固定资产，是指同时具有下列特征的有形资产：为生产商品、提供劳务、出租或经营管理而持有的；使用寿命超过一个会计年度。使用寿命，是指企业使用固定资产的预计期间，或者该固定资产所能生产产品或提供劳务的数量。固定资产同时满足下列条件的，才能予以确认：与该固定资产有关的经济利益很可能流入企业；该固定资产的成本能够可靠地计量。固定资产的各组成部分具有不同使用寿命或者以不同方式为企业提供经济利益，适用不同折旧率或折旧方法的，应当分别将各组成部分确认为单项固定资产。与固定资产有关的后续支出，符合准则规定的确认条件的，应当计入固定资产成本；不符合准则规定的确认条件的，应当在发生时计入当期损益。

《企业所得税法》第十一条规定，在计算应纳税所得额时，企业按照规定计算的固定资产折旧，准予扣除。根据《企业所得税法实施条例》第五十七条规定，企业所得税法第十一条所称固定资产，是指企业为生产产品、提供劳务、出租或者经营管理而持有的、使用时间超过12个月的非货币性资产，包括房屋、建筑物、机器、机械、运输工具以及其他与生产经营活动有关的设备、器具、工具等。实务中，企业财务人员根据重要性原则进行判断，很可能将符合固定资产概念的资产不确认为固定资产，而是将其作为存货管理。例如，生产制造企业将一些价值量较低的器具、工具作为周转材料管理。税法不遵从重要性原则，只要符合固定资产概念的资产，都应按照固定资产相关政策处理。

二、固定资产的初始计量与计税基础

在会计处理上，固定资产应当按照成本进行初始计量。

第一，外购固定资产的成本，包括购买价款、相关税费、使固定资产达到预定可使用状态前所发生的可归属于该项资产的运输费、装卸费、安装费和专业人员服务费等。以一笔款项购入多项没有单独标价的固定资产，应当按照各项固定资产公允价值比例对总成本进行分配，分别确定各项固定资产的成本。购买固定资产的价款超过正常信用条件延期支付，实质上具有融资性质的，固定资产的成本以购买价款的现值为基础确定。实际支付的价款与购买价款的现值之间的差额，除按照《企业会计准则第 17 号——借款费用》应予资本化的以外，应当在信用期间内计入当期损益。

第二，自行建造固定资产的成本，由建造该项资产达到预定可使用状态前所发生的必要支出构成。

第三，应计入固定资产成本的借款费用，按照《企业会计准则第 17 号——借款费用》处理。

第四，投资者投入固定资产的成本，应当按照投资合同或协议约定的价值确定，但合同或协议约定价值不公允的除外。

第五，确定固定资产成本时，应当考虑预计弃置费用因素。弃置费用通常是指根据国家法律和行政法规、国际公约等规定，企业承担的环境保护和生态恢复等义务所确定的支出，如核电站核设施等的弃置所造成的恢复环境义务等。

在税务处理上，根据《企业所得税法实施条例》第五十八条规定，固定资产按照以下方法确定计税基础：

（1）外购的固定资产，以购买价款和支付的相关税费以及直接归属于使该资产达到预定用途发生的其他支出为计税基础；

（2）自行建造的固定资产，以竣工结算前发生的支出为计税基础；

（3）融资租入的固定资产，以租赁合同约定的付款总额和承租人在签订租赁合同过程中发生的相关费用为计税基础，租赁合同未约定付款总额的，以该资产的公允价值和承租人在签订租赁合同过程中发生的相关费用为计税基础；

（4）盘盈的固定资产，以同类固定资产的重置完全价值为计税基础；

（5）通过捐赠、投资、非货币性资产交换、债务重组等方式取得的固定资产，以该资产的公允价值和支付的相关税费为计税基础；

（6）改建的固定资产，除企业所得税法第十三条第（一）项和第（二）项规定的支出外，以改建过程中发生的改建支出增加计税基础。如果企业采用收购方式取得。

相较而言，不同途径获得的固定资产，初始成本构成税法与会计主要存在的差异如下：

第一，如果企业采用赊购方式取得固定资产。根据会计准则规定，如果赊购具有融资性质，应当以未来期间支付的款项按照目前的市场利率折成现值计价，现值与未来支付款项之间差额即为未确认融资费用，在未来期间采用实际利率法确认为财务费用。税法规定，外购的固定资产按购买价款和相关税费作为计税基础，不考虑付款时间持续期的长短，不涉及折现问题。这种方式下购买的固定资产，其会计成本与计税基础之间存在差异，这种差异属于可抵扣的暂时性差异。

第二，自行建造的固定资产。一是完工标志不同。税法强调法律要件的具备，以“办理竣工结算手续”为完工的标志；会计强调经济实质的实现，以“达到预定可使用状态”为完工的标志。此外，根据实质重于形式原则，对于已经投入使用但尚未办好结算手续或者尚未取得全部发票的固定资产，会计和税法都允许先计提折旧之后再进行调整。需要注意的是，会计没有限定具体的调整期限，并且未来调整的内容仅是固定资产的入账价值，不包括对已提折旧的追溯调整。税法明确了调整的期限，即在固定资产投入使用后12个月内进行，并且调整的项目包括固定资产的原值和已提折旧额两项内容。二是建造固定资产发生的借款费用，会计与税法规定可以资本化的金额和停止资本化的时间不同。会计规定在固定资产达到可使用状态前发生的借款利息，只要满足资本化条件的，均可以计入固定资产成本。根据《企业所得税法实施条例》第三十八条规定，非金融企业向非金融企业借款的利息支出超过按照金融企业同期同类贷款利率计算的数额部分，不可以税前扣除。因此，超过按照金融企业同期同类贷款利率计算的数额部分，会计允许计入固定资产成本，税法不允许确认要做纳税调整，导致固定资产的计税基础小于会计成本。税法要求停止借款利息资本化的时间是固定资产“竣工结算”前，会计准则规定停止借款利息资本化的时间是“达到预计可使用状态”前，两者可能会存在差异。

第三，盘盈固定资产。按照会计准则的规定，固定资产盘盈应作为以前年度会计差错处理，按照重置价值调整年初未分配利润。《企业所得税法实施条例》第五十八条规定，盘盈固定资产应当按照盘盈资产的重置价值确认资产的计税基础，同时计入盘盈资产所属纳税年度的收入总额。

三、固定资产的后续计量与税前扣除

折旧，是指在固定资产使用寿命内，按照确定的方法对应计折旧额进行系统分摊。应计折旧额，是指应当计提折旧的固定资产的原价扣除其预计净残值后的金额。已计提减值准备的固定资产，还应当扣除已计提的固定资产减值准备累计金额。预计净残值，是指假定固定资产预计使用寿命已满并处于使用寿命终了时的预期状态，企业目前从该项资产处置中获得的扣除预计处置费用后的金额。

（一）固定资产折旧的范围

在会计处理上，企业应当对所有固定资产计提折旧。但是，已提足折旧仍继续使用的固定资产和单独计价入账的土地除外。企业应当根据固定资产的性质和使用情况，合理确定固定资产的使用寿命和预计净残值。固定资产的使用寿命、预计净残值一经确定，不得随意变更。企业确定固定资产使用寿命，应当考虑下列因素：预计生产能力或实物产量；预计有形损耗和无形损耗；法律或者类似规定对资产使用的限制。

在税务处理上，税法不允许所有固定资产都计提折旧。《企业所得税法》第十一条规定，下列固定资产不得计算折旧扣除：房屋、建筑物以外未投入使用的固定资产；以经营租赁方式租入的固定资产；以融资租赁方式租出的固定资产；已足额提取折旧仍继续使用的固定资产；与经营活动无关的固定资产；单独估价作为固定资产入账的土地；其他不得计算折旧的固定资产。企业应当根据固定资产的性质和使用情况，合理确定固定资产的预计净残值。固定资产预计净残值一经确定，不得变更。相较而言，税法强调相关性原则，只有当费用的发生与取得收入相关时，根据配比原则才可以税前扣除。未使用的固定资产（除房屋、建筑物外）和非生产经营用的固定资产与取得收入无关，计提的折旧不可以税前扣除。会计强调客观性原则，因获得固定资产已经付出的代价，不论资产是否投入使用，是否与经营相关，都应计提折旧。

（二）固定资产折旧的时间

在会计处理上，固定资产应当按月计提折旧，当月增加的固定资产，当月不计提折旧，从下月起计提折旧；当月减少的固定资产，当月仍计提折旧，从下月起不计提折旧。固定资产提足折旧后，不论能否继续使用，均不再计提折旧；提前报废的固定资产，也不再补提折旧。提足折旧，是指已经提足该项固定资产的应计折旧额。应计折旧额，是指应当计提折旧的固定资产的原价扣除其预计净残值后的金额。已计提减值准备的固定资产，还应当扣除已计提的固定资产减值准备累计金额。已达到预定可使用状态但尚未办理竣工决算的固定资产，应当按照估计价值确定其成本，并计提折旧；待办理竣工决算后，再按实际成本调整原来的暂估价值，但不需要调整原已计提的折旧额。

在税务处理上，根据《企业所得税法实施条例》第五十九条规定，企业应当自固定资产投入使用月份的次月起计算折旧；停止使用的固定资产，应当自停止使用月份的次月起停止计算折旧。另外，一般来说，已达到预定可使用状态但尚未办理竣工决算的固定资产，按照估计价值确定其成本，并计提折旧的应进行纳税调整，因为不符合税法的确定性原则，不应按估计价值计算折旧税前扣除；应待办理竣工决算后，再按实际成本确定其计税基础，计提折旧并在税前扣除。

（三）固定资产折旧方法

在会计处理上，企业应当根据与固定资产有关的经济利益的预期实现方式，合理选择固定资产折旧方法。可选用的折旧方法包括年限平均法、工作量法、双倍余额递减法和年数总和法等。固定资产的折旧方法一经确定，不得随意变更。固定资产应当按月计提折旧，并根据用途计入相关资产的成本或者当期损益。企业至少应当于每年年度终了，对固定资产的使用寿命、预计净残值和折旧方法进行复核。使用寿命预计数与原先估计数有差异的，应当调整固定资产使用寿命。预计净残值预计数与原先估计数有差异的，应当调整预计净残值。与固定资产有关的经济利益预期实现方式有重大改变的，应当改变固定资产折旧方法。固定资产使用寿命、预计净残值和折旧方法的改变应当作为会计估计变更。

在税务处理上，根据《企业所得税法实施条例》第五十九条规定，固定资产按照直线法计算的折旧，准予扣除。企业应当根据固定资产的性质和使用情况，合理确定固定资产的预计净残值。固定资产的预计净残值一经确定，不得变更。第六十条规定，除国务院财政、税务主管部门另有规定外，固定资产计算折旧的最低年限如下：

（1）房屋、建筑物，为 20 年；

（2）飞机、火车、轮船、机器、机械和其他生产设备，为 10 年；

（3）与生产经营活动有关的器具、工具、家具等，为 5 年；

（4）飞机、火车、轮船以外的运输工具，为 4 年；

（5）电子设备，为 3 年。

根据《国家税务总局关于企业固定资产加速折旧所得税处理有关问题的通知》

(国税发〔2009〕81号)规定，加速折旧的计算方法如下：

双倍余额递减法，是指在不考虑固定资产不计净残值的情况下，根据每期初固定资产原值减去累计折旧后的金额和双倍的直线法折旧率计算固定资产折旧的一种方法。应用这种方法计算折旧额时，由于每年年初固定资产净值没有减去预计净残值，所以在计算固定资产折旧额时，应在其折旧年限到期前的两年期间，将固定资产净值减去预计净残值后的余额平均摊销。

年数总和法，又称年限合计法，是指将固定资产的原值减去预计净残值后的余额，乘以一个以固定资产尚可使用寿命为分子、以预计使用寿命逐年数字之和为分母的逐年递减的分数计算每年的折旧额。

税法规定的方法与会计计算方法一致，不存在差异。但是加速折旧方法的具体使用会计和税法规定存在差异，会计未明确规定具体对象，根据实际需要进行选择。税法明确规定了具体的使用情况，包括特殊行业、特殊事项、特殊资产等。例如，《财政部国家税务总局关于完善固定资产加速折旧企业所得税政策的通知》(财税〔2014〕75号)规定的生物药品制造业，专用设备制造业，铁路、船舶、航空航天和其他运输设备制造业，计算机、通信和其他电子设备制造业，仪器仪表制造业，信息传输、软件和信息技术服务业六大行业企业，以及《财政部 国家税务总局关于进一步完善固定资产加速折旧企业所得税政策的通知》(财税〔2015〕106号)规定的轻工、纺织、机械、汽车四个领域重点行业企业，符合条件的固定资产，允许采取加速折旧方法。海南自由贸易港、横琴新区等地区均出台了资产加速折旧税收优惠政策。

四、固定资产后续支出的会计处理与税务处理

在会计处理上，固定资产的后续支出是指固定资产在使用过程中发生的更新改造支出、修理费用等。固定资产的更新改造等后续支出，满足准则规定确认条件的，应当计入固定资产成本，如有被替换的部分，应扣除其账面价值；不满足准则规定确认条件的固定资产修理费用等，应当在发生时计入当期损益。在会计实务中，衡量的标准一般应与固定资产有关的后续支出是否能够改善资产的状况，流入资产的经济利益是否能超过原先的估计为标准。如果不能使流入企业的经济利益超过原先的估计，那么则在发生时确认为费用。如果更新改造使资产可能实现的经济利益超过了原先估计，则把支出作为资本性支出，增加资产的账面价值，其增加后的金额不可超过该固定资产预期可回收的金额。固定资产的日常修理和大修理只是确保固定资产的正常工作状态的发挥，不会产生未来的经济利益。需要注意的是，

区分支出对未来的影响程度的标准并不明确，更多取决于会计人员的职业判断。

在税务处理上，关于固定资产后续支出的处理有两种方式：一种是作为当期费用，一次性税前扣除；另一种是作为资本性支出，区分不同情况，计入长期待摊费用分期摊销，或者增加资产计税基础并延长折旧年限。

根据《企业所得税法》第十三条规定，企业发生的下列支出，作为长期待摊费用，按照规定在计算应纳税所得额时扣除：已足额提取折旧的固定资产的改建支出；租入固定资产的改建支出；固定资产的大修理支出；其他应当作为长期待摊费用的支出。《企业所得税法实施条例》第六十八条规定，企业所得税法第十三条第（一）项和第（二）项所称固定资产的改建支出，是指改变房屋或者建筑物结构、延长使用年限等发生的支出。企业所得税法第十三条第（一）项规定的支出，按照固定资产预计尚可使用年限分期摊销；第（二）项规定的支出，按照合同约定的剩余租赁期限分期摊销。改建的固定资产延长使用年限的，除企业所得税法第十三条第（一）项和第（二）项规定外，应当适当延长折旧年限。《企业所得税法实施条例》第六十九条规定，企业所得税法第十三条第（三）项所称固定资产的大修理支出，是指同时符合下列条件的支出：一是修理支出达到取得固定资产时的计税基础50%以上；二是修理后固定资产的使用年限延长2年以上。企业所得税法第十三条第（三）项规定的支出，按照固定资产尚可使用年限分期摊销。

《企业所得税法实施条例》第五十八条规定，改建的固定资产，除企业所得税法第十三条第（一）项和第（二）项规定的支出外，以改建过程中发生的改建支出增加计税基础。

相较而言，对于后续支出的会计处理，遵循的原则是注重后续支出带来的效果，不注重后续支出发生金额的大小。如果属于修理支出即把损坏的东西恢复成原来的形状或者作用，要做费用化处理，直接在发生当期就计入损益。如果属于更新改造支出，要作资本化处理，发生的支出应计入所属的资产成本，资本化处理中强调要求将替换掉的零部件的账面价值扣除。税务处理选择了改建和大修理两个概念，强调后续支出发生金额的大小和延长固定资产使用寿命的预计效果。对于提足折旧和经营租赁租入资产的改建支出，会计和税法的规定是一致的，都不改变固定资产的原值，通过“长期待摊费用”分期摊销。对于其他固定资产的改建支出，税法要求增加计税基础，是在原来资产的计税基础之上增加其价值。会计通过“在建工程”科目重新确定改建后固定资产的入账价值。

五、固定资产处置的差异

在会计处理上，固定资产满足下列条件之一的，应当予以终止确认：该固定资产处于处置状态；该固定资产预期通过使用或处置不能产生经济利益。企业持有待售的固定资产，应当对其预计净残值进行调整。企业出售、转让、报废固定资产或发生固定资产毁损，应当将处置收入扣除账面价值和相关税费后的金额计入当期损益。固定资产的账面价值是固定资产成本扣减累计折旧和累计减值准备后的金额。固定资产盘亏造成的损失，应当计入当期损益。企业根据准则规定，将发生的固定资产后续支出计入固定资产成本的，应当终止确认被替换部分的账面价值。

在税务处理上，企业出售、转让固定资产，应按《企业所得税法》第六条规定确认为转让财产收入，并按第十六条规定，在计算应纳税所得额时，扣除该项资产的净值和转让费用。根据《企业所得税法实施条例》第七十四条规定，企业所得税法第十六条所称资产的净值和第十九条所称财产净值，是指有关资产、财产的计税基础减除已经按照规定扣除的折旧、折耗、摊销、准备金等后的余额。企业固定资产对外投资、债务重组、分配股利和捐赠等，都要视同销售。

企业所得税处理的固定资产损失，包括企业房屋建筑物、机器设备、运输设备、工具器具等发生盘亏、淘汰、毁损、报废、丢失、被盗等造成的净损失。其中：

第一，对盘亏、丢失损失固定资产，其账面净值扣除责任人赔偿后的余额，应依据以下证据材料认定损失：企业内部有关责任认定和核销资料；固定资产盘点表；固定资产的计税基础相关资料；固定资产盘亏、丢失情况说明；损失金额较大的，应有专业技术鉴定报告或法定资质中介机构出具的专项报告等。

第二，对报废、毁损损失固定资产，其账面净值扣除残值和责任人赔偿后的余额，应依据以下证据材料认定损失：固定资产的计税基础相关资料；企业内部有关责任认定和核销资料；企业内部有关部门出具的鉴定材料；涉及责任赔偿的，应当有赔偿情况的说明；损失金额较大的或自然灾害等不可抗力原因造成固定资产毁损、报废的，应有专业技术鉴定意见或法定资质中介机构出具的专项报告等。

第三，对被盗损失的固定资产，其账面净值扣除责任人赔偿后的余额，应依据以下证据材料认定损失：固定资产计税基础相关资料；公安机关的报案记录，公安机关立案、破案和结案的证明材料；涉及责任赔偿的，应有赔偿责任的认定及赔偿情况的说明等。

企业向税务机关申报扣除资产损失，仅需填报企业所得税年度纳税申报表《资产损失税前扣除及纳税调整明细表》，不再报送资产损失相关资料，相关资料由企业留存备查。

第二节　生物资产会计处理与税务处理的差异

一、生物资产的特征与分类

生物资产，是指有生命的动物和植物。农产品与生物资产密不可分，当其附在生物资产上时，构成生物资产的一部分。收获的农产品从生物资产这一母体分离开始，不再具有生命和生物转化能力，或者其生命和生物转化能力受到限制，应当作为存货处理，例如，从用材林中采伐的木材、奶牛产出的牛奶、绵羊产出的羊毛、肉猪宰杀后的猪肉、收获后的蔬菜、从果树上采摘的水果等。

生物资产分为消耗性生物资产、生产性生物资产和公益性生物资产。消耗性生物资产，是指为出售而持有的，或在将来收获为农产品的生物资产，包括生长中的大田作物、蔬菜、用材林以及存栏待售的牲畜等。生产性生物资产，是指为产出农产品、提供劳务或出租等目的而持有的生物资产，包括经济林、薪炭林、产畜和役畜等。公益性生物资产，是指以防护、环境保护为主要目的的生物资产，包括防风固沙林、水土保持林和水源涵养林等。

企业所得税法首次引入了生产性生物资产的概念，《企业所得税法实施条例》第六十二条规定，生产性生物资产，是指企业为生产农产品、提供劳务或者出租等而持有的生物资产，包括经济林、薪炭林、产畜和役畜等。这一定义，税法与会计准则规定是一致的。

二、生物资产的初始计量与计税基础

在会计处理上，生物资产应当按照成本进行初始计量。外购生物资产的成本，包括购买价款、相关税费、运输费、保险费以及可直接归属于购买该资产的其他支出。自行栽培、营造、繁殖或养殖的消耗性生物资产的成本，应当按照下列规定确定：自行栽培的大田作物和蔬菜的成本，包括在收获前耗用的种子、肥料、农药等材料费、人工费和应分摊的间接费用等必要支出；自行营造的林木类消耗性生物资产的成本，包括郁闭前发生的造林费、抚育费、营林设施费、良种试验费、调查设计费和应分摊的间接费用等必要支出；自行繁殖的育肥畜的成本，包括出售前发生的饲料费、人工费和应分摊的间接费用等必要支出；水产养殖的动物和植物的成本，包括在出售或入库前耗用的苗种、饲料、肥料等材料费、人工费和应分摊的间接费用等必要支出。自行营造或繁殖的生产性生物资产的成本，应当按照下列规定确定：自行营造的林木类生产性生物资产的成本，包括达到预定生产经营目的前发生的造林费、抚育费、营林设施费、良种试验费、调查设计费和应分摊的间接费用等必要支出；自行繁殖的产畜和役畜的成本，包括达到预定生产经营目的（成龄）前发生的饲料费、人工费和应分摊的间接费用等必要支出。达到预定生产经营目的，是指生产性生物资产进入正常生产期，可以多年连续稳定产出农产品、提供劳务或出租。自行营造的公益性生物资产的成本，应当按照郁闭前发生的造林费、抚育费、森林保护费、营林设施费、良种试验费、调查设计费和应分摊的间接费用等必要支出确定。应计入生物资产成本的借款费用，按照借款费用准则规定处理。消耗性林木类生物资产发生的借款费用，应当在郁闭时停止资本化。投资者投入生物资产的成本，应当按照投资合同或协议约定的价值确定，但合同或协议约定价值不公允的除外。天然起源的生物资产的成本，应当按照名义金额确定。因择伐、间伐或抚育更新性质采伐而补植林木类生物资产发生的后续支出，应当计入林木类生物资产的成本。生物资产在郁闭或达到预定生产经营目的后发生的管护、饲养费用等后续支出，应当计入当期损益。

在税务处理上，根据《企业所得税法实施条例》第六十二条规定，生产性生物资产按照以下方法确定计税基础：第一，外购的生产性生物资产，以购买价款和支付的相关税费为计税基础；第二，通过捐赠、投资、非货币性资产交换、债务重组等方式取得的生产性生物资产，以该资产的公允价值和支付的相关税费为计税基础。

三、生物资产的后续计量与税前扣除

在会计处理上，企业对达到预定生产经营目的的生产性生物资产，应当按期计提折旧，并根据用途分别计入相关资产的成本或当期损益。企业应当根据生产性生物资产的性质、使用情况和有关经济利益的预期实现方式，合理确定其使用寿命、预计净残值和折旧方法。可选用的折旧方法包括年限平均法、工作量法、产量法等。生产性生物资产的使用寿命、预计净残值和折旧方法一经确定，不得随意变更。企业确定生产性生物资产的使用寿命，应当考虑下列因素：该资产的预计产出能力或实物产量；该资产的预计有形损耗，如产畜和役畜衰老、经济林老化等；该资产的预计无形损耗，如因新品种的出现而使现有的生产性生物资产的产出能力和产出农产品的质量等方面相对下降、市场需求的变化使生产性生物资产产出的农产

品相对过时等。企业至少应当于每年年度终了对生产性生物资产的使用寿命、预计净残值和折旧方法进行复核。使用寿命或预计净残值的预期数与原先估计数有差异的，或者有关经济利益预期实现方式有重大改变的，应当作为会计估计变更，按照《企业会计准则第28号——会计政策、会计估计变更和差错更正》处理，调整生产性生物资产的使用寿命或预计净残值或者改变折旧方法。企业至少应当于每年年度终了对消耗性生物资产和生产性生物资产进行检查，有确凿证据表明由于遭受自然灾害、病虫害、动物疫病侵袭或市场需求变化等原因，使消耗性生物资产的可变现净值或生产性生物资产的可收回金额低于其账面价值的，应当按照可变现净值或可收回金额低于账面价值的差额，计提生物资产跌价准备或减值准备，并计入当期损益。消耗性生物资产减值的影响因素已经消失的，减记金额应当予以恢复，并在原已计提的跌价准备金额内转回，转回的金额计入当期损益。生产性生物资产减值准备一经计提，不得转回。公益性生物资产不计提减值准备。有确凿证据表明生物资产的公允价值能够持续可靠取得的，应当对生物资产采用公允价值计量。采用公允价值计量的，应当同时满足下列条件：生物资产有活跃的交易市场；能够从交易市场上取得同类或类似生物资产的市场价格及其他相关信息，从而对生物资产的公允价值作出合理估计。

在税务处理上，根据《企业所得税法实施条例》第六十三条规定，生产性生物资产按照直线法计算的折旧，准予扣除。企业应当自生产性生物资产投入使用月份的次月起计算折旧；停止使用的生产性生物资产，应当自停止使用月份的次月起停止计算折旧。企业应当根据生产性生物资产的性质和使用情况，合理确定生产性生物资产的预计净残值。生产性生物资产的预计净残值一经确定，不得变更。第六十四条规定，生产性生物资产计算折旧的最低年限如下：林木类生产性生物资产，为10年；畜类生产性生物资产，为3年。企业按照会计准则确定的折旧与税法规定方法、年限不一致的，应根据税法规定进行纳税调整；计提的生物资产跌价准备或减值准备，在计算应纳税所得额时不允许扣除，也应根据税法规定进行纳税调整。

《企业所得税法实施条例》第七十二条规定，生产性生物资产收获的农产品，以产出或者采收过程中发生的材料费、人工费和分摊的间接费用等必要支出为成本。生物资产出售时，应当将处置收入扣除其计税基础和相关税费后的余额计入当期应纳税所得额。成本结转的方法可采用加权平均法或个别计价法。农产品会计成本与计税基础不一致的，需作纳税调整处理。生物资产盘亏或死亡、毁损等损失，作资产损失申报，相关资料留存备查后准予扣除，具体而言：

第一，生产性生物资产盘亏损失，为其账面净值扣除责任人赔偿后的余额，并依据以下证据材料确认：生产性生物资产盘点表；生产性生物资产盘亏情况说明；生产性生物资产损失金额较大的，企业应有专业技术鉴定意见和责任认定、赔偿情况的说明等。

第二，因森林病虫害、疫情、死亡而产生的生产性生物资产损失，为其账面净值扣除残值、保险赔偿和责任人赔偿后的余额，并依据以下证据材料确认：损失情况说明；责任认定及其赔偿情况的说明；损失金额较大的，应有专业技术鉴定意见。

第三，对被盗伐、被盗、丢失而产生的生产性生物资产损失，为其账面净值扣除保险赔偿以及责任人赔偿后的余额，并依据以下证据材料确认：生产性生物资产被盗后，向公安机关的报案记录或公安机关立案、破案和结案的证明材料；责任认定及其赔偿情况的说明。

第三节　无形资产会计处理与税务处理的差异

一、无形资产的界定与确认

《企业会计准则第 6 号——无形资产》，是为了规范无形资产的确认、计量和相关信息的披露。无形资产，是指企业拥有或者控制的没有实物形态的可辨认非货币性资产。无形资产主要包括专利权、非专利技术、商标权、著作权、土地使用权、特许权等。资产满足下列条件之一的，符合无形资产定义中的可辨认性标准：能够从企业中分离或者划分出来，并能单独或者与相关合同、资产或负债一起，用于出售、转移、授予许可、租赁或者交换；源自合同性权利或其他法定权利，无论这些权利是否可以从企业或其他权利和义务中转移或者分离。无形资产同时满足下列条件的，才能予以确认：与该无形资产有关的经济利益很可能流入企业；该无形资产的成本能够可靠地计量。企业在判断无形资产产生的经济利益是否很可能流入时，应当对无形资产在预计使用寿命内可能存在的各种经济因素作出合理估计，并且应当有明确证据支持。企业无形项目的支出，除下列情形外，均应于发生时计入当期损益：符合无形资产准则规定的确认条件、构成无形资产成本的部分；非同一控制下企业合并中取得的、不能单独确认为无形资产、构成购买日确认的商誉的部分。

企业内部研究开发项目的支出，应当区分研究阶段支出与开发阶段支出。研究是指为获取并理解新的科学或技术知识而进行的独创性的有计划调查；开发是指在进行商业性生产或使用前，将研究成果或其他知识应用于某项计划或设计，以生产出新的或具有实质性改进的材料、装置、产品等。企业内部研究开发项目研究阶段的支出，应当于发生时计入当期损益。企业内部研究开发项目开发阶段的支出，同时满足下列条件的，才能确认为无形资产：完成该无形资产以使其能够使用或出售在技术上具有可行性；具有完成该无形资产并使用或出售的意图；无形资产产生经济利益的方式，包括能够证明运用该无形资产生产的产品存在市场或无形资产自身存在市场，无形资产将在内部使用的，应当证明其有用性；有足够的技术、财务资源和其他资源支持，以完成该无形资产的开发，并有能力使用或出售该无形资产；归属于该无形资产开发阶段的支出能够可靠地计量。

《企业所得税法》第十二条规定，在计算应纳税所得额时，企业按照规定计算的无形资产摊销费用，准予扣除。《企业所得税法实施条例》第六十五条规定，企业所得税法第十二条所称无形资产，是指企业为生产产品、提供劳务、出租或者经营管理而持有的、没有实物形态的非货币性长期资产，包括专利权、商标权、著作权、土地使用权、非专利技术、商誉等。

无形资产的界定与确认方面会计准则与税法规定主要有以下区别：

一是关于商誉。由于商誉的存在无法与企业自身分离，不具有可辨认性，所以在会计上不作无形资产处理，企业自创商誉以及内部产生的品牌、报刊名等，也不应确认为无形资产。由于商誉属于没有实物形态的非货币性长期资产，在税法中作为无形资产处理。非同一控制下的企业合并产生商誉，相当于税法中的外购商誉，在会计上以“商誉”单独确认，未列入无形资产。

二是关于土地使用权。在会计处理上把已出租的土地使用权、持有并准备增值后转让的土地使用权作为投资性房地产处理。在税务处理上，企业为取得土地使用权支付给国家或其他纳税人的土地出让价款、无偿取得的土地使用权，都作为无形资产处理。

三是关于计算机软件。在会计处理上，主要是根据计算机软件的重要性来确定是否作为无形资产核算。在税务处理上，主要是根据计算机软件是否单独计价来确定是否作为无形资产管理。一般来说，企业购买计算机应用软件，凡随同计算机硬件一起购入的，计入固定资产价值；单独购入的，作为无形资产管理。

二、无形资产的初始计量与计税基础

在会计处理上，无形资产应当按照成本进行初始计量。第一，外购无形资产的成本，包括购买价款、相关税费以及直接归属于使该项资产达到预定用途所发生的其他支出。购买无形资产的价款超过正常信用条件延期支付，实质上具有融资性质的，无形资产的成本以购买价款的现值为基础确定。实际支付的价款与购买价款的现值之间的差额，除按照《企业会计准则第 17 号——借款费用》应予资本化的以外，应当在信用期间内计入当期损益。第二，自行开发的无形资产，其成本包括自满足无形资产准则规定后至达到预定用途前所发生的支出总额，但是对于以前期间已经费用化的支出不再调整。第三，投资者投入无形资产的成本，应当按照投资合同或协议约定的价值确定，但合同或协议约定价值不公允的除外。

在税务处理上，根据《企业所得税法实施条例》第六十六条规定，无形资产按照以下方法确定计税基础：

（1）外购的无形资产，以购买价款和支付的相关税费以及直接归属于使该资产达到预定用途发生的其他支出为计税基础。

（2）自行开发的无形资产，以开发过程中该资产符合资本化条件后至达到预定用途前发生的支出为计税基础。

（3）通过捐赠、投资、非货币性资产交换、债务重组等方式取得的无形资产，以该资产的公允价值和支付的相关税费为计税基础。

无形资产初始成本的确定，会计与税法的大体一致。根据《国家税务总局关于研发费用税前加计扣除归集范围有关问题的公告》（国家税务总局公告 2017 年第 40 号）规定，企业开展研发活动中实际发生的研发费用形成无形资产的，其资本化的时点和确认标准与会计处理基本保持一致。以债务重组方式和非货币性资产交换方式取得的无形资产会产生税法与会计的差异，可比照固定资产相关内容进行处理。

三、无形资产的后续计量与税前扣除

（一）无形资产摊销范围的差异

在会计处理上，企业应当于取得无形资产时分析判断其使用寿命。无形资产的使用寿命为有限的，应当估计该使用寿命的年限或者构成使用寿命的产量等类似计量单位数量，其应摊销金额应当在使用寿命内系统合理摊销。无法预见无形资产为企业带来经济利益期限的，应当视为使用寿命不确定的无形资产，使用寿命不确定的无形资产不应摊销。

《企业所得税法》第十二条规定，在计算应纳税所得额时，企业按照规定计算的无形资产摊销费用，准予扣除。但下列无形资产不得计算摊销费用扣除：一是自行开发的支出已在计算应纳税所得额时扣除的无形资产；二是自创商誉；三是与经营活动无关的无形资产；四是其他不得计算摊销费用的无形资产。另外，外购商誉的支出，在企业整体转让或清算时，准予扣除。

（二）无形资产摊销方法的差异

在会计处理上，企业选择的无形资产摊销方法，应当反映与该项无形资产有关的经济利益的预期实现方式。无法可靠确定预期实现方式的，应当采用直线法摊销。无形资产的摊销金额一般应当计入当期损益，其他会计准则另有规定的除外。

在税务处理上，根据《企业所得税法实施条例》第六十七条规定，无形资产按照直线法计算的摊销费用，准予扣除；按照其他方法计算的摊销费用，要进行纳税调整。

（三）无形资产摊销年限的差异

在会计处理上，未明确规定无形资产的最低摊销年度。使用寿命有限的无形资产，其应摊销金额应当在使用寿命内系统合理摊销。企业摊销无形资产，应当自无形资产可供使用时起，至不再作为无形资产确认时止。

在税务处理上，根据《企业所得税法实施条例》第六十七条规定，无形资产的摊销年限不得少于10年。作为投资或者受让的无形资产，有关法律规定或者合同约定了使用年限的，可以按照规定或者约定的使用年限分期摊销。

（四）无形资产摊销金额的差异

在会计处理上，无形资产的应摊销金额为其成本扣除预计残值后的金额。已计提减值准备的无形资产，还应扣除已计提的无形资产减值准备累计金额。使用寿命有限的无形资产，其残值应当视为零，但下列情况除外：有第三方承诺在无形资产使用寿命结束时购买该无形资产；可以根据活跃市场得到预计残值信息，并且该市场在无形资产使用寿命结束时很可能存在。企业接受投资或因合并、分立等改组中接受的无形资产，要求按公允价值或摊销。

在税务处理上，无形资产以其计税基础作为可摊销的金额。已计提减值准备的无形资产，应进行纳税调整，税法不允许扣除无形资产减值准备。企业接受投资或因合并、分立等改组中接受的无形资产，一般来说只有当有关无形资产中隐含的增值或损失已经在税收上确认，才能按经评估确认的价值确定有关无形资产的计税基础，否则，只能以无形资产在原企业账面的净值作为计税基础。税法上无形资产摊销未考虑预留残值状况。

企业发生的研发支出，符合条件的可以享受加计扣除的优惠政策，导致会计核算的研发支出发生额与税前可以扣除的研发支出金额出现差异。税法允许扣除的金额包括企业实际发生的支出和依据税法规定的一定比例计算的加计扣除金额。无形资产研发费用加计扣除的比例在不断提高，具体情况及文件依据如下：根据《企业所得税法实施条例》第九十五条规定，研究开发费用的加计扣除，是指企业为开发新技术、新产品、新工艺发生的研究开发费用，未形成无形资产计入当期损益的，在按照规定据实扣除的基础上，按照研究开发费用的50%加计扣除；形成无形资产的，按照无形资产成本的150%摊销。《财政部 国家税务总局 科学技术部关于完善研究开发费用税前加计扣除政策的通知》（财税〔2015〕119号）、《财政部 税务总局 科技部关于提高研究开发费用税前加计扣除比例的通知》（财税〔2018〕99号）、《财政部 税务总局关于进一步完善研发费用税前加计扣除政策的公告》（财政部 税务总局公告2021年第13号）等均有相关规定。需要注意的是，会计核算归集的研发支出内容与税法允许加计扣除的项目不完全相同，而且税法对符合条件的研发支出要求单独核算，未单独核算的，不得享受加计扣除优惠。

企业委托研发会计核算的研发支出与税前可以扣除的支出不同。企业委托外部机构或个人进行研发活动所发生的费用，按照费用实际发生额的80%计入委托方研发费用并计算加计扣除，受托方不得再进行加计扣除。委托外部研究开发费用实际发生额应按照独立交易原则确定。委托境外进行研发活动所发生的费用，按照费用实际发生额的80%计入委托方的委托境外研发费用。委托境外研发费用不超过境内符合条件的研发费用2/3的部分，可以按规定在企业所得税前加计扣除。委托方与受托方存在关联关系的，受托方应向委托方提供研发项目费用支出明细情况。企业委托境外个人进行研发活动所发生的费用，不得加计扣除。

（五）无形资产摊销复核的差异

在会计处理上，企业至少应当于每年年度终了，对使用寿命有限的无形资产的使用寿命及摊销方法进行复核。无形资产的使用寿命及摊销方法与以前估计不同的，应当改变摊销期限和摊销方法。企业应当在每个会计期间对使用寿命不确定的无形资产的使用寿命进行复核。如果有证据表明无形资产的使用寿命是有限的，应当估计其使用寿命，并按准则规定处理。在税务处理上，无形资产摊销方法和期限一经确定，不得随意变更。

四、无形资产处置和报废的差异

在会计处理上，企业出售无形资产，应当将取得的价款与该无形资产账面价值的差额计入当期损益。无形资产预期不能为企业带来经济利益的，应当将该无形资产的账面价值予以转销。

在税务处理上，企业出售、转让无形资产，应按《企业所得税法》第六条规定确认为转让财产收入，并按第十六条规定，在计算应纳税所得额时，扣除该项资产的净值和转让费用。根据《企业所得税法实施条例》第七十四条规定，企业所得税法第十六条所称资产的净值和第十九条所称财产净值，是指有关资产、财产的计税基础减除已经按照规定扣除的折旧、折耗、摊销、准备金等后的余额。企业无形资产对外投资、债务重组、分配股利和捐赠等，都要视同销售。

企业所得税处理的无形资产损失，主要是指无形资产出现以下一项或若干项情形：第一，已被其他新技术所替代，且已无使用价值和转让价值；第二，已超过法律保护期限，且已不能为企业带来经济利益；第三，其他足以证明已经丧失使用价值和转让价值。企业的无形资产当有确凿证据表明已形成财产损失时，应扣除变价收入、可收回金额以及责任和保险赔款后，再确认发生的财产损失。

企业的无形资产应依据下列证据认定财产损失：第一，会计核算资料；第二，企业内部核批文件及有关情况说明；第三，技术鉴定意见和企业法定代表人、主要负责人和财务负责人签章证实无形资产已无使用价值或转让价值的书面申明；第四，无形资产的法律保护期限文件。

第四节　长期股权投资会计处理与税务处理的差异

一、基本概念

根据现行会计准则，对构成控制（子公司）、共同控制（合营企业）和重大影响（联营企业）的投资，作为长期股权投资核算，对于不构成控制、共同控制或重大影响的股权投资，按照持有意图、持有时间长短、公允价值能否确定划分为交易性金融资产或其他权益工具投资核算。投资方能够对被投资单位实施控制的，被投资单位为其子公司。重大影响，是指投资方对被投资单位的财务和经营政策有参与决策的权力，但并不能够控制或者与其他方一起共同控制这些政策的制定。在确定能否对被投资单位施加重大影响时，应当考虑投资方和其他方持有的被投资单位当期可转换公司债券、当期可执行认股权证等潜在表决权因素。投资方能够对被投资单位施加重大影响的，被投资单位为其联营企业。在确定被投资单位是否为合营企业时，应当按照《企业会计准则第 40 号——合营安排》的有关规定进行判断。

《企业所得税法》第十四条，提出了投资资产的概念，其内涵包括长期股权投资。《企业所得税法实施条例》第七十一条规定，企业所得税法第十四条所称投资资产，是指企业对外进行权益性投资和债权性投资形成的资产。企业所得税法以投资过程中投资人享有的收益和承担的风险为依据，对投资活动进行分类，将其划分为权益性投资、债权性投资和混合性投资三类。

1. 权益性投资

权益性投资是指通过获取另一企业净资产所有权而形成的投资。包括购买被投资企业发行的普通股、优先股、认股权与认股证等。权益性投资的持有者一般拥有公司的表决权和获取股息、红利的权利，但此类证券一般无还本日期，股东若无意继续持有，可以依法将股权转让，从而收回投资。

2. 债权性投资

债权性投资是指以债权形式体现的投资，如企业购买的国债、公司债券等。债券是一种定约证券，它以契约的形式明确规定投资企业与被投资企业的权利与义务。无论被投资企业有无利润，投资企业均享有定期收回本金、获取利息的权利。企业进行债权性投资一般是为了取得高于银行存款利率的利息，并保证按期收回本息。

3. 混合性投资

混合性投资业务是指兼具权益和债权双重特性的投资业务。混合性投资在所得税业务处理中是按照权益性投资政策处理，还是按照债权性投资的政策处理，要具体根据投资合同中投资企业和被投资企业之间约定的权利与义务情况。根据《国家税务总局关于企业混合性投资业务企业所得税处理问题的公告》（国家税务总局公告 2013 年第 41 号）规定，同时符合下列条件的混合性投资业务，应作为债权性投资处理：

（1）被投资企业接受投资后，需要按投资合同或协议约定的利率定期支付利息（或定期支付保底利息、固定利润、固定股息）。

（2）有明确的投资期限或特定的投资条件，并在投资期满或者满足特定投资条件后，被投资企业需要赎回投资或偿还本金。

（3）投资企业对被投资企业净资产不拥有所有权。

（4）投资企业不具有选举权和被选举权。

（5）投资企业不参与被投资企业日常生产经营活动。

企业购买的永续债就属于混合性投资。《财政部税务总局关于永续债企业所得税政策问题的公告》（财政部 税务总局公告 2019 年第 64 号）规定，企业发行的永续债，可以适用股息、红利企业所得税政策，符合规定条件的永续债，也可以按照债券利息适用企业所得税政策。永续债可以适用股息、红利企业所得税政策，是指投资方取得的永续债利息收入属于股息、红利性质，按照现行企业所得税政策，发行方和投资方应均为居民企业，永续债利息收入可以适用股息、红利等权益性投资收益免征企业所得税规定。永续债可以适用债券利息企业所得税政策，是指投资方取得的永续债利息收入应当按照利息收入依法纳税，发行方支付的永续债利息支出准予在企业所得税税前扣除。

企业应按照“9 选 5”的方法判断永续债的性质，如果税法规定的以下 9 个条件中该债券能够满足 5 个（含）以上，则确认为债权性投资，否则作为权益性投资：

条件 1，被投资企业对该项投资具有还本义务。

条件 2，有明确约定的利率和付息频率。

条件 3，有一定的投资期限。

条件 4，投资方对被投资企业净资产不拥有所有权。

条件 5，投资方不参与被投资企业日常生产经营活动。

条件 6，被投资企业可以赎回，或满足特定条件后可以赎回。

条件 7，被投资企业将该项投资计入负债。

条件 8，该项投资不承担被投资企业股东同等的经营风险。

条件 9，该项投资的清偿顺序位于被投资企业股东持有的股份之前。

二、长期股权投资的初始计量与计税基础

（一）企业合并形成的长期股权投资初始投资成本与计税基础的确定

在会计处理上，同一控制下的企业合并，合并方以支付现金、转让非现金资产或承担债务方式作为合并对价的，应当在合并日按照取得被合并方所有者权益在最终控制方合并财务报表中的账面价值的份额作为长期股权投资的初始投资成本。长期股权投资初始投资成本与支付的现金、转让的非现金资产以及所承担债务账面价值之间的差额，应当调整资本公积；资本公积不足冲减的，调整留存收益。合并方以发行权益性证券作为合并对价的，应当在合并日按照取得被合并方所有者权益在最终控制方合并财务报表中的账面价值的份额作为长期股权投资的初始投资成本。按照发行股份的面值总额作为股本，长期股权投资初始投资成本与所发行股份面值总额之间的差额，应当调整资本公积；资本公积不足冲减的，调整留存收益。非同一控制下的企业合并，购买方在购买日应当按照确定的合并成本作为长期股权投资

的初始投资成本。企业合并成本包括购买方付出的资产、发生或承担的负债、发行的权益性证券的公允价值，以及为进行企业合并发生的各项直接相关费用之和。在合并合同或协议中对可能影响合并成本的未来事项作出约定的，购买日如果估计未来事项很可能发生并且对合并成本的影响金额能够可靠计量的，购买方应当将其计入合并成本。合并方或购买方为企业合并发生的审计、法律服务、评估咨询等中介费用以及其他相关管理费用，应当于发生时计入当期损益。

在税务处理上，不区分同一控制下的企业合并与非同一控制下的企业合并对计税基础分别规定。但同一控制下的企业合并属于关联方之间的业务往来，按照《企业所得税法》第四十一条规定，企业与其关联方之间的业务往来，不符合独立交易原则而减少企业或者其关联方应纳税收入或者所得额的，税务机关有权按照合理方法调整。企业合并业务的所得税处理视情况不同，分别适用一般性税务处理和特殊性税务处理。企业合并适用一般性税务处理规定的，合并企业应按公允价值确定接受被合并企业各项资产和负债的计税基础。被合并企业及其股东都应按清算进行所得税处理。被合并企业的亏损不得在合并企业结转弥补。企业合并符合特殊性税务处理规定的，当事各方可以选择按以下规定处理：合并企业接受被合并企业资产和负债的计税基础，以被合并企业的原有计税基础确定。被合并企业股东取得合并企业股权的计税基础，以其原持有的被合并企业股权的计税基础确定。

（二）除企业合并形成的长期股权投资以外的其他方式取得的长期股权投资初始投资成本与计税基础的确定

在会计处理上，以支付现金取得的长期股权投资，应当按照实际支付的购买价款作为初始投资成本，初始投资成本包括与取得长期股权投资直接相关的费用、税金及其他必要支出；以发行权益性证券取得的长期股权投资，应当按照发行权益性证券的公允价值作为初始投资成本；以非货币性资产交换或债务重组方式取得的长期股权投资，按照长期股权投资的公允价值确定，但在交易不具有商业实质或公允价值无法取得时，以投出资产账面价值以及支付的相关税费确定，取得投资直接相关费用计入投资成本。

在税务处理上，长期股权投资按企业发生的实际支出作为计税基础。以支付现金取得的长期股权投资，按实际支付的购买价款作为计税基础；通过支付现金以外的方式取得的长期股权投资，以该资产的公允价值和支付的相关税费作为计税基础。根据《企业所得税法实施条例》规定，企业以非货币性资产交换方式取得的非现金资产的计税基础，按照该项资产的公允价值加上应支付的相关税费确定。税法在确认长期股权投资计税基础时，考虑的是取得投资资产时付出对价的不同方式，而不考虑获取资产过程中投资方与被投资方的关系。

三、长期股权投资的后续计量会计处理与税收处理的差异

（一）成本法下长期股权投资的后续计量会计处理与税收处理的差异

在会计处理上，投资方能够对被投资单位实施控制的长期股权投资应当采用成本法核算。采用成本法核算的长期股权投资应当按照初始投资成本计价。追加或收回投资应当调整长期股权投资的成本。被投资单位宣告分派的现金股利或利润，应当确认为当期投资收益。

在税务处理上，投资企业确认《企业所得税法》第六条规定的股息、红利等权益性投资收益，不限于被投资单位接受投资后产生的累积净利润的分配额，所获得的利润或现金股利超过上述数额的部分不作为初始投资成本的收回。也就是说，被投资单位宣告分派的现金股利或利润，不论是投资前产生的，还是投资后产生的，从被投资方的累计净利润（包括累计未分配利润和盈余公积）中取得的任何分配支付额，都应当确认为当期股息、红利等权益性投资收益。股息、红利等权益性投资收益应当以被投资方作出利润分配决策的时间确认收入的实现。企业对外投资期间，除追加或收回投资应当调整长期股权投资的计税基础外，长期股权投资的计税基础保持不变。

（二）权益法下长期股权投资的后续计量会计处理与税收处理的差异

1. 在会计处理上，投资企业对被投资单位具有共同控制或重大影响的长期股权投资，被投资单位为其合营企业或其联营企业的，应当采用权益法核算。

（1）长期股权投资的初始投资成本大于投资时应享有被投资单位可辨认净资产公允价值份额的，不调整长期股权投资的初始投资成本；长期股权投资的初始投资成本小于投资时应享有被投资单位可辨认净资产公允价值份额的，其差额应当计入当期损益，同时调整长期股权投资的成本。

（2）投资方取得长期股权投资后，应当按照应享有或应分担的被投资单位实现的净损益和其他综合收益的份额，分别确认投资收益和其他综合收益，同时调整长期股权投资的账面价值；投资方按照被投资单位宣告分派的利润或现金股利计算应享有的部分，相应减少长期股权投资的账面价值；投资方对于被投资单位除净损益、其他综合收益和利润分配以外所有者权益的其他变动，应当调整长期股权投资的账面价值并计入所有者权益。投资方在确认应享有被投资单位净损益的份额时，应当以取得投资时被投资单位可辨认净资产的公允价值为基础，对被投资单位的净利润进行调整后确认。被投资单位采用的会计政策及会计期间与投资方不一致的，

应当按照投资方的会计政策及会计期间对被投资单位的财务报表进行调整，并据以确认投资收益和其他综合收益等。

（3）投资方确认被投资单位发生的净亏损，应当以长期股权投资的账面价值以及其他实质上构成对被投资单位净投资的长期权益减记至零为限，投资方负有承担额外损失义务的除外。被投资单位以后实现净利润的，投资方在其收益分享额弥补未确认的亏损分担额后，恢复确认收益分享额。

（4）投资方计算确认应享有或应分担被投资单位的净损益时，与联营企业、合营企业之间发生的未实现内部交易损益按照应享有的比例计算归属于投资方的部分，应当予以抵销，在此基础上确认投资收益。投资方与被投资单位发生的未实现内部交易损失，属于资产减值损失的，应当全额确认。

（5）投资方因追加投资等原因能够对被投资单位施加重大影响或实施共同控制但不构成控制的，原持有的股权投资的公允价值加上新增投资成本之和，作为改按权益法核算的初始投资成本。投资方因追加投资等原因能够对非同一控制下的被投资单位实施控制的，在编制个别财务报表时，应当按照原持有的股权投资账面价值加上新增投资成本之和，作为改按成本法核算的初始投资成本。

2. 在税务处理上，具体处理如下：

（1）长期股权投资的初始投资成本无论大于，还是小于投资时应享有被投资单位可辨认净资产公允价值份额的，都不调整长期股权投资的计税基础。长期股权投资的初始投资成本小于投资时应享有被投资单位可辨认净资产公允价值份额的，其差额也不应当计入当期损益。会计上计入当期损益的，在计算应纳税所得额时应进行纳税调整。

（2）投资企业取得长期股权投资后，已按照应享有或应分担的被投资单位实现的净损益的份额，确认投资损益并调整长期股权投资的账面价值的，在计算应纳税所得额时应进行纳税调整。投资企业按照被投资单位宣告分派的利润或现金股利计算应分得的部分，不应减少长期股权投资的计税基础。

（3）投资企业不能确认被投资单位发生的净亏损，被投资单位发生的净亏损只能由被投资单位以后年度的所得弥补。《企业所得税法》第十八条规定，企业纳税年度发生的亏损，可以向以后年度结转，用以后年度的所得弥补，但结转年限最长不得超过五年。企业对外投资期间，长期股权投资的计税基础保持不变。投资企业确认了被投资单位发生的净亏损的，应按照税法规定进行纳税调整。

（4）投资企业从被投资方的累计净利润（包括累计未分配利润和盈余公积）中取得的任何分配支付额，在被投资单位宣告分派现金股利或利润时，应当确认为当期股息、红利等权益性投资收益。股息、红利等权益性投资收益应当以被投资方作出利润分配决策的时间确认收入的实现。投资企业按照权益法调整长期股权投资的账面价值和投资损益，应按照税法规定进行纳税调整。

（5）《企业所得税法》第二十六条规定，符合条件的居民企业之间的股息、红利收入，在中国境内设立机构、场所的非居民企业从居民企业取得与该机构、场所有实际联系的股息、红利收入，为免税收入，不计入企业应纳税所得额征税。

四、处置长期股权投资会计处理与税务处理的差异

在会计处理上，处置长期股权投资，其账面价值与实际取得价款之间的差额，应当计入当期损益。采用权益法核算的长期股权投资，在处置该项投资时，采用与被投资单位直接处置相关资产或负债相同的基础，按相应比例对原计入其他综合收益的部分进行会计处理。

投资方因处置部分股权投资等原因丧失了对被投资单位的共同控制或重大影响的，处置后的剩余股权应当改按《企业会计准则第22号——金融工具确认和计量》核算，其在丧失共同控制或重大影响之日的公允价值与账面价值之间的差额计入当期损益。原股权投资因采用权益法核算而确认的其他综合收益，应当在终止采用权益法核算时采用与被投资单位直接处置相关资产或负债相同的基础进行会计处理。

投资方因处置部分权益性投资等原因丧失了对被投资单位的控制的，在编制个别财务报表时，处置后的剩余股权能够对被投资单位实施共同控制或施加重大影响的，应当改按权益法核算，并对该剩余股权视同自取得时即采用权益法核算进行调整；处置后的剩余股权不能对被投资单位实施共同控制或施加重大影响的，应当改按《企业会计准则第22号——金融工具确认和计量》的有关规定进行会计处理，其在丧失控制之日的公允价值与账面价值间的差额计入当期损益。

在税务处理上，企业处置长期股权投资，属于《企业所得税法》第六条规定的转让财产收入。按照《企业所得税法》第十四条规定，企业对外投资期间，投资资产的成本在计算应纳税所得额时不得扣除。第十六条规定，企业转让资产，该项资产的净值和转让费用，可以在计算应纳税所得额时扣除。企业处置股权根据处置方式不同，分别确认应税所得：

第一，股权转让收入，应于转让协议生效，且完成股权变更手续时，确认收入的实现。股权转让收入扣除为取得该股权所发生的成本后，为股权转让所得。企业在计算股权转让所得时，不得扣除被投资企业未分配利润等股东留存收益中该项股权所可能分配的金额。

第二，投资企业从被投资企业撤回或减少投资，其取得的资产中，相当于初始投资的部分，应确认为投资收回；相当于被投资企业累计未分配利润和累计盈余公积减少实收资本比例计算的部分，应确认股息所得；其余部分应确认为投资资产转让所得。

第三，被清算企业的股东分得的剩余资产的金额，其中相当于被清算投资企业累计未分配利润和累计盈余公积中按该股东所占股份比例计算的部分，应确认为股息所得；剩余资产减除股息所得后的余额，超过或低于股东投资成本的部分，应确认为股东的投资转让所得或损失。

五、长期股权投资损失确认会计处理和税务处理的差异

在会计处理上，投资方应当关注长期股权投资的账面价值是否大于享有被投资单位所有者权益账面价值的份额等类似情况。出现类似情况时，投资方应当按照《企业会计准则第 8 号——资产减值》对长期股权投资进行减值测试，可收回金额低于长期股权投资账面价值的，应当计提减值准备。

在税务处理上，必须按照税法的规定进行确认，才允许在税前扣除。企业股权投资损失应依据以下相关证据材料确认：股权投资计税基础证明材料；被投资企业破产公告、破产清偿文件；工商行政管理部门注销、吊销被投资单位营业执照文件；政府有关部门对被投资单位的行政处理决定文件；被投资企业终止经营、停止交易的法律或其他证明文件；被投资企业资产处置方案、成交及入账材料；企业法定代表人、主要负责人和财务负责人签章证实有关投资（权益）性损失的书面申明；会计核算资料等其他相关证据材料。被投资企业依法宣告破产、关闭、解散或撤销、吊销营业执照、停止生产经营活动、失踪等，应出具资产清偿证明或者遗产清偿证明。上述事项超过三年以上且未能完成清算的，应出具被投资企业破产、关闭、解散或撤销、吊销等的证明以及不能清算的原因说明。

第五节　投资性房地产会计处理与税务处理的差异

一、基本概念比较

《企业会计准则第 3 号——投资性房地产》，是为了规范投资性房地产的确认、

计量和相关信息的披露。会计准则所定义的投资性房地产，是指为赚取租金或资本增值，或两者兼有而持有的房地产。投资性房地产应当能够单独计量和出售。投资性房地产包括已出租的土地使用权、持有并准备增值后转让的土地使用权、已出租的建筑物。自用房地产，即为生产商品、提供劳务或者经营管理而持有的房地产，作为存货的房地产，不属于投资性房地产。

在投资性房地产方面，税法规定与会计准则规定差异较大。《企业所得税法》中没有专门规定投资性房地产的概念。从税法上区分，投资性房地产可以区分为房屋、建筑物和土地使用权，其中：房屋、建筑物归入固定资产，在计算应纳税所得额时，按照《企业所得税法》第十一条规定计算固定资产折旧并扣除；土地使用权应归入无形资产，在计算应纳税所得额时，按照《企业所得税法》第十二条的规定计算无形资产摊销费用并扣除。

二、投资性房地产的确认、初始计量与计税基础

（一）投资性房地产确认和扣除的差异

在会计处理上，投资性房地产同时满足下列条件的，才能予以确认：与该投资性房地产有关的经济利益很可能流入企业；该投资性房地产的成本能够可靠地计量。

在税务处理上，按会计准则确认的投资性房地产，区分房屋、建筑物和土地使用权分别处理：

第一，经会计处理确认为投资性房地产的房屋、建筑物，按照《企业所得税法》第十一条的规定，如已足额提取折旧仍继续使用的房屋、建筑物，不再确认为固定资产，不得计算折旧扣除。已出租的房屋、建筑物，即以经营租赁方式出租的房屋、建筑物，可以确认为固定资产并计算摊销费用扣除。

第二，经会计处理确认为投资性房地产的土地使用权，按照《企业所得税法》第十二条的规定，与经营活动无关的无形资产不得计算摊销费用扣除。已出租的土地使用权，即以经营租赁方式出租的土地使用权，可以确认为无形资产并计算摊销费用扣除。持有并准备增值后转让的土地使用权，即企业取得的、准备增值后转让的土地使用权，目前没有用于经营活动的，不能确认为无形资产，不得计算摊销费用扣除；该土地使用权在转让时，可按照《企业所得税法》第十六条的规定，按其计税基础扣除。

（二）投资性房地产的初始计量与计税基础

在会计处理上，投资性房地产应当按照成本进行初始计量。外购投资性房地产

的成本，包括购买价款、相关税费和可直接归属于该资产的其他支出；自行建造投资性房地产的成本，由建造该项资产达到预定可使用状态前所发生的必要支出构成；以其他方式取得的投资性房地产的成本，按照相关会计准则的规定确定。与投资性房地产有关的后续支出，满足规定的确认条件的，应当计入投资性房地产成本；不满足规定的确认条件的，应当在发生时计入当期损益。

在税务处理上，投资性房地产以历史成本为计税基础。所谓历史成本，是指企业取得该项资产时实际发生的支出。企业持有投资性房地产期间产生资产增值或损失，除税收规定可以确认损益的外，不得调整有关资产的计税基础。企业区分房屋、建筑物和土地使用权按照下列原则确定投资性房地产的计税基础：

第一，房屋、建筑物的计税基础。根据《企业所得税法实施条例》第五十八条规定，固定资产按照以下方法确定计税基础：外购的固定资产，以购买价款和支付的相关税费以及直接归属于使该资产达到预定用途发生的其他支出为计税基础；自行建造的固定资产，以竣工结算前发生的支出为计税基础；融资租入的固定资产，以租赁合同约定的付款总额和承租人在签订租赁合同过程中发生的相关费用为计税基础，租赁合同未约定付款总额的，以该资产的公允价值和承租人在签订租赁合同过程中发生的相关费用为计税基础；盘盈的固定资产，以同类固定资产的重置完全价值为计税基础；通过捐赠、投资、非货币性资产交换、债务重组等方式取得的固定资产，以该资产的公允价值和支付的相关税费为计税基础；改建的固定资产，除企业所得税法第十三条第（一）项和第（二）项规定的支出外，以改建过程中发生的改建支出增加计税基础。

第二，土地使用权的计税基础。外购的土地使用权，按购买价款、相关税费以及直接归属于使该项资产的其他支出作为计税基础；通过捐赠、投资、非货币性资产交换、债务重组取得的土地使用权，按该土地使用权的公允价值和应支付的相关税费作为计税基础。

三、投资性房地产的后续计量与纳税调整

（一）成本模式

在会计处理上，企业应当在资产负债表日采用成本模式对投资性房地产进行后续计量，但按准则规定采用公允价值模式的除外。采用成本模式计量的建筑物的后续计量，适用《企业会计准则第 4 号——固定资产》。采用成本模式计量的土地使用权的后续计量，适用《企业会计准则第 6 号——无形资产》。

在税务处理上，如果没有减值迹象，企业没有对投资性房地产计提减值准备，

采用成本模式的企业不需要对后续计量进行纳税调整；如果有减值迹象，企业对投资性房地产计提了减值准备，则需要按照《企业所得税法》第八条、第十条的规定，对后续计量进行纳税调整。

（二）公允价值模式

在会计处理上，有确凿证据表明投资性房地产的公允价值能够持续可靠取得的，可以对投资性房地产采用公允价值模式进行后续计量。采用公允价值模式计量的，应当同时满足下列条件：投资性房地产所在地有活跃的房地产交易市场；企业能够从房地产交易市场上取得同类或类似房地产的市场价格及其他相关信息，从而对投资性房地产的公允价值作出合理的估计。采用公允价值模式计量的，不对投资性房地产计提折旧或进行摊销，应当以资产负债表日投资性房地产的公允价值为基础调整其账面价值，公允价值与原账面价值之间的差额计入当期损益。

在税务处理上，企业采用公允价值模式对投资性房地产进行后续计量的，公允价值变动损益在计算应纳税所得额不予确认，应进行纳税调整；投资性房地产可以计提折旧或进行摊销扣除。

四、投资性房地产转换的差异

在会计处理上，企业有确凿证据表明房地产用途发生改变，满足下列条件之一的，应当将投资性房地产转换为其他资产或者将其他资产转换为投资性房地产：投资性房地产开始自用；作为存货的房地产，改为出租；自用土地使用权停止自用，用于赚取租金或资本增值；自用建筑物停止自用，改为出租。在成本模式下，应当将房地产转换前的账面价值作为转换后的入账价值。采用公允价值模式计量的投资性房地产转换为自用房地产时，应当以其转换当日的公允价值作为自用房地产的账面价值，公允价值与原账面价值的差额计入当期损益。自用房地产或存货转换为采用公允价值模式计量的投资性房地产时，投资性房地产按照转换当日的公允价值计价，转换当日的公允价值小于原账面价值的，其差额计入当期损益；转换当日的公允价值大于原账面价值的，其差额计入所有者权益。

在税务处理上，第一，企业将原采用成本计量模式计价的、没有计提减值准备的投资性房地产转换为一般性固定资产或无形资产时，持有并准备增值后转让的土地使用权改为自用的，土地使用权可以确认为无形资产，计算摊销费用扣除，其他方面基本一致。第二，企业将原采用成本计量模式计价的、已计提减值准备的投资性房地产转换为一般性固定资产或无形资产时，会计和企业所得税对资产的计价不一致，需要进行纳税调整。第三，企业将原采用公允价值模式计价的投资性房地产，转换为一般性固定资产或无形资产时，其计税基础维持不变，按会计处理的公允价值与原账面价值的差额计入当期损益的部分应进行纳税调整。第四，房地产开发企业将作为存货的房地产转换为投资性房地产时，无论采用成本计量模式还是采用公允价值计量模式，当期都要按视同销售确认收入，同时按开发产品的公允价值确认投资性房地产的计税基础。

五、投资性房地产的处置

在会计处理上，当投资性房地产被处置，或者永久退出使用且预计不能从其处置中取得经济利益时，应当终止确认该项投资性房地产。企业出售、转让、报废投资性房地产或者发生投资性房地产毁损，应当将处置收入扣除其账面价值和相关税费后的金额计入当期损益。

在税务处理上，企业处置投资性房地产时，按照《企业所得税法》第六条的规定，应当将出售、转让收入并入转让财产收入；同时，按照《企业所得税法》第十六条的规定，该项资产的净值和转让费用，可以在计算应纳税所得额时扣除。投资性房地产的报废、毁损，按照固定资产、无形资产的相关规定处理。

第六节　存货的会计处理与税务处理的差异

一、存货的范围与确认

存货，是指企业在日常活动中持有以备出售的产成品或商品、处在生产过程中的在产品、在生产过程或提供劳务过程中耗用的材料和物料等。《企业会计准则第1号——存货》着重解决了存货的确认和计量问题，《企业所得税法》着重解决存货的计税基础、扣除、纳税调整和损失的税务处理问题。

企业的存货通常包括：原材料、在产品、半成品、产成品、商品、周转材料等。存货同时满足下列条件的，才能予以确认：与该存货有关的经济利益很可能流入企业；该存货的成本能够可靠地计量。

根据《企业所得税法实施条例》第七十二条规定，企业所得税法第十五条所称存货，是指企业持有以备出售的产品或者商品、处在生产过程中的在产品、在生产或者提供劳务过程中耗用的材料和物料等。

存货的会计处理与税务处理上，存货的范围与确认基本上是一致的。但是，在实务中，部分企业对于一些符合固定资产概念的器具、用品，如果单位价值较低，会根据重要性要求，将其确认为低值易耗品，作为存货管理。

二、存货的初始计量与计税基础

在会计处理上，存货应当按照成本进行初始计量。存货成本包括采购成本、加工成本和其他成本。存货的采购成本，包括购买价款、相关税费、运输费、装卸费、保险费以及其他可归属于存货采购成本的费用。存货的加工成本，包括直接人工以及按照一定方法分配的制造费用。制造费用，是指企业为生产产品和提供劳务而发生的各项间接费用。企业应当根据制造费用的性质，合理地选择制造费用分配方法。在同一生产过程中，同时生产两种或两种以上的产品，并且每种产品的加工成本不能直接区分的，其加工成本应当按照合理的方法在各种产品之间进行分配。存货的其他成本，是指除采购成本、加工成本以外的，使存货达到目前场所和状态所发生的其他支出。投资者投入存货的成本，应当按照投资合同或协议约定的价值确定，但合同或协议约定价值不公允的除外。

在税务处理上，根据《企业所得税法实施条例》第七十二条规定，存货按照以下方法确定成本：（1）通过支付现金方式取得的存货，以购买价款和支付的相关税费为成本；（2）通过支付现金以外的方式取得的存货，以该存货的公允价值和支付的相关税费为成本；（3）生产性生物资产收获的农产品，以产出或者采收过程中发生的材料费、人工费和分摊的间接费用等必要支出为成本。

相较而言，存货成本与计税基础的确定一般情况下是一致的，可能存在税法与会计差异的情况如下：

第一，非货币性资产交换换入存货。非货币性资产交换业务中，如果交易活动不具有商业实质，或者交换的资产公允价值不能可靠计量，会计要求按照换出资产的账面价值作为换入资产的入账价值，不按照公允价值进行确认。税法不区分交换条件是否具有商业实质，所有非货币资产交换活动均按照同一标准处理，换入资产均按照公允价值确认计税基础，这种情况下，在确定换入存货的价值时存在会计与税法的差异。

第二，盘盈存货。会计要求按照重置成本作为入账价值，会计处理上冲减当期管理费用。税法要求以该存货的公允价值和支付的相关税费为计税基础，作为其他收入计入应税收入。

三、存货的后续计量与扣除

在会计处理上，企业应当采用先进先出法、加权平均法或者个别计价法确定发出存货的实际成本。对于性质和用途相似的存货，应当采用相同的成本计算方法确定发出存货的成本。对于不能替代使用的存货、为特定项目专门购入或制造的存货以及提供劳务的成本，通常采用个别计价法确定发出存货的成本。对于已售存货，应当将其成本结转为当期损益，相应的存货跌价准备也应当予以结转。

在税务处理上，《企业所得税法》第十五条规定，企业领用或者销售存货，按照规定计算的存货成本，可以在计算应纳税所得额时扣除。根据《企业所得税法实施条例》第七十三条规定，企业使用或者销售的存货的成本计算方法，可以在先进先出法、加权平均法、个别计价法中选用一种。计价方法一经选用，不得随意变更。

存货准则对存货发出计价方法取消了后进先出法，这既与国际会计准则趋同，也与税法的原理趋同。

四、存货的期末计量与纳税调整

在会计处理上，资产负债表日，存货应当按照成本与可变现净值孰低计量。存货成本高于其可变现净值的，应当计提存货跌价准备，计入当期损益。可变现净值，是指在日常活动中，存货的估计售价减去至完工时估计将要发生的成本、估计的销售费用以及相关税费后的金额。

企业确定存货的可变现净值，应当以取得的确凿证据为基础，并且考虑持有存货的目的、资产负债表日后事项的影响等因素。为生产而持有的材料等，用其生产的产成品的可变现净值高于成本的，该材料仍然应当按照成本计量；材料价格的下降表明产成品的可变现净值低于成本的，该材料应当按照可变现净值计量。

为执行销售合同或者劳务合同而持有的存货，其可变现净值应当以合同价格为基础计算。企业持有存货的数量多于销售合同订购数量的，超出部分的存货的可变现净值应当以一般销售价格为基础计算。

企业通常应当按照单个存货项目计提存货跌价准备。对于数量繁多、单价较低的存货，可以按照存货类别计提存货跌价准备。与在同一地区生产和销售的产品系列相关、具有相同或类似最终用途或目的，且难以与其他项目分开计量的存货，可以合并计提存货跌价准备。

资产负债表日，企业应当确定存货的可变现净值。以前减记存货价值的影响因素已经消失的，减记的金额应当予以恢复，并在原已计提的存货跌价准备金额内转回，转回的金额计入当期损益。

在税务处理上，企业所得税不考虑存货的可变现净值，存货成本高于其可变现净值情况下计提存货跌价准备，在计算应纳税所得额时，要进行纳税调整。存货跌价准备不允许在税前扣除，要做纳税调增处理。对企业在资产负债表日确定存货的可变现净值，以前减记存货价值的影响因素已经消失的，减记的金额应当予以恢复，并在原已计提的存货跌价准备金额内转回，转回的金额计入当期损益时，如果申报纳税时已调增应纳税所得额的，应允许企业作相反的纳税调整。

五、存货盘亏或毁损的会计处理与税务处理

在会计处理上，企业发生的存货毁损，应当将处置收入扣除账面价值和相关税费后的金额计入当期损益。存货的账面价值是存货成本扣减累计跌价准备后的金额。存货盘亏造成的损失，应当计入当期损益。

在税务处理上，企业存货发生的损失包括有关商品、产成品、半成品、在产品以及各类材料、燃料、包装物、低值易耗品等发生的盘亏、变质、淘汰、毁损、报废、被盗等造成的净损失。各项存货发生的正常损耗应在有关财产损失实际发生当期申报扣除。

根据《企业资产损失所得税税前扣除管理办法》（国家税务总局公告 2011 年第 25 号）规定，准予在企业所得税税前扣除的资产损失，是指企业在实际处置、转让资产过程中发生的合理损失，以及企业虽未实际处置、转让上述资产，但符合《财政部 国家税务总局关于企业资产损失税前扣除政策的通知》（财税〔2009〕57 号）和本办法规定条件计算确认的损失。企业向税务机关申报扣除资产损失，需填报企业所得税年度纳税申报表《资产损失税前扣除及纳税调整明细表》，相关资料由企业留存备查。存货盘亏损失，为其盘亏金额扣除责任人赔偿后的余额，应依据以下证据材料确认：存货计税成本确定依据；企业内部有关责任认定、责任人赔偿说明和内部核批文件；存货盘点表；存货保管人对于盘亏的情况说明。存货报废、毁损或变质损失，为其计税成本扣除残值及责任人赔偿后的余额，应依据以下证据材料确认：存货计税成本的确定依据；企业内部关于存货报废、毁损、变质、残值情况说明及核销资料；涉及责任人赔偿的，应当有赔偿情况说明；该项损失数额较大的（指占企业该类资产计税成本 10% 以上，或减少当年应纳税所得、增加亏损 10% 以上，下同），应有专业技术鉴定意见或法定资质中介机构出具的专项报告等。存货被盗损失，为其计税成本扣除保险理赔以及责任人赔偿后的余额，应依据以下

证据材料确认：存货计税成本的确定依据；向公安机关的报案记录；涉及责任人和保险公司赔偿的，应有赔偿情况说明等。

第七节 资产减值会计处理与税务处理的差异

一、资产减值及其认定

在会计处理上，资产减值是指资产的可收回金额低于其账面价值。其资产包括单项资产和资产组。资产组是指企业可以认定的最小资产组合，其产生的现金流入应当基本上独立于其他资产或者资产组产生的现金流入。企业应当在资产负债表日判断资产是否存在可能发生减值的迹象。因企业合并所形成的商誉和使用寿命不确定的无形资产，无论是否存在减值迹象，每年都应当进行减值测试。

存在下列迹象的，表明资产可能发生了减值：

（1）资产的市价当期大幅度下跌，其跌幅明显高于因时间的推移或者正常使用而预计的下跌。

（2）企业经营所处的经济、技术或者法律等环境以及资产所处的市场在当期或者将在近期发生重大变化，从而对企业产生不利影响。

（3）市场利率或者其他市场投资报酬率在当期已经提高，从而影响企业计算资产预计未来现金流量现值的折现率，导致资产可收回金额大幅度降低。

（4）有证据表明资产已经陈旧过时或者其实体已经损坏。

（5）资产已经或者将被闲置、终止使用或者计划提前处置。

（6）企业内部报告的证据表明资产的经济绩效已经低于或者将低于预期，如资产所创造的净现金流量或者实现的营业利润（或者亏损）远远低于（或者高于）预计金额等。

（7）其他表明资产可能已经发生减值的迹象。

在税务处理上，根据《企业所得税法》第八条规定，企业实际发生的与取得收入有关的、合理的支出，包括成本、费用、税金、损失和其他支出，可以在计算应纳税所得额时扣除。根据《企业所得税法实施条例》第五十六条规定，企业的各项资产，包括固定资产、生物资产、无形资产、长期待摊费用、投资资产、存货等，以历史成本为计税基础。前款所称历史成本，是指企业取得该项资产时实际发生的支出。企业持有各项资产期间资产增值或者减值，除国务院财政、税务主管部门规定可以确认损益外，不得调整该资产的计税基础。在资产可能已经发生了减值的迹象，而没有实际发生资产的损失时，在税收上不认定为资产的减值，不允许在计算应纳税所得额时扣除；只有资产实际发生了损失时，符合税法规定条件的，在税收上经批准才可以认定为损失，允许在计算应纳税所得额时扣除。企业所得税法不采用资产组的概念。

二、资产可收回金额的计量

在会计处理上，资产存在减值迹象的，应当估计其可收回金额。可收回金额应当根据资产的公允价值减去处置费用后的净额与资产预计未来现金流量的现值两者之间较高者确定。处置费用包括与资产处置有关的法律费用、相关税费、搬运费以及为使资产达到可销售状态所发生的直接费用等。资产的公允价值减去处置费用后的净额，应当根据公平交易中销售协议价格减去可直接归属于该资产处置费用的金额确定。不存在销售协议但存在资产活跃市场的，应当按照该资产的市场价格减去处置费用后的金额确定。资产的市场价格通常应当根据资产的买方出价确定。在不存在销售协议和资产活跃市场的情况下，应当以可获取的最佳信息为基础，估计资产的公允价值减去处置费用后的净额，该净额可以参考同行业类似资产的最近交易价格或者结果进行估计。企业按照上述规定仍然无法可靠估计资产的公允价值减去处置费用后的净额的，应当以该资产预计未来现金流量的现值作为其可收回金额。

在税务处理上，根据《企业所得税法》第六条规定，企业以货币形式和非货币形式从各种来源取得的收入，为收入总额，包括转让财产收入；第十六条规定，企业转让资产，该项资产的净值和转让费用，可以在计算应纳税所得额时扣除。所以，资产的可收回金额的计量，是以转让财产时的实际收回金额计量的。

三、资产减值损失的确定和纳税调整

在会计处理上，可收回金额的计量结果表明资产的可收回金额低于其账面价值的，应当将资产的账面价值减记至可收回金额，减记的金额确认为资产减值损失，计入当期损益，同时计提相应的资产减值准备。资产减值损失确认后，减值资产的折旧或者摊销费用应当在未来期间作相应调整，以使该资产在剩余使用寿命内，系统地分摊调整后的资产账面价值（扣除预计净残值）。资产减值损失一经确认，在以后会计期间不得转回。

在税务处理上，根据《企业所得税法》第十条第（七）项规定，在计算应纳税所得额时，未经核定的准备金支出，不得扣除。企业按照资产减值准则的规定计提的固定资产减值准备、在建工程减值准备、投资性房地产减值准备、无形资产减值准备、商誉减值准备、长期股权投资减值准备、生产性生物资产减值准备等，应进行纳税调整，不能计入当期损益，不得在企业所得税前扣除，应调整为当期应纳税所得额。企业已提取减值准备的资产，如果申报纳税时已调增应纳税所得额，可按提取减值准备前的计税基础确定可扣除的折旧额或摊销额。如果已计提减值准备的各项资产因资产处置、出售、对外投资、以非货币性资产方式换出、在债务重组中抵偿债务时，转回的各项资产减值准备，按照会计准则的规定应计入当期损益，并增加企业的利润总额；按照税法规定，企业已提取减值准备的资产，如果在纳税申报时已调增应纳税所得额，转回的减值准备应允许企业进行纳税调整，即原计提减值准备时已调增应纳税所得额的部分，在转回时，因价值恢复而增加当期利润总额的金额，不计入恢复当期的应纳税所得额。

四、商誉减值的处理

在会计处理上，企业合并所形成的商誉，至少应当在每年年度终了进行减值测试。商誉应当结合与其相关的资产组或者资产组组合进行减值测试。企业进行资产减值测试，对于因企业合并形成的商誉的账面价值，应当自购买日起按照合理的方法分摊至相关的资产组；难以分摊至相关的资产组的，应当将其分摊至相关的资产组组合。在对包含商誉的相关资产组或者资产组组合进行减值测试时，如与商誉相关的资产组或者资产组组合存在减值迹象的，应当先对不包含商誉的资产组或者资产组组合进行减值测试，计算可收回金额，并与相关账面价值相比较，确认相应的减值损失。再对包含商誉的资产组或者资产组组合进行减值测试，比较这些相关资产组或者资产组组合的账面价值（包括所分摊的商誉的账面价值部分）与其可收回金额，如相关资产组或者资产组组合的可收回金额低于其账面价值的，应当确认商誉的减值损失。

在税务处理上，根据《企业所得税法》第十二条规定，在计算应纳税所得额时，企业按照规定计算的无形资产摊销费用，准予扣除；但自创商誉不允许扣除。商誉在税法上是作为无形资产处理的，根据《企业所得税法实施条例》第六十七条第三款的规定，外购商誉的支出，在企业整体转让或清算时，准予扣除。平时，商誉的计税基础不得调整；商誉不用结合与其相关的资产组或者资产组组合进行减值测试；企业按照资产减值准则确认的商誉减值损失应进行纳税调整，不能计入当期损益，不得在企业所得税前扣除。

第八节 长期待摊费用会计处理与税务处理的差异

一、长期待摊费用的确认

在会计处理上，长期待摊费用核算企业已经发生但应由本期和以后各期负担的分摊期限在1年以上的各项费用，如以经营租赁方式租入的固定资产发生的改良支出等。企业发生的长期待摊费用，借记“长期待摊费用”科目，贷记“银行存款”“原材料”等科目。摊销长期待摊费用，借记“管理费用”“销售费用”等科目，贷记“长期待摊费用”科目。“长期待摊费用”科目期末借方余额，反映企业尚未摊销完毕的长期待摊费用。

在税务处理上，长期待摊费用是指企业已经支出，但摊销期限在1年以上（不含1年）的各项费用。长期待摊费用尽管是一次性支出的，但与支出对应的受益期间较长，按照收入支出的配比原则，应该将该费用支出，在企业的受益期间内平均摊销。税法上也不可能以牺牲国家税收利益为代价，允许企业将跨越一个以上纳税年度的费用支出一次性税前扣除。

《企业所得税法》第十三条规定，企业发生的下列支出，作为长期待摊费用，按照规定在计算应纳税所得额时扣除：一是已足额提取折旧的固定资产的改建支出；二是租入固定资产的改建支出；三是固定资产的大修理支出；四是其他应当作为长期待摊费用的支出。

以上第一、二项所称固定资产的改建支出，是指改变房屋或者建筑物结构、延长使用年限等发生的支出。

二、长期待摊费用的摊销

（一）已足额提取折旧的固定资产的改建支出

对于已足额提取折旧的固定资产来说，账面净值仅剩下净残值，也就是说，该项固定资产的可利用价值已全部转移。这以后发生的固定改建支出，即使是符合固定资产改扩建支出的基本条件，也不能将其计入固定资产的成本，因为此时固定资产的价值形式已经消失，后续支出已失去了可以附着的载体。所以，应将其作为长期待摊费用，在固定资产预计尚可使用年限内平均摊销。

（二）租入固定资产的改建支出

租入固定资产，按租赁方式的不同，可分为以经营租赁方式租入固定资产和以融资租赁方式租入固定资产。以经营租赁方式租入的固定资产，与该资产相关的风险和报酬并没有转移给承租方，因而资产的所有权仍属于出租房，承租方只在协议规定的期限内拥有对该资产的使用权。因而对以经营租赁方式租入的固定资产发生的符合税法规定的改建支出，不能计入固定资产成本，只能计入长期待摊费用，在合同约定的剩余租赁期限内平均摊销。以融资租赁方式租入的固定资产，由于出租方实质上已将与该项资产所有权有关的全部风险和报酬转移给承租方，而只保留为了控制承租人偿还租金的风险而采取的一种形式所有权，因而承租方实质上拥有了该资产的所有权，而不仅是租赁期限内的使用权，因而对以融资租赁方式租入的固定资产发生的符合税法规定的改建支出，应该计入融资租入固定资产的成本，在该资产的剩余使用年限内，以计提折旧的方式税前扣除。

（三）固定资产的大修理支出

税法所称固定资产的大修理支出，是指同时符合下列条件的支出：一是修理支出达到取得固定资产时的计税基础50%以上；二是修理后固定资产的使用寿命延长2年以上。按照固定资产尚可使用年限分期摊销。

房屋、建筑物固定资产改扩建的税务处理。企业对房屋、建筑物固定资产在未足额提取折旧前进行改扩建的，如属于推倒重置的，该资产原值减除提取折旧后的净值，应并入重置后的固定资产计税成本，并在该固定资产投入使用后的次月起，按照税法规定的折旧年限，一并计提折旧；如属于提升功能、增加面积的，该固定资产的改扩建支出，并入该固定资产计税基础，并从改扩建完工投入使用后的次月起，重新按税法规定的该固定资产折旧年限计提折旧，如该改扩建后的固定资产尚可使用的年限低于税法规定的最低年限的，可以按尚可使用的年限计提折旧。

（四）其他应当作为长期待摊费用的支出

税法实施条例规定，税法所称其他应当作为长期待摊费用的支出，从支出发生月份的次月起，分期摊销，摊销年限不得低于3年。《税法》第十三条列明了三项应该作为长期待摊费用核算的支出，并规定了一项垫底的其他应当作为长期待摊费用的支出，国务院财政、税务主管部门可根据实际情况另行规定。实施条例对前三项长期待摊费用项目给出了具体的税务处理规定，因此，也应该对其他应当作为长期待摊费用的支出作出一个原则性的一般规定，为以后财税部门制定规章留出依据。

第五章　企业重组

第一节　企业合并会计处理与税务处理的差异

一、企业合并的定义

根据会计准则规定，企业合并是指将两个或者两个以上单独的企业合并形成一个报告主体的交易或事项。企业合并分为同一控制下的企业合并和非同一控制下的企业合并。涉及业务的合并比照企业合并准则规定处理。企业合并准则不涉及下列企业合并：两方或者两方以上形成合营企业的企业合并；仅通过合同而不是所有权份额将两个或者两个以上单独的企业合并形成一个报告主体的企业合并。

企业合并的方式包括：控股合并，是指合并方（或购买方）在企业合并中取得对被合并方（或被购买方）的控制权，被合并方（或被购买方）在合并后仍保持其独立的法人资格并继续经营，合并方（或购买方）确认企业合并形成的对被合并方（或被购买方）的投资。吸收合并，是指合并方（或购买方）通过企业合并取得被合并方（或被购买方）的全部净资产，合并后注销被合并方（或被购买方）的法人资格，被合并方（或被购买方）原持有的资产、负债，在合并后成为合并方（或购买方）的资产、负债。新设合并，是指参与合并的各方在合并后法人资格均被注销，重新注册成立一家新的企业。

在企业所得税中，企业合并是指一家或多家企业（以下称为被合并企业）将其全部资产和负债转让给另一家现存或新设企业（以下称为合并企业），被合并企业股东换取合并企业的股权或非股权支付，实现两个或两个以上企业的依法合并。

二、企业合并的类型

在会计处理上，企业合并准则中将企业合并按照一定的标准划分为两大基本类型——同一控制下的企业合并与非同一控制下的企业合并。企业合并的类型划分不同，所遵循的会计处理原则也不同。

（一）同一控制下的企业合并

同一控制下的企业合并，是指参与合并的企业在合并前后均受同一方或相同的多方最终控制且该控制并非暂时性的。同一控制下的企业合并，在合并日取得对其他参与合并企业控制权的一方为合并方，参与合并的其他企业为被合并方。合并日，是指合并方实际取得对被合并方控制权的日期。判断某一企业合并是否属于同一控制下的企业合并，应注意以下几个方面：

第一，能够对参与合并各方在合并前后均实施最终控制的一方通常指企业集团的母公司。同一控制下的企业合并一般发生于企业集团内部，如集团内母子公司之间、子公司与子公司之间等。因为该类合并从本质上是集团内部企业之间的资产或权益的转移，一般不涉及自集团外购入子公司或是向集团外其他企业出售子公司的情况，能够对参与合并企业在合并前后均实施最终控制的一方为集团的母公司。

第二，能够对参与合并的企业在合并前后均实施最终控制的相同多方，主要是指根据投资者之间的协议约定，为了扩大其中某一投资者对被投资单位的表决权比例，或者巩固某一投资者对被投资单位的控制地位，在对被投资单位的生产经营决策行使表决权时采用相同意思表示的两个或两个以上的法人或其他组织等。

第三，实施控制的时间性要求，是指参与合并各方在合并前后较长时间内为最终控制方所控制。具体是指在企业合并之前（即合并日之前），参与合并各方在最终控制方的控制时间一般在 1 年以上（含 1 年），企业合并后所形成的报告主体在最终控制方的控制时间也应达到 1 年以上（含 1 年）。

企业之间的合并是否属于同一控制下的企业合并，应综合构成企业合并交易的各方面情况，按照实质重于形式的原则进行判断。通常情况下，同一控制下的企业合并是指发生在同一企业集团内部企业之间的合并。除此之外，一般不作为同一控制下的企业合并。同受国家控制的企业之间发生的合并，不应仅因为参与合并各方在合并前后均受国家控制而将其作为同一控制下的企业合并。

实务中出现的如母公司将其持有的对某子公司的控股权用于交换另一子公司增加发行的股份、集团内某子公司自另一子公司处取得对某一孙公司的控制权等，原则上应作为同一控制下的企业合并。

（二）非同一控制下的企业合并

非同一控制下的企业合并，是指参与合并各方在合并前后不受同一方或相同的多方最终控制的合并交易，即除判断属于同一控制下企业合并的情况以外其他的企业合并。非同一控制下的企业合并，在购买日取得对其他参与合并企业控制权的一方为购买方，参与合并的其他企业为被购买方。购买日，是指购买方实际取得对被购买方控制权的日期。

另外，除了一个企业对另一个或多个企业的合并以外，一个企业对其他企业某项业务的合并也视同企业合并，按照企业合并的原则处理。业务是指企业内部某些生产经营活动或资产、负债的组合，该组合具有投入、加工处理过程和产出能力，能够独立计算其成本费用或所产生的收入，但不构成一个企业、不具有独立的法人资格。

有关资产、负债的组合要形成一项业务，通常应具备的要素包括：第一，投入，指原材料、人工、必要的生产技术等无形资产以及构成生产能力的机器设备等其他长期资产的投入；第二，加工处理过程，指具有一定的管理能力、运营过程，能够组织投入形成产出；第三，产出，最为典型的是生产出产成品，也可以是通过为其他部门提供服务来降低企业整体的运行成本等带来经济利益的方式。

有关资产或资产、负债的组合是否构成一项业务，应结合所取得资产、负债的内在联系及是否构成独立的投入、加工处理过程等进行综合判断。实务中出现的如一个企业对另一个企业某条具有独立生产能力的生产线的合并、一保险公司对另一保险公司寿险业务的合并等，一般构成业务合并。

在税务处理上，根据《企业所得税法实施条例》第七十五条规定，除国务院财政、税务主管部门另有规定外，企业在重组过程中，应当在交易发生时确认有关资产的转让所得或者损失，相关资产应当按照交易价格重新确定计税基础。企业合并区分不同条件，分别适用一般性税务处理规定和特殊性税务处理规定。根据一般性税务处理规定，企业在交易发生时确认有关资产的转让所得或者损失，相关资产应当按照公允价格重新确定计税基础；根据特殊性税务处理规定，是指符合一定条件要求的企业，在交易发生时，暂不确认有关资产的转让所得或者损失，相关资产仍然按照原计税基础进行税务处理。

会计上将一个企业对其他企业某项业务的合并也视同企业合并，按照企业合并的原则进行处理的，不符合企业所得税纳税人和应纳税所得额计算的规定，不将其作为企业所得税的企业合并处理。

三、企业合并会计处理原则与税务处理原则的差异

（一）同一控制下企业合并的会计处理原则

同一控制下的企业合并，是将企业合并看作是两个或多个参与合并企业权益的重新整合，由于最终控制方的存在，从最终控制方的角度，该类企业合并一定程度上并不会造成构成企业集团整体的经济利益流入和流出，最终控制方在合并前后实际控制的经济资源并没有发生变化，有关交易事项不作为出售或购买。对于同一控制下的企业合并，在合并中不涉及自少数股东手中购买股权的情况下，合并方应遵循以下原则进行相关的处理：

第一，合并方在合并中确认取得的被合并方的资产、负债仅限于被合并方账面上原已确认的资产和负债，合并中不产生新的资产和负债。同一控制下的企业合并，从最终控制方的角度，其在企业合并发生前后能够控制的净资产价值量并没有发生变化，因此即便是在合并过程中，取得的净资产入账价值与支付的合并对价账面价值之间存在差额，同一控制下的企业合并中一般也不产生新的商誉因素，即不确认新的资产，但被合并方在企业合并前账面上原已确认的商誉应作为合并中取得的资产确认。

第二，合并方在合并中取得的被合并方各项资产、负债应维持其在被合并方的原账面价值不变。被合并方在企业合并前采用的会计政策与合并方不一致的，应基于重要性原则，首先统一会计政策，即合并方应当按照本企业会计政策对被合并方资产、负债的账面价值进行调整，并以调整后的账面价值作为有关资产、负债的入账价值。进行上述调整的一个基本原因是将该项合并中涉及的合并方及被合并方作为一个整体对待，对于一个完整的会计主体，其对相关交易、事项应当采用相对统一的会计政策，在此基础上反映其财务状况和经营成果。

第三，合并方在合并中取得的净资产的入账价值相对于为进行企业合并支付的对价账面价值之间的差额，不作为资产的处置损益，不影响企业合并当期的利润表，有关差额应调整所有者权益相关项目。同一控制下的企业合并，本质上不作为购买，而是两个或多个会计主体权益的整合。合并方在企业合并中取得的价值量相对于所放弃价值量之间存在差额的，应当调整所有者权益。在根据合并差额调整合并方的所有者权益时，应首先调整资本公积（资本溢价或股本溢价），资本公积（资本溢价或股本溢价）的余额不足冲减的，应冲减留存收益。

第四，合并方为进行企业合并发生的各项直接相关费用，包括为进行企业合并而支付的审计费用、评估费用、法律服务费用等，应当于发生时计入当期损益。为

企业合并发行的债券或承担其他债务支付的手续费、佣金等，应当计入所发行债券及其他债务的初始计量金额。企业合并中发行权益性证券发生的手续费、佣金等费用，应当抵减权益性证券溢价收入，溢价收入不足冲减的，冲减留存收益。

第五，对于同一控制下的控股合并，应视同合并后形成的报告主体自最终控制方开始实施控制时一直是一体化存续下来的，体现在其合并财务报表上，即由合并后形成的母子公司构成的报告主体，无论是其资产规模还是其经营成果都应持续计算。

编制合并财务报表时，无论该项合并发生在报告期的哪一时点，合并利润表、合并现金流量表均反映的是由母子公司构成的报告主体自合并当期期初至合并日实现的损益及现金流量情况，相对应的，合并资产负债表的留存收益项目，应当反映母子公司如果一直作为一个整体运行至合并日应实现的盈余公积和未分配利润的情况。

对于同一控制下的控股合并，在合并当期编制合并财务报表时，应当对合并资产负债表的期初数进行调整，同时应当对比较报表的相关项目进行调整，视同合并后的报告主体在以前期间一直存在。

（二）非同一控制下企业合并的会计处理原则

非同一控制下的企业合并，是参与合并的一方购买另一方或多方的交易，基本处理原则是购买法。

第一，购买方应当区别下列情况确定合并成本：一次交换交易实现的企业合并，合并成本为购买方在购买日为取得对被购买方的控制权而付出的资产、发生或承担的负债以及发行的权益性证券的公允价值。通过多次交换交易分步实现的企业合并，合并成本为每一单项交易成本之和。购买方为进行企业合并发生的各项直接相关费用也应当计入企业合并成本。在合并合同或协议中对可能影响合并成本的未来事项作出约定的，购买日如果估计未来事项很可能发生并且对合并成本的影响金额能够可靠计量的，购买方应当将其计入合并成本。

第二，购买方在购买日对作为企业合并对价付出的资产、发生或承担的负债应当按照公允价值计量，公允价值与其账面价值的差额，计入当期损益。

第三，购买方在购买日应当对合并成本进行分配，按照企业合并准则的规定确认所取得的被购买方各项可辨认资产、负债及或有负债。购买方对合并成本大于合并中取得的被购买方可辨认净资产公允价值份额的差额，应当确认为商誉。初始确认后的商誉，应当以其成本扣除累计减值准备后的金额计量。商誉的减值应当按照资产减值准则处理。购买方对合并成本小于合并中取得的被购买方可辨认净资产公允价值份额的差额，应当按照下列规定处理：对取得的被购买方各项可辨认资产、负债及或有负债的公允价值以及合并成本的计量进行复核；经复核后合并成本仍小于合并中取得的被购买方可辨认净资产公允价值份额的，其差额应当计入当期损益。

第四，被购买方可辨认净资产公允价值，是指合并中取得的被购买方可辨认资产的公允价值减去负债及或有负债公允价值后的余额。被购买方各项可辨认资产、负债及或有负债，符合下列条件的，应当单独予以确认：合并中取得的被购买方除无形资产以外的其他各项资产（不仅限于被购买方原已确认的资产），其所带来的经济利益很可能流入企业且公允价值能够可靠地计量的，应当单独予以确认并按照公允价值计量。合并中取得的无形资产，其公允价值能够可靠地计量的，应当单独确认为无形资产并按照公允价值计量。合并中取得的被购买方除或有负债以外的其他各项负债，履行有关的义务很可能导致经济利益流出企业且公允价值能够可靠地计量的，应当单独予以确认并按照公允价值计量。合并中取得的被购买方或有负债，其公允价值能够可靠地计量的，应当单独确认为负债并按照公允价值计量。或有负债在初始确认后，应当按照或有事项准则应予确认的金额与初始确认金额减去按照收入准则的原则确认的累计摊销额后的余额两者孰高进行后续计量。

第五，企业合并形成母子公司关系的，母公司应当设置备查簿，记录企业合并中取得的子公司各项可辨认资产、负债及或有负债等在购买日的公允价值。编制合并财务报表时，应当以购买日确定的各项可辨认资产、负债及或有负债的公允价值为基础对子公司的财务报表进行调整。

第六，企业合并发生当期的期末，因合并中取得的各项可辨认资产、负债及或有负债的公允价值或企业合并成本只能暂时确定的，购买方应当以所确定的暂时价值为基础对企业合并进行确认和计量。购买日后 12 个月内对确认的暂时价值进行调整的，视为在购买日确认和计量。

第七，企业合并形成母子公司关系的，母公司应当编制购买日的合并资产负债表，因企业合并取得的被购买方各项可辨认资产、负债及或有负债应当以公允价值列示。母公司的合并成本与取得的子公司可辨认净资产公允价值份额的差额，以按照合并准则规定处理的结果列示。

（三）企业合并的税务处理原则

在税务处理上，不区分同一控制下的企业合并与非同一控制下的企业合并对计税基础分别规定。但同一控制下的企业合并属于关联方之间的业务往来，按照《企业所得税法》第四十一条规定，企业与其关联方之间的业务往来，不符合独立交易原则而减少企业或者其关联方应纳税收入或者所得额的，税务机关有权按照合理方法调整。企业合并业务的所得税处理视情况不同，分别适用一般性税务处理和特殊性税务处理。

1. 适用一般性税务处理的企业合并

适用一般性税务处理的企业合并，被合并企业及其股东都应按清算进行所得税处理，被合并方纳税有困难的，可以由合并方继承，被合并企业的亏损不得在合并企业结转弥补。被合并方股东应分解为转让被合并企业的股权，再购买合并方的股权两项业务进行所得税处理。取得合并方股权的公允价及非股权支付额（现金及非现金资产公允价值）视为股权转让收入，其中相当于被清算企业累计未分配利润和累计盈余公积中按该股东所占股份比例计算的部分，应确认为股息所得；剩余资产减除股息所得后的余额，超过或低于股东投资成本的部分，应确认为股东的投资转让所得或损失。合并企业应按公允价值确定接受被合并企业各项资产和负债的计税基础。

2. 适用特殊性税务处理的企业合并

适用特殊性税务处理的企业合并，首先需要符合以下基本条件：一是具有合理的商业目的，且不以减少、免除或者推迟缴纳税款为主要目的。二是企业重组后的连续 12 个月内不改变重组资产原来的实质性经营活动。三是企业合并中取得股权支付的原主要股东，在重组后连续 12 个月内，不得转让所取得的股权。

除符合上述基本条件外，被合并企业股东在该合并发生时取得的股权支付金额不低于其交易支付总额的 85%，或者同一控制下且不需要支付对价的企业合并，交易各方对交易中的股权支付部分，可以选择按特殊性税务处理，具体包括：第一，合并企业接受被合并企业资产和负债的计税基础，以被合并企业的原有计税基础确定。第二，被合并企业合并前的相关所得税事项由合并企业承继。第三，可由合并企业弥补的被合并企业亏损的限额为被合并企业的净资产公允价值乘以截至合并业务发生当年年末国家发行的最长期限的国债利率。第四，被合并企业股东取得合并企业股权的计税基础，以其原持有的被合并企业股权的计税基础确定。对于合并中的非股权支付部分，仍应在交易当期确认相应的资产转让所得或损失，并调整相应资产的计税基础。企业重组业务适用特殊性税务处理的，重组各方应在该重组业务完成当年，办理企业所得税年度申报时，分别向各自主管税务机关报送《企业重组所得税特殊性税务处理报告表及附表》和申报资料。合并、分立中重组一方涉及注销的，应在尚未办理注销税务登记手续前进行申报。

第二节 债务重组会计处理与税务处理的差异

一、基本概念

在会计处理上，债务重组是指在不改变交易对手的情况下，经债权人和债务人协定或法院裁定，就清偿债务的时间、金额或方式等重新达成协议的交易。债务重组涉及的债权和债务是指《金融工具确认和计量》准则规范的金融工具。债务重组的方式主要包括：

第一，债务人以资产清偿债务，是指债务人转让其资产给债权人以清偿债务的债务重组方式。债务人用于清偿债务的资产包括现金资产和非现金资产，主要有：现金、存货、各种投资（包括股票投资、债券投资、基金投资、权证投资等）、固定资产、无形资产、生物资产、投资性房地产等。

第二，债务人将债务转为权益工具，是指债务人将债务转为资本，同时，债权人将债权转为股权的债务重组方式。债务转为资本时，对股份有限公司而言，是将债务转为股本，对其他企业而言，是将债务转为实收资本。其结果是，债务人因此而增加股本（或实收资本），债权人因此而增加股权。债务人根据转换协议将应付可转换公司债券转为资本，属于正常情况下的转换，不能作为债务重组处理。

第三，修改其他债务条件，是指不包括上述两种方式在内的修改其他债务条件进行的债务重组方式，如调整债务本金、改变债务利息、变更还款期限等方式修改债权和债务的其他条款。

第四，混合重组方式，是指各种债务重组方式的综合运用。其组合偿债方式可能是：以现金、非现金资产两种方式的组合清偿债务；以现金、债务转为资本两种方式的组合清偿债务；以非现金资产、债务转为资本两种方式的组合清偿债务；以现金、非现金资产、债务转为资本三种方式的组合清偿债务；以资产、债务转为资本等方式清偿部分债务，对该项债务的另一部分修改其他债务条件。

在税务处理上，债务重组是指在债务人发生财务困难的情况下，债权人按照其与债务人达成的书面协议或者法院裁定书，就其债务人的债务作出让步的事项。

二、以资产清偿债务的会计处理与税务处理

以资产清偿债务或者将债务转为权益工具方式进行债务重组的，债权人应当在

相关资产符合其定义和确认条件时予以确认。

在会计处理上，以资产清偿债务方式进行债务重组的，债权人初始确认受让的金融资产以外的资产时，应当按照下列原则以成本计量：(1) 存货的成本，包括放弃债权的公允价值和使该资产达到当前位置和状态所发生的可直接归属于该资产的税金、运输费、装卸费、保险费等其他成本。(2) 对联营企业或合营企业投资的成本，包括放弃债权的公允价值和可直接归属于该资产的税金等其他成本。(3) 投资性房地产的成本，包括放弃债权的公允价值和可直接归属于该资产的税金等其他成本。(4) 固定资产的成本，包括放弃债权的公允价值和使该资产达到预定可使用状态前所发生的可直接归属于该资产的税金、运输费、装卸费、安装费、专业人员服务费等其他成本。(5) 生物资产的成本，包括放弃债权的公允价值和可直接归属于该资产的税金、运输费、保险费等其他成本。(6) 无形资产的成本，包括放弃债权的公允价值和可直接归属于使该资产达到预定用途所发生的税金等其他成本。放弃债权的公允价值与账面价值之间的差额，应当计入投资收益。

债务人应当在相关资产和所清偿债务符合终止确认条件时予以终止确认，所清偿债务账面价值与转让资产账面价值之间的差额计入当期损益。

在税务处理上，企业发生债务重组，应在债务重组合同或协议生效时确认收入的实现。根据《企业所得税法实施条例》第二十二条的规定，债务重组收入，属于《企业所得税法》第六条第九项规定的其他收入。根据《财政部、国家税务总局关于企业重组业务企业所得税处理若干问题的通知》(财税〔2009〕59 号) 规定，以资产清偿债务的债务重组业务除适用特殊性税务处理规定的外，按以下规定进行税务处理：以非货币资产清偿债务，应当分解为转让相关非货币性资产、按非货币性资产公允价值清偿债务两项业务，确认相关资产的所得或损失。债权人取得的非现金资产，应当按照该有关资产的公允价值（包括与转让资产有关的税费）确定其计税基础，据以计算可以在企业所得税前扣除的固定资产折旧费用、无形资产摊销费用或者结转商品销售成本等。债务人应当按照支付的债务清偿额低于债务计税基础的差额，确认债务重组所得；债权人应当按照收到的债务清偿额低于债权计税基础的差额，确认债务重组损失。债权人应当将重组债权的计税基础与收到的资产计税基础之间的差额，根据企业资产损失所得税税前扣除管理办法的规定进行税前扣除。符合特殊性税务处理规定的，处理如下：企业债务重组确认的应纳税所得额占该企业当年应纳税所得额 50% 以上，可以在 5 个纳税年度的期间内，均匀计入各年度的应纳税所得额；企业债权转为对联营企业或合营企业投资，对债务清偿和股权投资两项业务暂不确认有关债务清偿所得或损失，股权投资的计税基础以原债权的计税基础确定。

三、将债务转为权益工具进行债务重组的会计处理与税务处理

在会计处理上，债权人将债权转为对联营企业或合营企业的权益性投资的，应当按照对联营企业或合营企业投资的成本，包括放弃债权的公允价值和可直接归属于该资产的税金等其他成本计量其初始投资成本。债权人放弃债权的公允价值与账面价值之间的差额，应当计入投资收益。债务人应当在所清偿债务符合终止确认条件时予以终止确认。债务人初始确认权益工具时应当按照权益工具的公允价值计量，权益工具的公允价值不能可靠计量的，应当按照所清偿债务的公允价值计量。所清偿债务账面价值与权益工具确认金额之间的差额，应当计入投资收益。债务人因发行权益工具而支出的相关税费等，应当依次冲减资本溢价、盈余公积、未分配利润等。

在税务处理上，根据一般性税务处理规定，债权人应当把债权转为资本分解为债务清偿和股权投资两项业务进行处理，重组债权的计税基础与收到的股权的公允价值之间的差额，确认债务重组损失，根据企业资产损失所得税税前扣除管理办法的规定进行税前扣除，将享有股权的公允价值确认为该项投资的计税基础。债务人应当将重组债务的账面价值与债权人因放弃债权而享有的股权的公允价值的差额，确认为债务重组所得，计入当期应纳税所得额。符合特殊性税务处理的，企业发生债权转股权业务，对债务清偿和股权投资两项业务暂不确认有关债务清偿所得或损失，股权投资的计税基础以原债权的计税基础确定。

四、以修改其他债务条件清偿债务的会计处理与税务处理

以修改其他债务条件清偿债务，是指债务人不以其资产清偿债务，也不将其债务转为资本，而是与债权人达成债务重组协议，以减少未来债务本金、降低利率、减少或免除债务利息等方式清偿债务。

在会计处理上，采用修改其他条款方式进行债务重组的，债权人应当按照《金融工具确认和计量》准则的规定，确认和计量重组债权，具体处理如下：

第一，如果修改其他条款导致全部债权终止确认，债权人应当按照修改后的条款以公允价值初始计量新的金融资产，新金融资产的确认金额与债权终止确认日账面价值之间的差额，计入投资收益。

第二，如果修改其他条款未导致债权终止确认，债权人应当根据其分类，继续

以摊余成本、以公允价值计量且其变动计入其他综合收益，或者以公允价值计量且其变动计入当期损益进行后续计量。

债务人应当按照《金融工具确认和计量》准则和《金融工具列报》准则的规定，确认和计量重组债务，具体处理如下：

第一，如果修改其他条款导致债务终止确认，债务人应当按照公允价值计量重组债务，终止确认的债务账面价值与重组债务确认金额之间的差额，计入投资收益。

第二，如果修改其他条款未导致债务终止确认，或者仅导致部分债务终止确认，对于未终止确认的部分债务，债务人应当根据其分类，继续以摊余成本、以公允价值计量且其变动计入当期损益或其他适当方法进行后续计量。对于以摊余成本计量的债务，债务人应当根据重新议定合同的现金流量变化情况，重新计算该重组债务的账面价值，并将相关利得或损失计入投资收益。

在税务处理上，对债务人来说，以修改其他债务条件进行债务重组，则重组债务的计税基础大于重组后债务的入账价值（即修改其他债务条件后债务的公允价值）的差额，确认为应纳税所得额。对债权人而言，则债权人应当将修改其他债务条件后的债权的公允价值作为重组后债权的计税基础，重组债权的计税基础余额与重组后债权的计税基础之间的差额为债务重组损失，按照有关税收规定，符合资产损失税前扣除有关规定的，允许在企业所得税税前扣除。

五、以组合方式清偿债务的会计处理与税务处理

在会计处理上，以多项资产清偿债务或者组合方式进行债务重组的，债权人应当首先确认和计量受让的金融资产和重组债权，然后按照受让的金融资产以外的各项资产的公允价值比例，对放弃债权的公允价值扣除受让金融资产和重组债权确认金额后的净额进行分配，并以此为基础按照本准则的规定分别确定各项资产的成本。放弃债权的公允价值与账面价值之间的差额，应当计入当期损益。债务人应当按照将债务转为权益工具和以修改其他债务条件进行债务重组的规定确认和计量权益工具和重组债务，所清偿债务的账面价值与转让资产的账面价值以及权益工具和重组债务的确认金额之和的差额，应当计入当期损益。

在税务处理上，债务重组以现金、非现金资产、债务转为资本、修改其他债务条件等方式组合进行的，对债务人来说，应当依次以支付的现金、转让的非现金资产公允价值、债权人享有股份的公允价值冲减重组债务的计税基础，修改其他债务条件的，应当将修改其他债务条件后债务的公允价值作为重组后债务的计税基础。

重组债务的计税基础与重组后债务的计税基础之间的差额，作为债务重组所得，计入应纳税所得额。对债权人来说，应先以收到的现金、受让非现金资产的公允价值、因放弃债权而享有的股权的公允价值冲减重组债权的计税基础，差额与将来应收金额进行比较，据此计算会计债务重组损失。

六、其他税务处理规定

在税务处理上，附或有条件的债务重组，根据税前扣除的确定性原则，预计负债只有待实际发生时据实扣除。会计上将重组债务的账面价值与重组后债务的入账价值和预计负债金额之和的差额作为债务重组利得计入营业外收入；而税法应将重组债务的账面价值与重组后债务的入账价值之间的差额确认为债务重组所得。债务重组利得与债务重组所得之间的差额应做纳税调整。因重组后债务的账面价值与计税基础之间形成的可抵扣暂时性差异，待预计负债实际发生时转回。对债权人而言，修改后的债务条款中涉及或有应收金额的，不应当确认或有应收金额，不得将其计入重组后债权的账面价值，只有在或有应收金额实际发生时，才计入当期损益。

关联方之间有税收筹划目的和避税意图的债务重组，原则上债权人不得确认重组损失，而应当视为《企业所得税法》第九条规定以外的非公益性捐赠，在计算应纳税所得额时不得在税前扣除；债务人应当确认为《企业所得税法》第六条第八项规定的接受捐赠收入。如果债务人是债权人的股东，债权人所作的让步应当推定为企业对股东的分配，债务人取得的让步按照《企业所得税法》第二十六条第（二）项的规定处理。

根据特殊性税务处理规定，企业债务重组确认的应纳税所得额占该企业当年应纳税所得额50%以上，可以在5个纳税年度的期间内，均匀计入各年度的应纳税所得额。按照有关税收规定，应准备以下资料：一是当事方的债务重组的总体情况说明，情况说明中应包括债务重组的商业目的；二是当事各方所签订的债务重组合同或协议；三是债务重组所产生的应纳税所得额、企业当年应纳税所得额情况说明；四是税务机关要求提供的其他资料证明。

发生债权转股权业务，债务人对债务清偿业务暂不确认所得或损失，债权人对股权投资的计税基础以原债权的计税基础确定，应准备以下资料：一是当事方的债务重组的总体情况说明，情况说明中应包括债务重组的商业目的；二是双方所签订的债转股合同或协议；三是企业所转换的股权公允价格证明；四是工商部门及有关部门核准相关企业股权变更事项证明材料；五是税务机关要求提供的其他资料证明。

第三节　非货币性资产交换会计处理与税务处理的差异

一、基本概念

在会计处理上，非货币性资产交换，是指企业主要以固定资产、无形资产、投资性房地产和长期股权投资等非货币性资产进行的交换。该交换不涉及或只涉及少量的货币性资产（即补价）。货币性资产，是指企业持有的货币资金和收取固定或可确定金额的货币资金的权利。非货币性资产，是指货币资产以外的资产。

企业应当分别按照下列原则对非货币性资产交换中的换入资产进行确认，对换出资产终止确认：对于换入资产，企业应当在换入资产符合资产定义并满足资产确认条件时予以确认；对于换出资产，企业应当在换出资产满足资产终止确认条件时终止确认。换入资产的确认时点与换出资产的终止确认时点存在不一致的，企业在资产负债表日应当按照下列原则进行处理：

换入资产满足资产确认条件，换出资产尚未满足终止确认条件的，在确认换入资产的同时将交付换出资产的义务确认为一项负债。

换入资产尚未满足资产确认条件，换出资产满足终止确认条件的，在终止确认换出资产的同时将取得换入资产的权利确认为一项资产。

二、以公允价值计量的非货币性资产交换的会计处理与税务处理

非货币性资产交换，该项交换具有商业实质，而且换入资产或换出资产的公允价值能够可靠地计量同时满足下列条件的，应当以公允价值为基础计量。满足下列条件之一的非货币性资产交换具有商业实质：一是换入资产的未来现金流量在风险、时间和金额方面与换出资产显著不同。二是换入资产与换出资产的预计未来现金流量现值不同，且其差额与换入资产和换出资产的公允价值相比是重大的。在确定非货币性资产交换是否具有商业实质时，企业应当关注交易各方之间是否存在关联方关系。关联方关系的存在可能导致发生的非货币性资产交换不具有商业实质。

对于换入资产，应当以换出资产的公允价值和应支付的相关税费作为换入资产的成本进行初始计量；对于换出资产，应当在终止确认时，将换出资产的公允价值与其账面价值之间的差额计入当期损益。有确凿证据表明换入资产的公允价值更加

可靠的，对于换入资产，应当以换入资产的公允价值和应支付的相关税费作为换入资产的初始计量金额；对于换出资产，应当在终止确认时，将换入资产的公允价值与换出资产账面价值之间的差额计入当期损益。

涉及补价的，应当按照下列规定进行处理：

支付补价的，以换出资产的公允价值，加上支付补价的公允价值和应支付的相关税费，作为换入资产的成本，换出资产的公允价值与其账面价值之间的差额计入当期损益。有确凿证据表明换入资产的公允价值更加可靠的，以换入资产的公允价值和应支付的相关税费作为换入资产的初始计量金额，换入资产的公允价值减去支付补价的公允价值，与换出资产账面价值之间的差额计入当期损益。

收到补价的，以换出资产的公允价值，减去收到补价的公允价值，加上应支付的相关税费，作为换入资产的成本，换出资产的公允价值与其账面价值之间的差额计入当期损益。有确凿证据表明换入资产的公允价值更加可靠的，以换入资产的公允价值和应支付的相关税费作为换入资产的初始计量金额，换入资产的公允价值加上收到补价的公允价值，与换出资产账面价值之间的差额计入当期损益。

因此，不论是否涉及补价，只要换出资产的公允价值与其账面价值不相同，就一定会涉及损益的确认，因为非货币性资产交换损益通常是换出资产公允价值与换出资产账面价值的差额，通过非货币性资产交换予以实现。非货币性资产交换视换出资产的类别不同有所区别：以存货换取客户的非货币性资产的，应当视同销售处理；换出资产为固定资产、无形资产的，换出资产公允价值和换出资产账面价值的差额计入资产处置损益；换出资产为长期股权投资、公允价值计量且其变动计入其他综合收益的金融资产的，换出资产公允价值和换出资产账面价值的差额计入投资收益。

在税务处理上，企业所得税法没有要求非货币性资产交换要具有商业实质，或换入资产或换出资产的公允价值能够可靠地计量等条件作为是否以公允价值计量的条件。关于关联方业务往来和交换是否具有商业实质，根据《企业所得税法》第四十一条规定，企业与其关联方之间的业务往来，不符合独立交易原则而减少企业或者其关联方应纳税收入或者所得额的，税务机关有权按照合理方法调整。第四十七条规定，企业实施其他不具有合理商业目的的安排，而减少其应纳税收入或者所得额的，税务机关有权按照合理方法调整。根据《企业所得税法实施条例》第一百二十条规定，企业所得税法第四十七条所称不具有合理商业目的，是指以减少、免除或者推迟缴纳税款为主要目的。可见，企业所得税处理对关联方业务往来和交换是否具有商业实质，主要是看其是否会减少企业或者其关联方应纳税收入或者所得额，或者以减少、免除或者推迟缴纳税款为主要目的进行税收筹划与避税。

根据《企业所得税法实施条例》第二十五条规定，企业发生非货币性资产交换，应当视同销售货物、转让财产。非货币性资产交换，因资产所有权属已发生改变而不属于内部处置资产，应按规定视同销售确定收入。具体如下：一是换出资产为存货的，应当视同销售货物处理，按照公允价值确认销售货物收入，计入收入总额；同时结转销售成本，按照公允价值确认的收入和按账面价值结转的成本和相关税费之间的差额，计入应纳税所得额。二是换出资产为固定资产、生物资产、无形资产、长期股权投资、可供出售金融资产的，应当视同转让财产处理，按照公允价值确认转让财产收入，计入收入总额；同时结转转让成本，按照公允价值确认的收入和按账面价值结转的成本和相关税费之间的差额，计入应纳税所得额。

企业所得税中换入资产的计税基础以换入资产的公允价值和支付的相关税费确定，而不是以换出资产的公允价值确定。根据《企业所得税法实施条例》第五十八条第（五）项、第六十二条第（二）项规定，通过非货币性资产交换方式取得的固定资产，以该资产的公允价值和支付的相关税费为计税基础；第六十二条第（二）项规定，通过非货币性资产交换方式取得的生产性生物资产，以该资产的公允价值和支付的相关税费为计税基础；第六十六条第（三）规定，通过非货币性资产交换方式取得的无形资产，以该资产的公允价值和支付的相关税费为计税基础；第七十一条第（二）项规定，通过支付现金以外的方式取得的投资资产，以该资产的公允价值和支付的相关税费为成本；第七十二条第（二）项规定，通过支付现金以外的方式取得的存货，以该存货的公允价值和支付的相关税费为成本。发生补价的，应当分下列情况处理：（1）支付补价方，应当以换出资产的公允价值加上支付的补价（即换入资产的公允价值）和应支付的相关税费作为换入资产的计税基础或成本，换入资产成本与换出资产账面价值加支付的补价、应支付的相关税费之和的差额应当计入当期应纳税所得额。（2）收到补价方，应当以换入资产的公允价值和应支付的相关税费作为换入资产的计税基础或成本，换入资产成本加收到的补价之和与换出资产账面价值加应支付的相关税费之和的差额应当计入当期应纳税所得额。

三、以账面价值为基础计量的非货币性资产交换的会计处理与税务处理

在会计处理上，不满足以公允价值为基础计量的非货币性资产交换，应当以账面价值为基础计量。对于换入资产，企业应当以换出资产的账面价值和应支付的相关税费作为换入资产的初始计量金额；对于换出资产，终止确认时不确认损益。涉

及补价的，应当分下列情况处理：

支付补价的，应当以换出资产的账面价值，加上支付的补价和应支付的相关税费，作为换入资产的成本，不确认损益。

收到补价的，应当以换出资产的账面价值，减去收到的补价并加上应支付的相关税费，作为换入资产的成本，不确认损益。

在税务处理上，非货币性资产交换一般要求在交易发生时确认有关资产的转让所得或者损失，相关资产应当按照公允价格重新确定计税基础。需要注意的是，收购方以自身股权作为对价换取转让方股权、资产的，不属于非货币性资产交换业务，应按照长期股权投资业务进行处理。收购方以自身持有的股权换取对方股权、资产的，属于非货币性资产交换业务。

四、涉及多项非货币性资产交换的处理

在会计处理上，涉及多项非货币性资产交换的情况包括企业以一项非货币性资产同时换入另一企业的多项非货币性资产，或同时以多项非货币性资产换入另一企业的一项非货币性资产，或以多项非货币性资产同时换入多项非货币性资产，也可能涉及补价。在涉及多项非货币性资产的交换中，企业无法将换出的某一资产与换入的某一特定资产相对应。与单项非货币性资产之间的交换一样，涉及多项非货币性资产交换的计量，企业也应当首先判断是否符合非货币性资产交换准则以公允价值计量的两个条件，再分别情况确定各项换入资产的成本。

以公允价值为基础计量的非货币性资产交换，同时换入或换出多项资产的，应当按照下列规定进行处理：

对于同时换入的多项资产，按照换入的金融资产以外的各项换入资产公允价值相对比例，将换出资产公允价值总额（涉及补价的，加上支付补价的公允价值或减去收到补价的公允价值）扣除换入金融资产公允价值后的净额进行分摊，以分摊至各项换入资产的金额，加上应支付的相关税费，作为各项换入资产的成本进行初始计量。有确凿证据表明换入资产的公允价值更加可靠的，以各项换入资产的公允价值和应支付的相关税费作为各项换入资产的初始计量金额。

对于同时换出的多项资产，将各项换出资产的公允价值与其账面价值之间的差额，在各项换出资产终止确认时计入当期损益。有确凿证据表明换入资产的公允价值更加可靠的，按照各项换出资产的公允价值的相对比例，将换入资产的公允价值总额（涉及补价的，减去支付补价的公允价值或加上收到补价的公允价值）分摊至各项换出资产，分摊至各项换出资产的金额与各项换出资产账面价值之间的差额，

在各项换出资产终止确认时计入当期损益。

以账面价值为基础计量的非货币性资产交换，同时换入或换出多项资产的，应当按照下列规定进行处理：

对于同时换入的多项资产，按照各项换入资产的公允价值的相对比例，将换出资产的账面价值总额（涉及补价的，加上支付补价的账面价值或减去收到补价的公允价值）分摊至各项换入资产，加上应支付的相关税费，作为各项换入资产的初始计量金额。换入资产的公允价值不能够可靠计量的，可以按照各项换入资产的原账面价值的相对比例或其他合理的比例对换出资产的账面价值进行分摊。

对于同时换出的多项资产，各项换出资产终止确认时均不确认损益。

在税务处理上，根据《企业所得税法实施条例》第二十五条规定，企业发生非货币性资产交换，应当视同销售货物、转让财产。换出资产为存货的，应当视同销售货物处理，按照公允价值确认销售货物收入，计入收入总额；同时结转销售成本，按照公允价值确认的收入和按账面价值结转的成本和相关税费之间的差额，计入应纳税所得额。换出资产为固定资产、生物资产、无形资产、长期股权投资、可供出售金融资产的，应当视同转让财产处理，按照公允价值确认转让财产收入，计入收入总额；同时结转转让成本，按照公允价值确认的收入和按账面价值结转的成本和相关税费之间的差额，计入应纳税所得额。符合规定的股权、资产转让，可选择适用特殊性税务处理规定。

五、其他税务处理规定

企业重组同时符合下列条件的，适用特殊性税务处理规定：第一，具有合理的商业目的，且不以减少、免除或者推迟缴纳税款为主要目的。第二，被收购、合并或分立部分的资产或股权比例符合规定的比例。第三，企业重组后的连续 12 个月内不改变重组资产原来的实质性经营活动。第四，重组交易对价中涉及股权支付金额符合规定比例。第五，企业重组中取得股权支付的原主要股东，在重组后连续 12 个月内，不得转让所取得的股权。

交易各方对其交易中的股权支付部分，可以按以下规定进行特殊性税务处理：第一，股权收购，收购企业购买的股权不低于被收购企业全部股权的 50%，且收购企业在该股权收购发生时的股权支付金额不低于其交易支付总额的 85%，可以选择按以下规定处理：被收购企业的股东取得收购企业股权的计税基础，以被收购股权的原有计税基础确定。收购企业取得被收购企业股权的计税基础，以被收购股权的原有计税基础确定。收购企业、被收购企业的原有各项资产和负债的计税基础和其他相关所得税事项保持不变。第二，资产收购，受让企业收购的资产不低于转让企业全部资产的 50%，且受让企业在该资产收购发生时的股权支付金额不低于其交易支付总额的 85%，可以选择按以下规定处理：转让企业取得受让企业股权的计税基础，以被转让资产的原有计税基础确定。受让企业取得转让企业资产的计税基础，以被转让资产的原有计税基础确定。

第六章　特殊业务处理

第一节　租赁会计处理与税务处理的差异

一、基本概念

租赁，是指在一定期间内，出租人将资产的使用权让与承租人以获取对价的合同。

租赁开始日，是指租赁合同签署日与租赁各方就主要租赁条款作出承诺日中的较早者。

租赁期开始日，是指出租人提供租赁资产使其可供承租人使用的起始日期。

租赁期，是指承租人有权使用租赁资产且不可撤销的期间。承租人有续租选择权，即有权选择续租该资产，且合理确定将行使该选择权的，租赁期还应当包含续租选择权涵盖的期间。承租人有终止租赁选择权，即有权选择终止租赁该资产，但合理确定将不会行使该选择权的，租赁期应当包含终止租赁选择权涵盖的期间。发生承租人可控范围内的重大事件或变化，且影响承租人是否合理确定将行使相应选择权的，承租人应当对其是否合理确定将行使续租选择权、购买选择权或不行使终止租赁选择权进行重新评估。

担保余值，是指与出租人无关的一方向出租人提供担保，保证在租赁结束时租赁资产的价值至少为某指定的金额。

未担保余值，是指租赁资产余值中，出租人无法保证能够实现或仅由与出租人有关的一方予以担保的部分。

会计处理上，根据 2018 年修订的《企业会计准则第 21 号——租赁》规定，承租人不再将租赁分类为融资租赁和经营租赁，应当对租赁确认使用权资产和租赁负债；出租人继续将租赁资产分为融资租赁和经营租赁。税务处理上，出租人和承租人均应将租赁分为融资租赁和经营租赁，但是未规定具体的判定标准，可以根据会计准则的规定进行判定。

二、承租人的会计处理和税务处理

（一）会计处理

在租赁期开始日，承租人应确认使用权资产和租赁负债，无需区分融资租赁和经营租赁。使用权资产和租赁负债具体内容如下：

第一，使用权资产，是指承租人可在租赁期内使用租赁资产的权利。使用权资产应当按照成本进行初始计量，包括：（1）租赁负债的初始计量金额。（2）在租赁期开始日或之前支付的租赁付款额，存在租赁激励的，扣除已享受的租赁激励相关金额。租赁激励是指出租人为达成租赁向承租人提供的优惠，包括出租人向承租人支付的与租赁有关的款项、出租人为承租人偿付或承担的成本等。（3）承租人发生的初始直接费用，即为达成租赁所发生的增量成本，增量成本是指若企业不取得该租赁则不会发生的成本。（4）承租人为拆卸及移除租赁资产、复原租赁资产所在场地或将租赁资产恢复至租赁条款约定状态预计将发生的成本。在租赁期开始日后，承租人应当采用成本模式对使用权资产进行后续计量，对使用权资产计提折旧。承租人能够合理确定租赁期届满时取得租赁资产所有权的，应当在租赁资产剩余使用寿命内计提折旧；无法合理确定的，应当在租赁期与租赁资产剩余使用寿命两者孰短的期间内计提折旧。承租人应当对已识别的减值损失进行会计处理。

第二，租赁负债，应当按照租赁期开始日尚未支付的租赁付款额的现值进行初始计量。

1. 租赁付款额

租赁付款额是指承租人向出租人支付的与在租赁期内使用租赁资产的权利相关的款项，包括：（1）固定付款额及实质固定付款额，实质固定付款额是指在形式上可能包含变量但实质上无法避免的付款额。存在租赁激励的，扣除租赁激励相关金额。（2）取决于指数或比率的可变租赁付款额，该款项在初始计量时根据租赁期开始日的指数或比率确定。可变租赁付款额，是指承租人为取得在租赁期内使用租赁资产的权利，向出租人支付的因租赁期开始日后的事实或情况发生变化（而非时间推移）而变动的款项。（3）购买选择权的行权价格，前提是承租人合理确定将行使该选择权。（4）行使终止租赁选择权需支付的款项，前提是租赁期反映出承租人将行使终止租赁选择权。（5）根据承租人提供的担保余值预计应支付的款项。

2. 折现率

在计算租赁付款额的现值时，承租人应当采用租赁内含利率作为折现率，租赁内含利率，是指使出租人的租赁收款额的现值与未担保余值的现值之和等于租赁资产公允价值与出租人的初始直接费用之和的利率。无法确定租赁内含利率的，应当采用承租人增量借款利率作为折现率。承租人增量借款利率，是指承租人在类似经济环境下为获得与使用权资产价值接近的资产，在类似期间以类似抵押条件借入资金须支付的利率。

对于短期租赁和低价值资产租赁，承租人可以选择不确认使用权资产和租赁负债。作出该选择的，承租人应当将短期租赁和低价值资产租赁的租赁付款额，在租赁期内各个期间按照直线法或其他系统合理的方法计入相关资产成本或当期损益。其他系统合理的方法能够更好地反映承租人的受益模式的，承租人应当采用该方法。短期租赁，是指在租赁期开始日，租赁期不超过 12 个月的租赁。包含购买选择权的租赁不属于短期租赁。低价值资产租赁，是指单项租赁资产为全新资产时价值较低的租赁。低价值资产租赁的判定仅与资产的绝对价值有关，不受承租人规模、性质或其他情况影响。承租人转租或预期转租租赁资产的，原租赁不属于低价值资产租赁。

（二）税务处理

承租人应根据合同约定的条款将租赁分为融资租赁和经营租赁。根据《企业所得税法实施条例》第四十七条规定，企业根据生产经营活动的需要租入固定资产支付的租赁费，按照以下方法扣除：（1）以经营租赁方式租入固定资产发生的租赁费支出，按照租赁期限均匀扣除；（2）以融资租赁方式租入固定资产发生的租赁费支出，按照规定构成融资租入固定资产价值的部分应当提取折旧费用，分期扣除。具体如下：

1. 经营租赁的税务处理

根据《企业所得税法》第十一条规定，以经营租赁方式租入的固定资产，在计算应纳税所得额时，企业不得计算折旧扣除。根据《企业所得税法》第十三条第（二）项规定，租入固定资产的改建支出，作为长期待摊费用，按照规定在计算应纳税所得额时扣除。根据《企业所得税法实施条例》第六十八条规定，企业所得税法第十三条第（二）项所称固定资产的改建支出，是指改变房屋或者建筑物结构、延长使用年限等发生的支出。第（二）项规定的支出，按照合同约定的剩余租赁期限分期摊销。可见，税法不考虑经营租入资产的计税基础，企业根据生产经营活动的需要租入固定资产支付的租赁费，以经营租赁方式租入固定资产发生的租赁费支出，按照租赁期限均匀扣除，租金税前扣除与会计处理中的折旧、减值及利息费用均有差异。

2. 融资租赁的税务处理

根据《企业所得税法实施条例》第五十八条第（三）项规定，融资租入的固定资产，以租赁合同约定的付款总额和承租人在签订租赁合同过程中发生的相关费用为计税基础；租赁合同未约定付款总额的，以该资产的公允价值和承租人在签订租赁合同过程中发生的相关费用为计税基础。可见，税法不考虑租赁期开始日尚未支付的租赁付款额的现值，相关资产的计税基础，与该资产的入账价值是有差异的。第六十条规定，除国务院财政、税务主管部门另有规定外，固定资产计算折旧的最低年限如下：（1）房屋、建筑物，为 20 年；（2）飞机、火车、轮船、机器、机械和其他生产设备，为 10 年；（3）与生产经营活动有关的器具、工具、家具等，为 5 年；（4）飞机、火车、轮船以外的运输工具，为 4 年；（5）电子设备，为 3 年。需要注意的是，根据《财政部 国家税务总局关于完善固定资产加速折旧企业所得税政策的通知》（财税〔2014〕75 号）、《财政部 国家税务总局关于进一步完善固定资产加速折旧企业所得税政策的通知》（财税〔2015〕106 号）、《国家税务总局关于设备 器具扣除有关企业所得税政策执行问题的公告》（国家税务总局公告 2018 年第 46 号）规定的新购进固定资产允许加速折旧或一次性扣除政策只适用于以货币形式购进或自行建造的固定资产，不适用于融资租入的固定资产。

三、出租人的会计处理和税务处理

在会计处理和税务处理上，出租人均应当在租赁开始日将租赁分为融资租赁和经营租赁。融资租赁，是指实质上转移了与租赁资产所有权有关的几乎全部风险和报酬的租赁。其所有权最终可能转移，也可能不转移。一项租赁存在下列一种或多种情形的，通常分类为融资租赁：第一，在租赁期届满时，租赁资产的所有权转移给承租人。第二，承租人有购买租赁资产的选择权，所订立的购买价款与预计行使选择权时租赁资产的公允价值相比足够低，因而在租赁开始日就可以合理确定承租人将行使该选择权。第三，资产的所有权虽然不转移，但租赁期占租赁资产使用寿命的大部分。第四，在租赁开始日，租赁收款额的现值几乎相当于租赁资产的公允价值。第五，租赁资产性质特殊，如果不作较大改造，只有承租人才能使用。

一项租赁存在下列一项或多项迹象的，也可能分类为融资租赁：第一，若承租人撤销租赁，撤销租赁对出租人造成的损失由承租人承担。第二，资产余值的公允价值波动所产生的利得或损失归属于承租人。第三，承租人有能力以远低于市场水平的租金继续租赁至下一期间。经营租赁，是指除融资租赁以外的其他租赁。

（一）融资租赁业务处理

在会计处理上，在租赁期开始日，出租人应当对融资租赁确认应收融资租赁款，并终止确认融资租赁资产。应收融资租赁款进行初始计量时，应当以租赁投资净额作为入账价值。租赁投资净额为未担保余值和租赁期开始日尚未收到的租赁收款额按照租赁内含利率折现的现值之和。

租赁收款额，是指出租人因让渡在租赁期内使用租赁资产的权利而应向承租人收取的款项，包括：(1) 承租人需支付的固定付款额及实质固定付款额，存在租赁激励的，扣除租赁激励相关金额；(2) 取决于指数或比率的可变租赁付款额，该款项在初始计量时根据租赁期开始日的指数或比率确定；(3) 购买选择权的行权价格，前提是合理确定承租人将行使该选择权；(4) 承租人行使终止租赁选择权需支付的款项，前提是租赁期反映出承租人将行使终止租赁选择权；(5) 由承租人、与承租人有关的一方以及有经济能力履行担保义务的独立第三方向出租人提供的担保余值。出租人应当按照固定的周期性利率计算并确认租赁期内各个期间的利息收入。出租人应当按照《企业会计准则第 22 号——金融工具确认和计量》和《企业会计准则第 23 号——金融资产转移》的规定，对应收融资租赁款的终止确认和减值进行会计处理。出租人取得的未纳入租赁投资净额计量的可变租赁付款额应当在实际发生时计入当期损益。生产商或经销商作为出租人的融资租赁，在租赁期开始日，该出租人应当按照租赁资产公允价值与租赁收款额按市场利率折现的现值两者孰低确认收入，并按照租赁资产账面价值扣除未担保余值的现值后的余额结转销售成本。生产商或经销商出租人为取得融资租赁发生的成本，应当在租赁期开始日计入当期损益。

在税务处理上，根据《企业所得税法》第六条规定，企业以货币形式和非货币形式从各种来源取得的收入，为收入总额。包括：销售货物收入；提供劳务收入；转让财产收入；股息、红利等权益性投资收益；利息收入；租金收入；特许权使用费收入；接受捐赠收入；其他收入。根据《企业所得税法实施条例》第十九条规定，企业所得税法第六条第（六）项所称租金收入，是指企业提供固定资产、包装物或者其他有形资产的使用权取得的收入。根据《国家税务总局关于贯彻落实企业所得税法若干税收问题的通知》（国税函〔2010〕79 号）规定，企业提供固定资产、包装物或者其他有形资产的使用权取得的租金收入，应按交易合同或协议规定的承租人应付租金的日期确认收入的实现。其中，如果交易合同或协议中规定租赁期限跨年度且租金提前一次性支付的，根据《企业所得税法实施条例》第九条规定的收入与费用配比原则，出租人可对上述已确认的收入在租赁期内分期均匀计入相关年度收入租金收入，按照合同约定的承租人应付租金的日期确认收入的实现。根据《企业所得税法》第十一条规定，以融资租赁方式租出的固定资产，在计算应纳税所得额时，企业不得计算折旧扣除。根据《国家税务总局关于企业处置资产所得税处理问题的通知》（国税函〔2008〕828 号），企业应在资产权属发生变化时确认收入，则融资租赁资产的处置收入应在租赁期结束资产权属变化时确认。转让收入为承租人支付的购买选择权行权价格，转让成本为租赁资产的计税基础。

（二）经营租赁业务处理

在会计处理上，在租赁期内各个期间，出租人应当采用直线法或其他系统合理的方法，将经营租赁的租赁收款额确认为租金收入。其他系统合理的方法能够更好地反映因使用租赁资产所产生经济利益的消耗模式的，出租人应当采用该方法。出租人发生的与经营租赁有关的初始直接费用应当资本化，在租赁期内按照与租金收入确认相同的基础进行分摊，分期计入当期损益。对于经营租赁资产中的固定资产，出租人应当采用类似资产的折旧政策计提折旧；对于其他经营租赁资产，应当根据该资产适用的企业会计准则，采用系统合理的方法进行摊销。出租人应当确定经营租赁资产是否发生减值，并进行相应会计处理。出租人取得的与经营租赁有关的未计入租赁收款额的可变租赁付款额，应当在实际发生时计入当期损益。经营租赁发生变更的，出租人应当自变更生效日起将其作为一项新租赁进行会计处理，与变更前租赁有关的预收或应收租赁收款额应当视为新租赁的收款额。

在税务处理上，根据《企业所得税法实施条例》第十九条规定，租金收入，按照合同约定的承租人应付租金的日期确认收入的实现。租金收入金额，应当按照有关租赁合同或协议约定的金额全额确定。对于经营租赁资产中的固定资产，出租人应当采用类似资产税务处理的折旧政策计提折旧；对于其他经营租赁资产，应当采用类似资产的税务处理方法进行摊销。

四、售后租回交易

在会计处理上，承租人和出租人应当按照《企业会计准则第 14 号——收入》的规定，评估确定售后租回交易中的资产转让是否属于销售，分别按以下方式处理：

第一，售后租回交易中的资产转让属于销售的，承租人应当按原资产账面价值中与租回获得的使用权有关的部分，计量售后租回所形成的使用权资产，并仅就转让至出租人的权利确认相关利得或损失；出租人应当根据其他适用的企业会计准则对资产购买进行会计处理，并根据本准则对资产出租进行会计处理。如果销售对价的公允价值与资产的公允价值不同，或者出租人未按市场价格收取租金，则企业应当将销售对价低于市场价格的款项作为预付租金进行会计处理，将高于市场价格的款项作为出租人向承租人提供的额外融资进行会计处理；同时，承租人按照公允价值调整相关销售利得或损失，出租人按市场价格调整租金收入。在进行上述调整时，企业应当基于以下两者中更易于确定的项目：销售对价的公允价值与资产公允价值之间的差额、租赁合同中付款额的现值与按租赁市价计算的付款额现值之间的差额。

第二，售后租回交易中的资产转让不属于销售的，承租人应当继续确认被转让资产，同时确认一项与转让收入等额的金融负债；出租人不确认被转让资产，但应当确认一项与转让收入等额的金融资产。

在税务处理上，根据《国家税务总局关于融资性售后回租业务中承租方出售资产行为有关税收问题的公告》（国家税务总局公告 2010 年第 13 号）规定，融资性售后回租业务中，承租人出售资产的行为，不确认销售收入，对融资性租赁的资产，仍按承租人出售前原账面价值作为计税基础计提折旧。租赁期间，承租人支付的失业融资利息的部分，作为企业财务费用在税前扣除。

第二节　金融工具会计处理与税务处理的差异

一、基本概念

金融工具，是指形成一方的金融资产并形成其他方的金融负债或权益工具的合同。金融工具包括金融资产、金融负债和权益工具。

金融资产，是指企业持有的现金、其他方的权益工具以及符合下列条件之一的资产：一是从其他方收取现金或其他金融资产的合同权利。二是在潜在有利条件下，与其他方交换金融资产或金融负债的合同权利。三是将来须用或可用企业自身权益工具进行结算的非衍生工具合同，且企业根据该合同将收到可变数量的自身权益工具。四是将来须用或可用企业自身权益工具进行结算的衍生工具合同，但以固定数量的自身权益工具交换固定金额的现金或其他金融资产的衍生工具合同除外。通常指企业的下列资产：现金、银行存款、应收账款、应收票据、股权投资、债权投资等。

金融负债，是指企业符合下列条件之一的负债：一是向其他方交付现金或其他金融资产的合同义务。二是在潜在不利条件下，与其他方交换金融资产或金融负债的合同义务。三是将来须用或可用企业自身权益工具进行结算的非衍生工具合同，且企业根据该合同将交付可变数量的自身权益工具。四是将来须用或可用企业自身权益工具进行结算的衍生工具合同，但以固定数量的自身权益工具交换固定金额的现金或其他金融资产的衍生工具合同除外。企业对全部现有同类别非衍生自身权益工具的持有方同比例发行配股权、期权或认股权证，使之有权按比例以固定金额的任何货币换取固定数量的该企业自身权益工具的，该类配股权、期权或认股权证应当分类为权益工具。通常指企业的下列负债：应付账款、应付票据、应付债券等。

衍生工具，是指属于《金融工具确认和计量》准则范围并同时具备下列特征的金融工具或其他合同：一是其价值随特定利率、金融工具价格、商品价格、汇率、价格指数、费率指数、信用等级、信用指数或其他变量的变动而变动，变量为非金融变量的，该变量不应与合同的任何一方存在特定关系。二是不要求初始净投资，或者与对市场因素变化预期有类似反应的其他合同相比，要求较少的初始净投资。三是在未来某一日期结算。常见的衍生工具包括远期合同、期货合同、互换合同和期权合同等。

嵌入衍生工具，是指嵌入非衍生工具（即主合同）中的衍生工具。嵌入衍生工具与主合同构成混合合同。该嵌入衍生工具对混合合同的现金流量产生影响的方式，应当与单独存在的衍生工具类似，且该混合合同的全部或部分现金流量随特定利率、金融工具价格、商品价格、汇率、价格指数、费率指数、信用等级、信用指数或其他变量变动而变动，变量为非金融变量的，该变量不应与合同的任何一方存在特定关系。衍生工具如果附属于一项金融工具但根据合同规定可以独立于该金融工具进行转让，或者具有与该金融工具不同的交易对手方，则该衍生工具不是嵌入衍生工具，应当作为一项单独存在的衍生工具处理。

二、金融工具的确认和终止确认

在会计处理上，对于以常规方式购买或出售金融资产的，企业应当在交易日确认将收到的资产和为此将承担的负债，或者在交易日终止确认已出售的资产，同时确认处置利得或损失以及应向买方收取的应收款项。以常规方式购买或出售金融资产，是指企业按照合同规定购买或出售金融资产，并且该合同条款规定，企业应当根据通常由法规或市场惯例所确定的时间安排来交付金融资产。

金融资产或金融负债终止确认，是指企业将之前确认的金融资产或金融负债从其资产负债表中予以转出。金融资产满足下列条件之一，应当终止确认：一是收取该金融资产现金流量的合同权利终止。二是该金融资产已转移且该转移满足金融资产终止确认的相关规定。金融负债（或其一部分）的现时义务已经解除的，企业应当终止确认该金融负债（或该部分金融负债）。企业（借入方）与借出方之间签订协议，以承担新金融负债方式替换原金融负债，且新金融负债与原金融负债的合同条款实质上不同的，企业应当终止确认原金融负债，同时确认一项新金融负债。企业对原金融负债（或其一部分）的合同条款做出实质性修改的，应当终止确认原金融负债，同时按照修改后的条款确认一项新金融负债（或其一部分）终止确认的，企业应当将其账面价值与支付的对价（包括转出的非现金资产或承担的负债）之间的差额，计入当期损益。企业回购金融负债一部分的，应当按照继续确认部分和终止确认部分在回购日各自的公允价值占整体公允价值的比例，对该金融负债整体的账面价值进行分配。分配给终止确认部分的账面价值与支付的对价（包括转出的非现金资产或承担的负债）之间的差额，应当计入当期损益。

在税务处理上，根据《企业所得税法实施条例》第五十六条规定，企业的各项资产，包括固定资产、生物资产、无形资产、长期待摊费用、投资资产、存货等，以历史成本为计税基础。前款所称历史成本，是指企业取得该项资产时实际发生的支出。所以，企业初始确认金融资产时，应当按照取得该项资产时实际发生的支出，即以历史成本为计税基础，对按照公允价值进行的初始确认应进行纳税调整。对于以公允价值计量且其变动计入当期损益的金融资产或金融负债，相关交易费用不应直接计入当期损益，也要进行纳税调整，和其他类别的金融资产一样，相关交易费用应当计入其计税基础。根据《企业所得税法实施条例》第七十一条规定，企业所得税法第十四条所称投资资产，是指企业对外进行权益性投资和债权性投资形成的资产。投资资产按照以下方法确定成本：通过支付现金方式取得的投资资产，以购买价款为成本；通过支付现金以外的方式取得的投资资产，以该资产的公允价值和支付的相关税费为成本。企业在转让或者处置投资资产时，投资资产的成本，准予扣除。

三、债权投资的会计处理和税务处理

《金融工具确认与计量准则》规定，核算以摊余成本计量的债券投资应设置“债权投资”科目，并根据债权投资的类别和品种，分别按“面值”“利息调整”“应计利息”等二级科目进行明细核算。以摊余成本计量的金融资产是指同时符合

下列条件的金融资产：一是企业管理该金融资产的业务模式是以收取合同现金流量为目标。二是该金融资产的合同条款规定，在特定日期产生的现金流量仅为对本金和以未偿还本金金额为基础计算的利息支出。例如，公司发行的债券合同现金流量是到期收回本金及按约定利率在合同存续期间按期收取的利息。在没有其他特殊安排的情况下，公司债券通常符合本金加利息的合同现金流量特征。如果企业管理该债券的业务模式是以收取合同现金流量为目标，则该债券可以分类为以摊余成本计量的金融资产。

（一）债权投资初始成本计量与计税基础

在会计处理上，企业初始确认债权投资时应当按照公允价值计量，公允价值通常指交易价格，即所支付对价的公允价值。发生的相关交易费用应当计入初始确认金额，企业取得金融资产所支付的价款中包含的已宣告但尚未发放的利息，应当单独确认为应收项目。交易费用，是指可直接归属于购买、发行或处置金融工具的增量费用。增量费用是指企业没有发生购买、发行或处置相关金融工具的情形就不会发生的费用，包括支付给代理机构、咨询公司、券商、证券交易所、政府有关部门等的手续费、佣金，相关税费以及其他必要支出，不包括债券溢价、折价、融资费用、内部管理成本和或有成本等与交易不直接相关的费用。

在税务处理上，《企业所得税法实施条例》第五十六条规定，企业的各项资产，包括固定资产、生物资产、无形资产、长期待摊费用、投资资产、存货等，以历史成本为计税基础。历史成本，是指企业取得该项资产时实际发生的支出。《企业所得税法实施条例》第七十一条规定，企业通过支付现金方式取得的投资资产，以购买价款为计税基础；通过支付现金以外的方式取得的投资资产，以该资产的公允价值和支付的相关税费为计税基础。

（二）债权投资利息收入的税法与会计差异

在会计处理上，企业应当以摊余成本对债权投资进行后续计量。所谓摊余成本是指该项投资在初始确认金额的基础上调整了如下因素后的结果：第一，扣除已偿还的本金。第二，加上或减去采用实际利率法将该初始确认金额与到期日金额之间的差额进行摊销形成的累计摊销额。第三，扣除计提的累计信用减值准备（仅适用于金融资产）。要确定债权投资的摊余成本，就要厘清利息调整（溢折价）、实际利率法等概念。所谓实际利率法，是指按照金融资产或负债的实际利率计算其摊余成本及各期利息收入或利息费用的方法。实际利率则是指将一项金融资产或金融负债在预期存续期间或适用的更短时间内的未来现金流量，折现为该金融资产或金融负债当前账面价值所使用的利率。实际利率应当在取得债权投资时确定，如果实际利率和票面利率差别较小的，也可以按照票面利率计算利息收入。发行债券时之所以会发生溢价与折价现象，实质上是因为债券票面利率高于或低于市场利率。对于债券投资者来说，溢价是以后各期多得利息收入而预先付出的代价；对发行者来说，债券溢价是预先补偿了其以后各期多付利息费用的损失。债券折价则是发行者对投资者以后各期少收利息的补偿。因此，债券的溢价或折价起着平衡债券发行公司和投资公司利息水平的作用，使双方最终都能按照市场利率公平合理地支付利息费用和获得利息收入。债券投资的溢价或折价应当与确认相关债券利息收入的同时进行摊销。溢价摊销时，调整较高的票面利息收入，并逐期减少"债权投资"摊余成本，直至到期收回本金时，溢价额已经摊销完毕，"债权投资"的摊余成本等于债券面值。折价则进行相反处理。

在税务处理上，《企业所得税法实施条例》第十八条规定，利息收入按照合同约定的债务人应付利息的日期确认收入的实现。《企业所得税法》第二十六条规定，企业取得的国债利息收入，免征企业所得税。《国家税务总局关于企业国债投资业务企业所得税处理问题的公告》（国家税务总局公告 2011 年第 36 号）规定，企业投资国债从国务院财政部门（以下简称发行者）取得的国债利息收入，应以国债发行时约定应付利息的日期，确认利息收入的实现。企业转让国债，应在国债转让收入确认时确认利息收入的实现。企业从发行者直接投资购买的国债持有至到期，其从发行者取得的国债利息收入全额免征企业所得税。企业到期前转让国债，或者从非发行者投资购买的国债，其持有期间尚未兑付的国债利息收入，按以下公式计算确定的国债利息收入，免征企业所得税：国债利息收入 = 国债金额 ×（适用年利率 ÷ 365）× 持有天数。上述公式中的"国债金额"，按国债发行面值或发行价格确定；"适用年利率"按国债票面年利率或折合年收益率确定；如企业不同时间多次购买同一品种国债的，"持有天数"可按平均持有天数计算确定。

相较之下，会计和税法上关于利息收入确认的时间和金额可能存在差异：一是利息收入确认时间。如果债券约定的偿付方式是到期一次性还本付息，会计核算按照权责发生制原则，即使未收到利息也应按期确认利息收入的实现；税法规定按照合同约定的应付利息的时间确认利息收入，就会产生税法与会计处理上利息收入归属期的不同。如果债券的付息方式是分期付息到期一次还本，则不会产生税法与会计差异。二是利息收入计量金额的差异。债权投资初始计量时如果存在溢价或折价情况，或者其他利息调整事项，会计核算按照实际利率法计算各期的利息收入，每期确认的利息收入金额不是实际收到的利息。按照税法规定，应按合同约定的利率计算利息收入金额。因此，利息收入的计量会存在税法与会计的差异。

四、其他债权投资的税法与会计差异

《企业会计准则第 22 号——金融工具确认与计量》规定，企业核算债权性投资中被分类为“以公允价值计量且其变动计入其他综合收益的金融资产”应设置“其他债权投资”科目，并根据金融资产类别和品种，分别设置“成本”“利息调整”“公允价值变动”等二级科目进行明细核算。企业将金融资产分类为以公允价值计量且其变动计入其他综合收益的金融资产，应同时符合下列条件：首先，企业管理该金融资产的业务模式既以收取合同现金流量为目标，又以出售该金融资产为目标。其次，该金融资产的合同条款规定，在特定日期产生的现金流量，仅为对本金和以未偿付本金金额为基础计算的利息支付。例如，公司发行的债券，合同现金流量是到期收回本金及按约定利率在合同期间按时收取的利息。在没有其他特殊安排的情况下，公司债券通常符合本金加利息的合同现金流量特征。

（一）其他债权投资初始成本计量、利息收入的税法与会计差异

其他债权投资的初始成本计量与利息收入会计核算方法与“债权投资”的核算方法相同，利息收入按照实际利率法确认，因此所产生的税法与会计差异与债权投资也一样。

（二）其他债权投资公允价值变动的税法与会计差异

在会计处理上，以公允价值计量且其变动计入其他综合收益的债权投资，期末公允价值发生变动时，所产生的公允价值变动损益，除减值损失或利得和汇兑损益外，均应当计入其他综合收益，直至该金融资产终止确认或被重分类。在该类债权投资终止确认时，之前计入其他综合收益的累计利得或损失应当从其他综合收益中转出，计入当期“投资收益”科目。

在税务处理上，《企业所得税法实施条例》第五十六条规定，企业持有各项资产期间资产增值或者减值，除国务院财政、税务主管部门规定可以确认损益外，不得调整该资产的计税基础。税法不采用公允价值计量属性，均按历史成本计量。虽然会计选择了公允价值计量属性计量其他债权投资，但是由于在债券的公允价值发生变动时，只调整其他债权投资的账面价值，并未将公允价值变动损益计入当期损益，所以不会在当期产生税法与会计的差异，不需要纳税调整。

（三）其他债权投资终止确认的税法与会计差异

在会计处理上，其他债权投资持有期间，所发生的减除减值损失或利得和汇兑损益外，均计入其他综合收益，并未计入当期损益。公允价值计量使企业持有的其他债权投资的账面价值不断变化，当企业终止确认该项金融资产时，终止确认期间

计算的损益并不是该项投资实际产生的投资收益，所以会计准则规定，在该类债权投资终止确认时，之前计入其他综合收益的累计利得或损失应当从其他综合收益中转出，计入当期“投资收益”科目。其他债权投资会计核算，强调揭示业务的经济实质，各期计算的利息收入是投资活动根据实际利息计算的利息收入，不是债券发行企业实际支付的利息金额，同时选择了公允价值模式计量，及时反映该资产的公允价值，体现相关性要求。

在税务处理上，按照历史成本计算投资资产的计税基础，并依据将合同约定的利率水平计算确认利息收入。税法与会计对投资业务损益的计量总金额相同，但是归属期不同，所以各期需要进行纳税调整。

五、其他权益工具投资的税法与会计差异

企业将非交易性权益工具投资指定为以公允价值计量且其变动计入其他综合收益的金融资产，这类资产是指企业取得的权益性投资资产，不以交易为目的，但是达不到“控制”“共同控制”和“重大影响”的程度，企业应通过“其他权益工具投资”科目核算，并设置“成本”“公允价值变动”等二级科目进行明细核算。

（一）其他权益工具投资初始成本计量与计税基础

在会计处理上，企业初始确认其他权益工具投资时应当按照公允价值计量，公允价值通常指交易价格，即所支付对价的公允价值。发生的相关交易费用应当计入初始确认金额，企业取得金融资产所支付的价款中包含的已宣告但尚未发放的现金股利，应当单独确认为应收项目处理。交易费用是指可直接归属于购买、发行或处置金融工具的增量费用。增量费用是指企业没有发生购买、发行或处置相关金融工具就不会发生的费用，包括支付给代理机构、咨询公司、券商、证券交易所、政府有关部门等的手续费、佣金、相关税费以及其他必要支出。

在税务处理上，《企业所得税法实施条例》第五十六条规定，企业的各项资产，包括固定资产、生物资产、无形资产、长期待摊费用、投资资产、存货等，以历史成本为计税基础。历史成本，是指企业取得该项资产时实际发生的支出。《企业所得税法实施条例》第七十一条规定，企业通过支付现金方式取得的投资以购买价款为计税基础；通过支付现金以外的方式取得的投资资产，以该资产公允价值和支付的相关税费为计税基础。

（二）其他权益工具投资后续计量的税法与会计差异

1. 股息、红利的税法与会计差异

在会计处理上，其他权益工具投资，持有期间获得的股利（属于投资成本收回

部分的除外）计入当期损益，企业确认股利收入应同时符合下列条件：（1）企业收取股利的权利已经确立。（2）与股利相关的经济利益很可能流入企业。（3）股利的金额能够可靠计量。

在税务处理上，《国家税务总局关于贯彻落实企业所得税法若干税收问题的通知》（国税函〔2010〕79 号）第四条规定，企业权益性投资取得股息、红利等收入，应以被投资企业股东会或股东大会作出利润分配或转股决定的日期，确定收入的实现。被投资企业将股权（票）溢价所形成的资本公积转为股本的，不作为投资方企业的股息、红利收入，投资方企业也不得增加该项长期投资的计税基础。

股息、红利的确认中，如果企业取得的是现金股利，税法与会计确认没有差异；如果取得的是股票股利，会计不确认投资收益，按照税法规定应确认股息、红利所得，则会产生差异。

2. 公允价值变动损益的税法与会计差异

在会计处理上，企业持有的其他权益工具投资，应以公允价值计量，持有期间资产公允价值发生变动，应将公允价值变动损益计入其他综合收益，计其他综合收益的金额未来不得再转入当期损益。

在税务处理上，《企业所得税法实施条例》第五十六条规定，企业的各项资产，包括固定资产、生物资产、无形资产、长期待摊费用、投资资产、存货等，以历史成本为计税基础。历史成本，是指企业取得该项资产时实际发生的支出。企业持有各项资产期间资产增值或者减值，除国务院财政、税务主管部门规定可以确认损益外，不得调整该资产的计税基础。按照税法规定，所有资产均按照历史成本确认其计税基础，其他权益工具投资也不例外，除另有规定之外，其计税基础在资产存续期间不会改变，不确认相关损益。因此，税法与会计对其他权益工具投资的后续计量存在差异，但是由于会计核算将公允价值变动带来的损益直接计入所有者权益，未计入当期利润，持有期间年度企业所得税汇算清缴时不需要进行纳税调整。

（三）其他权益工具投资处置的税法与会计差异

在会计处理上，其他权益工具投资终止确认时，之前计入其他综合收益的累计利得或损失应当从其他综合收益中转出，与处置损益一起计入留存收益，不得计入当期损益。

在税务处理上，股权投资处置损益应计入处置当期的应纳税所得额。《国家税务总局关于贯彻落实企业所得税法若干税收问题的通知》（国税函〔2010〕79 号）第三条规定，企业转让股权收入，应于转让协议生效且完成股权变更手续时，确认收入的实现。转让股权收入扣除为取得该股权所发生的成本后，为股权转让所得。

企业在计算股权转让所得时，不得扣除被投资企业未分配利润等股东留存收益中按该项股权所可能分配的金额。

六、交易性金融资产的税法与会计差异

企业持有的金融资产如果不是分类为以摊余成本计量的金融资产和以公允价值计量且其变动计入其他综合收益的金融资产，企业应将其分类为以公允价值计量且其变动进入当期损益的金融资产。企业以交易为目的持有的金融资产，既可以是权益工具投资，也可以是债券投资，企业应设置“交易性金融资产”科目核算，并设置“成本”“公允价值变动”等二级科目进行明细核算。

（一）交易性金融资产初始成本计量与计税基础

在会计处理上，交易性金融资产初始成本确认应当按照公允价值计量，相关交易费用应当直接计入当期损益；企业取得该金融资产所支付的价款中，如果包含已宣告但尚未发放的利息或现金股利，应当单独确认为应收项目，不计入初始成本。交易费用是指可直接归属于购买、发行或处置金融工具的增量费用。增量费用是指企业没有发生购买、发行或处置相关金融工具的情形就不会发生的费用，包括支付给代理机构、咨询公司、券商、证券交易所、政府有关部门等的手续费、佣金、相关税费以及其他必要支出。

在税务处理上，《企业所得税法实施条例》第五十六条规定，企业的各项资产，包括固定资产、生物资产、无形资产、长期待摊费用、投资资产、存货等，以历史成本为计税基础。历史成本是指企业取得该项资产时实际发生的支出。《企业所得税法实施条例》第七十一条规定，企业通过支付现金方式取得的投资资产，以购买价款为计税基础；通过支付现金以外的方式取得的投资资产，以该资产的公允价值和支付的相关税费为计税基础。会计核算将交易性金融资产取得过程中发生的交易费用直接计入当期损益，税法规定交易费用应该计入投资资产的计税基础，所以会产生税法与会计差异。

（二）交易性金融资产后续计量的税法与会计差异

1\. 股息、红利的税法与会计差异

在会计处理上，企业持有交易性金融资产期间，当被投资企业作出利润分配决定，宣告发放现金股利时，应按照持股比例计算本企业应分得的现金股利，确认为投资收益。股息红利的确认中，如果是现金股利，税法与会计确认没有差异；如果是股票股利，会计不确认为投资收益，税法与会计确认存在差异。

在税务处理上，《国家税务总局关于贯彻落实企业所得税法若干税收问题的通

知》（国税函〔2010〕79 号）第四条规定，企业权益性投资取得股息、红利等收入，应以被投资企业股东会或股东大会作出利润分配或转股决定的日期，确认收入的实现。被投资企业将股权（票）溢价所形成的资本公积转为资本的，不作为投资方企业的股息、红利收入，投资方企业也不得增加该项长期投资的计税基础。

2. 公允价值变动损益的税法与会计差异

在会计处理上，交易性金融资产以公允价值计量，持有期间公允价值变动应计入“公允价值变动”科目，计入当期损益。期末，一方面应按照公允价值调整交易性金融资产的账面价值；另一方面要对公允价值变动带来的损益进行确认，并计入当期损益。

在税务处理上，根据《企业所得税法实施条例》第五十六条规定，企业的各项资产，包括固定资产、生物资产、无形资产、长期待摊费用、投资资产、存货等，以历史成本为计税基础。历史成本，是企业取得该项资产时实际发生的支出。企业持有各项资产期间资产增值或者减值，除国务院财政、税务主管部门规定可以确认损益外，不得调整该资产的计税基础。所有资产均按照历史成本确认其计税基础，交易性金融资产也不例外，其计税基础在资产存续期间不会改变，无需调整。因此，交易性金融资产公允价值变动损益会产生税法与会计差异。

（三）交易性金融资产转让的税法与会计差异

交易性金融资产转让的税法与会计差异是因为该资产的账面价值和计税基础的差异。交易性金融资产的账面价值与计税基础产生差异包括三种情况：一是交易费用处理方式不同产生的差异；二是公允价值变动损益的确认不同产生的差异；三是出现被投资企业分配股票股利处理方式不同产生的差异。这些差异导致交易性金融资产转让时，按税法规定计算的转让所得与会计核算的金融资产处置损益很可能出现差异。

七、金融工具的重分类

在会计处理上，企业改变其管理金融资产的业务模式时，应当对所有受影响的相关金融资产进行重分类，对所有金融负债均不得进行重分类。企业对金融资产进行重分类，应当自重分类日起采用未来适用法进行相关会计处理，不得对以前已经确认的利得、损失（包括减值损失或利得）或利息进行追溯调整。对金融资产重分类进行处理的，企业应当根据该金融资产在重分类日的公允价值确定其实际利率。同时，企业应当自重分类日起对该金融资产适用金融资产减值的相关规定，并将重分类日视为初始确认日。具体情形及会计处理如下：

（1）企业将一项以摊余成本计量的金融资产重分类为以公允价值计量且其变动计入当期损益的金融资产的，应当按照该资产在重分类日的公允价值进行计量。原账面价值与公允价值之间的差额计入当期损益。

（2）企业将一项以摊余成本计量的金融资产重分类为以公允价值计量且其变动计入其他综合收益的金融资产的，应当按照该金融资产在重分类日的公允价值进行计量。原账面价值与公允价值之间的差额计入其他综合收益。该金融资产重分类不影响其实际利率和预期信用损失的计量。

（3）企业将一项以公允价值计量且其变动计入其他综合收益的金融资产重分类为以摊余成本计量的金融资产的，应当将之前计入其他综合收益的累计利得或损失转出，调整该金融资产在重分类日的公允价值，并以调整后的金额作为新的账面价值，即视同该金融资产一直以摊余成本计量。该金融资产重分类不影响其实际利率和预期信用损失的计量。

（4）企业将一项以公允价值计量且其变动计入其他综合收益的金融资产重分类为以公允价值计量且其变动计入当期损益的金融资产的，应当继续以公允价值计量该金融资产。同时，企业应当将之前计入其他综合收益的累计利得或损失从其他综合收益转入当期损益。

（5）企业将一项以公允价值计量且其变动计入当期损益的金融资产重分类为以摊余成本计量的金融资产的，应当以其在重分类日的公允价值作为新的账面余额。

（6）企业将一项以公允价值计量且其变动计入当期损益的金融资产重分类为以公允价值计量且其变动计入其他综合收益的金融资产的，应当继续以公允价值计量该金融资产。

在税务处理上，根据《企业所得税法实施条例》第五十六条规定，企业的各项资产，包括固定资产、生物资产、无形资产、长期待摊费用、投资资产、存货等，以历史成本为计税基础。前款所称历史成本，是指企业取得该项资产时实际发生的支出。企业持有各项资产期间资产增值或者减值，除国务院财政、税务主管部门规定可以确认损益外，不得调整该资产的计税基础。所以，企业初始确认金融资产时，应当按照取得该项资产时实际发生的支出，即以历史成本为计税基础，金融资产重分类不影响计税基础。

《国家税务总局关于金融企业贷款利息收入确认问题的公告》（国家税务总局公告 2010 年第 23 号）规定，金融企业按规定发放的贷款，属于未逾期贷款（含展期），应根据先收利息后收本金的原则，按贷款合同确认的利率和结算利息的期限计算利息，并于债务人应付利息的日期确认收入的实现；属于逾期贷款，其逾期后发生的应收利息，应于实际收到的日期，或者虽未实际收到，但会计上确认为利息收入的日期，确认收入的实现；金融企业已确认为利息收入的应收利息，逾期 90 天仍未收回，且会计上已冲减了当期利息收入的，准予抵扣当期应纳税所得额；金融企业已冲减了利息收入的应收未收利息，以后年度收回时，应计入当期应纳税所得额计算纳税。《财政部 国家税务总局关于企业所得税若干优惠政策的通知》（财税〔2008〕1 号）第二点关于鼓励证券投资基金发展的优惠政策规定，对证券投资基金从证券市场中取得的收入，包括买卖股票、债券的差价收入，股权的股息、红利收入，债券的利息收入及其他收入，暂不征收企业所得税。对投资者从证券投资基金分配中取得的收入，暂不征收企业所得税。对证券投资基金管理人运用基金买卖股票、债券的差价收入，暂不征收企业所得税。

八、金融工具的减值

在会计处理上，当对金融资产预期未来现金流量具有不利影响的一项或多项事件发生时，该金融资产成为已发生信用减值的金融资产。金融资产已发生信用减值的证据包括下列可观察信息：一是发行方或债务人发生重大财务困难；二是债务人违反合同，如偿付利息或本金违约或逾期等；三是债权人出于与债务人财务困难有关的经济或合同考虑，给予债务人在任何其他情况下都不会做出的让步；四是债务人很可能破产或进行其他财务重组；五是发行方或债务人财务困难导致该金融资产的活跃市场消失；六是以大幅折扣购买或源生一项金融资产，该折扣反映了发生信用损失的事实。金融资产发生信用减值，有可能是多个事件的共同作用所致，未必是可单独识别的事件所致。对于适用减值规定的各类金融工具，企业应当按照下列方法确定其信用损失：

对于金融资产，信用损失应为企业应收取的合同现金流量与预期收取的现金流量之间差额的现值。

对于租赁应收款项，信用损失应为企业应收取的合同现金流量与预期收取的现金流量之间差额的现值。其中，用于确定预期信用损失的现金流量，应与计量租赁应收款项的现金流量保持一致。

对于未提用的贷款承诺，信用损失应为在贷款承诺持有人提用相应贷款的情况下，企业应收取的合同现金流量与预期收取的现金流量之间差额的现值。企业对贷款承诺预期信用损失的估计，应当与其对该贷款承诺提用情况的预期保持一致。

对于财务担保合同，信用损失应为企业就该合同持有人发生的信用损失向其做出赔付的预计付款额，减去企业预期向该合同持有人、债务人或任何其他方收取的金额之间差额的现值。

对于资产负债表日已发生信用减值但并非购买或源生已发生信用减值的金融资产，信用损失应为该金融资产账面余额与按原实际利率折现的估计未来现金流量的现值之间的差额。

在税务处理上，根据《企业所得税法》第八条规定，企业实际发生的与取得收入有关的、合理的支出，包括成本、费用、税金、损失和其他支出，可以在计算应纳税所得额时扣除。根据《企业所得税法实施条例》第三十二条规定，企业所得税法第八条所称损失，是指企业在生产经营活动中发生的固定资产和存货的盘亏、毁损、报废损失，转让财产损失，呆账损失，坏账损失，自然灾害等不可抗力因素造成的损失以及其他损失。企业已经作为损失处理的资产，在以后纳税年度又全部收回或者部分收回时，应当计入当期收入。税法规定，除特定金融企业准备金准予按规定税前扣除外，其他坏账准备不得在税前扣除。企业将该金融资产的账面价值与预计未来现金流量现值之间的差额确认为减值损失，计入当期损益的，应进行纳税调整。企业实际发生的坏账损失，根据《企业资产损失所得税税前扣除管理办法》（国家税务总局公告 2011 年第 25 号）和《国家税务总局关于企业所得税资产损失资料留存备查有关事项的公告》（国家税务总局公告 2018 年第 15 号）作资产损失扣除。本期收到的已作坏账损失在税前扣除的应收款项，应当并入所得额征税。但前期会计上已作坏账损失处理未获得税前扣除的坏账损失，实际收到时，无需确认所得，否则会导致重复征税。根据《财政部国家税务总局关于金融企业贷款损失准备金企业所得税税前扣除有关政策的通知》（财税〔2015〕9 号）等规定，金融企业允许按照相关资产余额的规定比例计提呆账准备（即贷款损失准备）。金融企业符合规定核销条件的呆账损失，应先冲减已经扣除的呆账准备，呆账准备不足冲减的部分，准予直接扣除。金融企业收回已扣除的呆账损失时，应计入当期应纳税所得额。

第三节　金融资产转移会计处理与税务处理的差异

一、金融资产转移及终止确认的概念

金融资产转移，是指企业（转出方）将金融资产（或其现金流量）让与或交

付给该金融资产发行方之外的另一方（转入方）。金融资产终止确认，是指企业将之前确认的金融资产从其资产负债表中予以转出。

金融资产的一部分满足下列条件之一的，企业应当将终止确认的规定适用于该金融资产部分，除此之外，企业应当将终止确认的规定适用于该金融资产整体：

第一，该金融资产部分仅包括金融资产所产生的特定可辨认现金流量。例如，企业就某债务工具与转入方签订一项利息剥离合同，合同规定转入方有权获得该债务工具利息现金流量，但无权获得该债务工具本金现金流量，终止确认的规定适用于该债务工具的利息现金流量。第二，该金融资产部分仅包括与该金融资产所产生的全部现金流量完全成比例的现金流量部分。例如，企业就某债务工具与转入方签订转让合同，合同规定转入方拥有获得该债务工具全部现金流量一定比例的权利，终止确认的规定适用于该债务工具全部现金流量一定比例的部分。第三，该金融资产部分仅包括与该金融资产所产生的特定可辨认现金流量完全成比例的现金流量部分。例如，企业就某债务工具与转入方签订转让合同，合同规定转入方拥有获得该债务工具利息现金流量一定比例的权利，终止确认的规定适用于该债务工具利息现金流量一定比例的部分。

金融资产满足下列条件之一的，应当终止确认：一是收取该金融资产现金流量的合同权利终止。二是该金融资产已转移，且该转移满足终止确认的规定。

二、金融资产转移的终止确认及税务处理

（一）金融资产转移的情形及其终止确认

金融资产转移，包括下列两种情形：

情形一，企业将收取金融资产现金流量的合同权利转移给其他方。

情形二，企业保留了收取金融资产现金流量的合同权利，但承担了将收取的该现金流量支付给一个或多个最终收款方的合同义务，且同时满足下列条件：第一，企业只有从该金融资产收到对等的现金流量时，才有义务将其支付给最终收款方。企业提供短期垫付款，但有权全额收回该垫付款并按照市场利率计收利息的，视同满足本条件。第二，转让合同规定禁止企业出售或抵押该金融资产，但企业可以将其作为向最终收款方支付现金流量义务的保证。第三，企业有义务将代表最终收款方收取的所有现金流量及时划转给最终收款方，且无重大延误。企业无权将该现金流量进行再投资，但在收款日和最终收款方要求的划转日之间的短暂结算期内，将所收到的现金流量进行现金或现金等价物投资，并且按照合同约定将此类投资的收益支付给最终收款方的，视同满足本条件。

企业在发生金融资产转移时，应当评估其保留金融资产所有权上的风险和报酬的程度，并分下列情形处理：

第一，企业转移了金融资产所有权上几乎所有风险和报酬的，应当终止确认该金融资产，并将转移中产生或保留的权利和义务单独确认为资产或负债。

第二，企业保留了金融资产所有权上几乎所有风险和报酬的，应当继续确认该金融资产。

第三，企业既没有转移，也没有保留金融资产所有权上几乎所有风险和报酬的，应当根据其是否保留了对金融资产的控制，分下列情形处理：一是企业未保留对该金融资产控制的，应当终止确认该金融资产，并将转移中产生或保留的权利和义务单独确认为资产或负债。二是企业保留了对该金融资产控制的，应当按照其继续涉入被转移金融资产的程度继续确认有关金融资产，并相应确认相关负债。继续涉入被转移金融资产的程度，是指企业承担的被转移金融资产价值变动风险或报酬的程度。

企业在判断金融资产转移是否满足金融资产终止确认条件时，应当注重金融资产转移的实质，企业转移了金融资产所有权上几乎所有风险和报酬，应当终止确认被转移金融资产的常见情形有：第一，企业无条件出售金融资产。第二，企业出售金融资产，同时约定按回购日该金融资产的公允价值回购。第三，企业出售金融资产，同时与转入方签订看跌期权合同（即转入方有权将该金融资产返售给企业）或看涨期权合同（即转出方有权回购该金融资产），且根据合同条款判断，该看跌期权或看涨期权为一项重大价外期权（即期权合约的条款设计，使得金融资产的转入方或转出方极小可能会行权）。

（二）满足终止确认条件的金融资产转移的会计处理

金融资产转移整体满足终止确认条件的，应当将下列两项金额的差额计入当期损益：一是被转移金融资产在终止确认日的账面价值。二是因转移金融资产而收到的对价，与原直接计入其他综合收益的公允价值变动累计额中对应终止确认部分的金额（涉及转移的金融资产为以公允价值计量且其变动计入其他综合收益的金融资产）之和。企业保留了向该金融资产提供相关收费服务的权利（包括收取该金融资产的现金流量，并将所收取的现金流量划转给指定的资金保管机构等），应当就该服务合同确认一项服务资产或服务负债。如果企业将收取的费用预计超过对服务的充分补偿，应当将该服务权利作为继续确认部分确认为一项服务资产，并确定该服务资产的金额。如果将收取的费用预计不能充分补偿企业所提供的服务，则应当将由此形成的服务义务确认一项服务负债，并以公允价值进行初始计量。企业因金融资产转移导致整体终止确认金融资产，同时获得了新金融资产或承担了新金融负债或服务负债的，应当在转移日确认该金融资产、金融负债（包括看涨期权、看跌期权、担保负债、远期合同、互换等）或服务负债，并以公允价值进行初始计量。该金融资产扣除金融负债和服务负债后的净额应当作为上述对价的组成部分。

企业转移了金融资产的一部分，且该被转移部分整体满足终止确认条件的，应当将转移前金融资产整体的账面价值，在终止确认部分和继续确认部分（在此种情形下，所保留的服务资产应当视同继续确认金融资产的一部分）之间，按照转移日各自的相对公允价值进行分摊，并将下列两项金额的差额计入当期损益：第一，终止确认部分在终止确认日的账面价值。第二，终止确认部分收到的对价，与原计入其他综合收益的公允价值变动累计额中对应终止确认部分的金额（涉及转移的金融资产为以公允价值计量且其变动计入其他综合收益的金融资产）之和。对价包括获得的所有新资产减去承担的所有新负债后的金额。原计入其他综合收益的公允价值变动累计额中对应终止确认部分的金额，应当按照金融资产终止确认部分和继续确认部分的相对公允价值，对该累计额进行分摊后确定。

企业将转移前金融资产整体的账面价值按相对公允价值在终止确认部分和继续确认部分之间进行分摊时，应当按照下列规定确定继续确认部分的公允价值：第一，企业出售过与继续确认部分类似的金融资产，或继续确认部分存在其他市场交易的，近期实际交易价格可作为其公允价值的最佳估计。第二，继续确认部分没有报价或近期没有市场交易的，其公允价值的最佳估计为转移前金融资产整体的公允价值扣除终止确认部分的对价后的差额。

（三）金融资产转移终止确认的税务处理

在税务处理上，《企业所得税法》第六条规定，企业以货币形式和非货币形式从各种来源取得的收入，为收入总额，其中包括转让财产收入。当企业对金融资产进行终止确认后，应当认定转让财产收入已经实现，应当将收入计入收入总额。根据第十四条规定，企业对外投资期间，投资资产的成本在计算应纳税所得额时不得扣除。

《企业所得税法实施条例》第七十一条进一步解释，企业所得税法第十四条所称投资资产，是指企业对外进行权益性投资和债权性投资形成的资产。企业在转让或者处置投资资产时，投资资产的成本准予扣除。投资资产按照以下方法确定成本：第一，通过支付现金方式取得的投资资产，以购买价款为成本。第二，通过支付现金以外的方式取得的投资资产，以该资产的公允价值和支付的相关税费为成本。企业的金融资产属于投资资产，在金融资产进行终止确认后，金融资产的成本应允许在税前扣除。依据《国家税务总局关于贯彻落实企业所得税法若干税收问题的通知》（国税函〔2010〕79 号）规定，企业转让股权收入，应于转让协议生效且完成股权变更手续时，确认收入的实现。

三、继续确认被转移金融资产的计量及税务处理

在会计处理上，企业保留了被转移金融资产所有权上几乎所有风险和报酬而不满足终止确认条件的，应当继续确认被转移金融资产整体，并将收到的对价确认为一项金融负债。在继续确认被转移金融资产的情形下，金融资产转移所涉及的金融资产与所确认的相关金融负债不得相互抵销。在后续会计期间，企业应当继续确认该金融资产产生的收入（或利得）和该金融负债产生的费用（或损失），不得相互抵销。企业保留了金融资产所有权上几乎所有风险和报酬，应当继续确认被转移金融资产的常见情形有：第一，企业出售金融资产并与转入方签订回购协议，协议规定企业将回购原被转移金融资产，或者将予回购的金融资产与售出的金融资产相同或实质上相同、回购价格固定或原售价加上回报。第二，企业融出证券或进行证券出借。第三，企业出售金融资产并附有将市场风险敞口转回给企业的总回报互换。第四，企业出售短期应收款项或信贷资产，并且全额补偿转入方可能因被转移金融资产发生的信用损失。第五，企业出售金融资产，同时与转入方签订看跌期权合同或看涨期权合同，且根据合同条款判断，该看跌期权或看涨期权为一项重大价内期权（即期权合约的条款设计，使得金融资产的转入方或转出方很可能会行权）。

在金融资产转移不满足终止确认条件的情况下，企业（转出方）与转移有关的合同权利或义务不应当作为衍生工具进行单独会计处理，如果同时确认衍生工具和被转移金融资产或转移产生的负债会导致对同一权利或义务的重复确认。转入方不应当将被转移金融资产全部或部分确认为自己的资产。转入方应当终止确认所支付的现金或其他对价，同时确认一项应收转出方的款项。企业（转出方）同时拥有以固定金额重新控制整个被转移金融资产的权利和义务的（如以固定金额回购被转移金融资产），在满足摊余成本计量规定的情况下，转入方可以将其应收款项以摊余成本计量。

在税务处理上，金融资产未满足终止确认条件时的计量由于没有计入收入总额确认为应税收入，所以其会计处理对企业所得税地处理没有影响。

四、继续涉入被转移金融资产的会计处理

企业既没有转移，也没有保留金融资产所有权上几乎所有风险和报酬，且保留

了对该金融资产控制的，应当按照其继续涉入被转移金融资产的程度继续确认该被转移金融资产，并相应确认相关负债。被转移金融资产和相关负债应当在充分反映企业因金融资产转移所保留的权利和承担的义务的基础上进行计量。

企业应当按照下列规定对相关负债进行计量：

被转移金融资产以摊余成本计量的，相关负债的账面价值等于继续涉入被转移金融资产的账面价值减去企业保留的权利（如果企业因金融资产转移保留了相关权利）的摊余成本并加上企业承担的义务（如果企业因金融资产转移承担了相关义务）的摊余成本；相关负债不得指定为以公允价值计量且其变动计入当期损益的金融负债。

被转移金融资产以公允价值计量的，相关负债的账面价值等于继续涉入被转移金融资产的账面价值减去企业保留的权利（如果企业因金融资产转移保留了相关权利）的公允价值并加上企业承担的义务（如果企业因金融资产转移承担了相关义务）的公允价值，该权利和义务的公允价值应为按独立基础计量时的公允价值。

企业应当按照其继续涉入被转移金融资产的程度继续确认被转移金融资产的常见情形有：第一，企业转移金融资产，并采用保留次级权益或提供信用担保等方式进行信用增级，企业只转移了被转移金融资产所有权上的部分（非几乎所有）风险和报酬，且保留了对被转移金融资产的控制。第二，企业转移金融资产，并附有既非重大价内也非重大价外的看涨期权或看跌期权，导致企业既没有转移也没有保留所有权上几乎所有风险和报酬，且保留了对被转移金融资产的控制。

（一）通过提供担保方式继续涉入

在会计处理上，企业通过对被转移金融资产提供担保方式继续涉入的，应当在转移日按照金融资产的账面价值和担保金额两者的较低者，继续确认被转移金融资产，同时按照担保金额和担保合同的公允价值（通常是提供担保收到的对价）之和确认相关负债。担保金额，是指企业所收到的对价中，可被要求偿还的最高金额。在后续会计期间，担保合同的初始确认金额应当随担保义务的履行进行摊销，计入当期损益。被转移金融资产发生减值的，计提的损失准备应从被转移金融资产的账面价值中抵减。

在税务处理上，企业通过对所转移金融资产提供财务担保方式继续涉入的，暂不应改变所转移金融资产的计税基础；未确认为应税收入的，金融资产转移损失不得扣除。在随后的会计期间，财务担保合同的初始确认金额应当在该财务担保合同期间内按照时间比例摊销，按照收入准则的相关规定确认为各期收入，计入收入总额的，可配比摊销扣除。但因担保形成的资产的账面价值按可收回金额低于其账面价值计提减值准备，在计提时不允许在税前扣除。另外，担保与应税收入无关的损失不得税前扣除。

（二）持有看涨期权或签出看跌期权而继续涉入

在会计处理上，企业因持有看涨期权或签出看跌期权而继续涉入被转移金融资产，且该金融资产以摊余成本计量的，应当按照其可能回购的被转移金融资产的金额继续确认被转移金融资产，在转移日按照收到的对价确认相关负债。被转移金融资产在期权到期日的摊余成本和相关负债初始确认金额之间的差额，应当采用实际利率法摊销，计入当期损益，同时调整相关负债的账面价值。相关期权行权的，应当在行权时，将相关负债的账面价值与行权价格之间的差额计入当期损益。

企业因持有看涨期权或签出看跌期权（或两者兼有，即上下限期权）而继续涉入被转移金融资产，且以公允价值计量该金融资产的，应当分以下情形进行处理：

（1）企业因持有看涨期权而继续涉入被转移金融资产的，应当继续按照公允价值计量被转移金融资产，同时按照下列规定计量相关负债：该期权是价内或平价期权的，应当按照期权的行权价格扣除期权的时间价值后的金额，计量相关负债；该期权是价外期权的，应当按照被转移金融资产的公允价值扣除期权的时间价值后的金额，计量相关负债。

（2）企业因签出看跌期权形成的义务而继续涉入被转移金融资产的，应当按照该金融资产的公允价值和该期权行权价格两者的较低者，计量继续涉入形成的资产；同时，按照该期权的行权价格与时间价值之和，计量相关负债。

（3）企业因持有看涨期权和签出看跌期权（即上下限期权）而继续涉入被转移金融资产的，应当继续按照公允价值计量被转移金融资产，同时按照下列规定计量相关负债：该看涨期权是价内或平价期权的，应当按照看涨期权的行权价格和看跌期权的公允价值之和，扣除看涨期权的时间价值后的金额，计量相关负债；该看涨期权是价外期权的，应当按照被转移金融资产的公允价值和看跌期权的公允价值之和，扣除看涨期权的时间价值后的金额，计量相关负债。

企业采用基于被转移金融资产的现金结算期权或类似条款的形式继续涉入的，其会计处理方法与以非现金结算期权形式继续涉入的会计处理方法相同。企业按继续涉入程度继续确认的被转移金融资产以及确认的相关负债不应当相互抵销。企业应当对继续确认的被转移金融资产确认所产生的收入（或利得），对相关负债确认所产生的费用（或损失），两者不得相互抵销。继续确认的被转移金融资产以公允价值计量的，在后续计量时对其公允价值变动应根据《金融工具确认和计量准则》第六十四条的规定进行确认，同时相关负债公允价值变动的确认应当与之保持一致，且两者不得相互抵销。

在税务处理上，企业因卖出一项看跌期权或持有一项看涨期权，使所转移金融资产不符合终止确认条件，暂不应改变所转移金融资产的计税基础。相关期权行权的，应当在行权时，分别确认收入总额与税前扣除额。

（三）继续涉入仅限于金融资产一部分

企业对金融资产的继续涉入仅限于金融资产一部分的，企业应当按照转移日因继续涉入而继续确认部分和不再确认部分的相对公允价值，在两者之间分配金融资产的账面价值，并将下列两项金额的差额计入当期损益：一是分配至不再确认部分的账面金额（以转移日计量的为准）；二是不再确认部分所收到的对价。如果涉及转移的金融资产为以公允价值计量且其变动计入其他综合收益的金融资产的，不再确认部分的金额对应的原计入其他综合收益的公允价值变动累计额计入当期损益。

在税务处理上，金融资产部分转移满足终止确认条件并已计入收入总额的，应与金融资产部分转移未终止确认部分按照收入与扣除相配比的原则，合理分摊投资资产的成本。未终止确认部分金融资产的成本不允许在税前扣除。企业因卖出一项看跌期权或持有一项看涨期权，使所转移金融资产不符合终止确认条件，暂不应改变所转移金融资产的计税基础。相关期权行权的，应当在行权时，分别确认收入总额与税前扣除额。

五、向转入方提供非现金担保物的会计处理

企业向金融资产转入方提供了非现金担保物（如债务工具或权益工具投资等）的，企业（转出方）和转入方应当按照下列规定进行处理：

转入方按照合同或惯例有权出售该担保物或将其再作为担保物的，企业应当将该非现金担保物在财务报表中单独列报。

转入方已将该担保物出售的，转入方应当就归还担保物的义务，按照公允价值确认一项负债。

除因违约丧失赎回担保物权利外，企业应当继续将担保物确认为一项资产。企业因违约丧失赎回担保物权利的，应当终止确认该担保物；转入方应当将该担保物确认为一项资产，并以公允价值计量。转入方已出售该担保物的，应当终止确认归还担保物的义务。

在税务处理上，企业通过对所转移金融资产提供财务担保方式继续涉入的，暂不改变所转移金融资产的计税基础；未确认为应税收入的，金融资产转移损失不得扣除。因担保形成的资产的账面价值按可回收金额低于其账面价值计提减值准备，在计提时不允许税前扣除。另外，担保与应税收入无关的损失不得税前扣除。

第七章　所得税会计

第一节　概述

一、基本差异

（一）目的差异

《企业会计准则第 18 号——所得税》是为了规范企业所得税的确认、计量和相关信息的列报。从会计的角度来看，所得税是一种费用，在计算企业净利润时，要扣除所得税费用。

《企业所得税法》是为了课税，根据纳税人的实际纳税能力，确定一定时期内纳税人的应纳税所得额和应纳税额。从税法的角度来看，所得税是一种义务，不是一种费用，《企业所得税法》第十条第（二）项规定，在计算应纳税所得额时，企业所得税税款不得扣除。

（二）所得税定义差异

会计准则所称的所得税包括企业以应纳税所得额为基础的各种境内和境外税额。也就是说，全部境内、境外所得税都要确认为所得税费用，计入当期损益。

《企业所得税法》所称的应纳税额不同于会计所称的所得税，第二十二条规定，企业的应纳税所得额乘以适用税率，减除应减免的税额和允许抵免的税额后的余额，为企业所得税的应纳税额；第二十三条规定，企业取得的下列所得已在境外缴纳的所得税税额，可以从其当期应纳税额中抵免，抵免限额为该项所得依照本法规定计算的应纳税额；超过抵免限额的部分，可以在以后五个年度内，用每年度抵免限额抵免当年应抵税额后的余额进行抵补。也就是说，境外税额允许抵免，但因受抵免限额的限制，不一定能够使全部境外税额都得到抵免。

（三）范围差异

所得税会计准则不涉及政府补助的确认和计量，但因政府补助产生暂时性差异的所得税影响，应当按照准则进行确认和计量。

《企业所得税法》涉及政府补助的收入的征税、不征税与扣除，全部政府补助都应计入收入总额，除第七条第（一）项规定的财政拨款收入为不征税收入和其他另有规定的以外，财政补贴收入等政府补助也属于应税收入。

二、应纳税额与所得税费用的差异实例

如果企业将当年的企业所得税应纳税额全部作为所得税费用，计入当期损益，此时，应纳税额等于所得税费用，这比较简单，易于理解和应用。这种方法在会计处理上被称为“应付税款法”。但是，这样处理，不符合会计处理的权责发生制原则。这是由于企业所得税法计算应纳税所得额和应纳税额的规定，不同于会计准则的规定而造成的。

举例来说，某公司每年税前利润总额为 1000 万元，2021 年预提了 200 万元销售产品的保修费用，这笔费用在 2022 年才实际发生，适用的税率为 25%。

在会计处理上，根据权责发生制原则，2021 年就将 200 万元销售产品的保修费用计入了损益。这是因为从会计的角度说，这部分保修费用是与 2021 年实现的销售收入相配比的。

在税务处理上，根据《企业所得税法》第八条规定，企业实际发生的与取得收入有关的、合理的支出，包括成本、费用、税金、损失和其他支出，可以在计算应纳税所得额时扣除。所以，这笔保修费用 2021 年没有实际支出，不允许扣除，企业作纳税调整后，应纳税所得额为 1200 万元，应纳税额为 300 万元。到 2022 年实际发生时，才允许在税前扣除，企业应纳税所得额为 800 万元，应纳税额为 200 万元。这意味着预计保修费用这个事项减少 2021 年的经济利益流出，或者视作是经济利益的流入。

从企业来说，2021 年将应纳税额 300 万元计入利润表，不符合权责发生制原则，表现在预计保修费用带来的所得税影响，影响金额为 50 万元（200 × 25%）。在会计处理上合理的做法是将 50 万元的未来利益从应纳税额中扣除，将 250 万元（300 − 50）作为 2021 年的所得税费用。这里，将 50 万元的未来利益称为递延所

得税。

引入递延所得税概念之后，企业所得税的应纳税额就不等于会计上的所得税费用了。用公式表示两者的关系就是：

所得税费用 = 企业所得税应纳税额 − 递延所得税

当然，我们这里举的例子是从应纳税额中减去递延所得税得出所得税费用。在实际工作中，还会出现相反的情况，此时，就要从应纳税额中加上递延所得税了。这样，上述公式就变成了：

所得税费用 = 企业所得税应纳税额 ± 递延所得税

这种方法在会计处理上被称为“所得税影响会计法”。

三、资产负债表债务法

所得税影响会计法，有递延法和债务法之分，其中，债务法又有利润表债务法和资产负债表债务法之分。《企业会计准则第 18 号——所得税》采用的是资产负债表债务法，通过资产负债表上列示的资产、负债按照会计准则规定确定的账面价值，与按照税法规定确定的计税基础比较，对于两者之间的差异分别应纳税暂时性差异与可抵扣暂时性差异，确认相关的递延所得税负债与递延所得税资产，并在此基础上确定每一会计期间利润表中的所得税费用。

所得税会计是《企业会计准则》与《企业所得税法》规定之间的差异在会计核算中的具体体现。从资产负债表角度考虑，资产的账面价值代表的是企业在持续持有及最终处置某项资产的一定期间内，该项资产为企业带来的未来经济利益；而计税基础代表的是在这期间内，该项资产按照税法规定可以在税前扣除的金额。一项资产的账面价值小于其计税基础的，表明该项资产于未来期间产生的经济利益流入低于按照税法规定允许在税前扣除的金额，产生可抵减未来期间应纳税所得额的因素，减少未来期间以应交所得税的方式流出企业的经济利益，从其产生时点来看，应确认为资产。反之，一项资产账面价值大于其计税基础的，两者之间的差额将会于未来期间产生应税金额，增加未来期间的应纳税所得额及应交所得税，对企业形成经济利益流出的义务，应确认为负债。

四、所得税会计核算的一般程序

采用资产负债表债务法核算所得税，企业一般应于每一资产负债表日进行所得税的核算。发生特殊交易或事项时，如企业合并，在确认因交易或事项取得的资产、负债时即应确认相关的所得税影响。企业进行所得税核算一般应遵循以下程序：

一是按照相关会计准则规定，确定资产负债表中除递延所得税资产和递延所得税负债以外的其他资产和负债项目的账面价值。其中，资产、负债的账面价值，是指企业按照相关会计准则的规定，进行核算后在资产负债表中列示的金额。例如，企业持有的应收账款账面余额为2000万元，企业对该应收账款计提了100万元的坏账准备，其账面价值为1900万元，这是应收账款在资产负债表中列示的金额。

二是按照准则中对于资产和负债计税基础的确定方法，以企业所得税法规定为基础，确定资产负债表中有关资产、负债项目的计税基础。

三是比较资产、负债的账面价值与计税基础，对于两者之间存在差异的，分析其性质，除准则中规定的特殊情况外，分别以应纳税暂时性差异与可抵扣暂时性差异并乘以企业所得税税率，确定资产负债表日递延所得税负债和递延所得税资产的应有金额，并与期初递延所得税负债和递延所得税资产的余额相比，确定当期应予进一步确认的递延所得税资产和递延所得税负债金额或应予转销的金额，作为构成利润表中所得税费用的其中一个组成部分——递延所得税。

四是按照企业所得税法规定，计算当期应纳税所得额，将应纳税所得额与适用的税率计算的应纳税额确认为当期应交所得税，作为利润表中应予确认的所得税费用的另外一个组成部分——当期所得税。

五是确定利润表中的所得税费用。利润表中的所得税费用包括当期所得税和递延所得税两个组成部分，企业在计算确定了当期所得税和递延所得税后，两者之和（或之差），是利润表中的所得税费用。

第二节　资产的计税基础

一、基本概念

资产的计税基础，是指企业收回资产账面价值过程中，计算应纳税所得额时按照税法规定可以自应税经济利益中抵扣的金额，即该项资产在未来使用或最终处置时，允许作为成本或费用于税前扣除的金额。

在会计处理上，资产在初始确认时，其计税基础一般为取得成本，即企业为取得某项资产支付的成本在未来期间准予税前扣除的金额。在资产持续持有的过程中，其计税基础是指资产的取得成本减去以前期间按照税法规定已经税前扣除的金额后的余额，该余额代表的是按照税法规定，就涉及的资产在未来期间计税时仍然可以在税前扣除的金额。如固定资产、无形资产等长期资产在某一资产负债表日的计税基础，是指其成本扣除按照税法规定已在以前期间税前扣除的累计折旧额。用公式表示如下：

资产的计税基础 = 未来可税前扣除的金额

资产在某一资产负债表日的计税基础 = 资产取得时初始确认成本 - 以前期间已税前扣除的金额

通常情况下，资产在取得时其入账价值与计税基础是相同的，后续计量过程中因企业会计准则规定与税法规定不同，可能产生资产的账面价值与其计税基础的差异。

在税务处理上，企业的各项资产，包括固定资产、生物资产、无形资产、长期待摊费用、投资资产、存货等，以历史成本为计税基础。所谓历史成本，是指企业取得该项资产时实际发生的支出。企业持有各项资产期间资产增值或者减值，除国务院财政、税务主管部门规定可以确认损益外，不得调整该资产的计税基础。

二、固定资产的计税基础

（一）固定资产计税基础的初始确认

以各种方式取得的固定资产，初始确认时按照会计准则规定确定的入账价值基本是被税法认可的，即取得时其账面价值一般等于计税基础。

固定资产按照以下方法确定计税基础：外购的固定资产，以购买价款和支付的相关税费为计税基础；自行建造的固定资产，以竣工结算前发生的支出为计税基础；融资租入的固定资产，以租赁合同约定的付款总额和承租人在签订租赁合同过程中发生的相关费用为计税基础，租赁合同未约定付款总额的，以该资产的公允价值和承租人在签订租赁合同过程中发生的相关费用为计税基础；盘盈的固定资产，以同类固定资产的重置完全价值为计税基础；通过捐赠、投资、非货币性资产交换、债务重组等方式取得的固定资产，以该资产的公允价值和支付的相关税费为计税基础；改建的固定资产，除《企业所得税法》第十三条第（一）项和第（二）项规定的企业已足额提取折旧的固定资产的改建支出、租入固定资产的改建支出作为长期待摊费用外，以改建过程中发生的改建支出增加计税基础。

（二）固定资产计税基础的后续计量

固定资产在持有期间进行后续计量时，会计准则规定按照“会计账面价值 = 实

际成本 - 累计折旧 - 固定资产减值准备”进行计量，计税基础按照“计税基础 = 实际成本 - 累计折旧（税法）”进行计量。由于会计处理与税收处理规定的不同，固定资产的账面价值与计税基础的差异主要产生于折旧方法、折旧年限的不同，以及固定资产减值准备的提取。

1. 折旧方法的差异

会计准则规定，企业应当根据与固定资产有关的经济利益的预期实现方式合理选择折旧方法，如可以按直线法计提折旧，也可以按照双倍余额递减法、年数总和法等计提折旧，前提是有关的方法能够反映固定资产为企业带来经济利益的消耗情况。税法一般会规定固定资产的折旧方法，除某些按照《企业所得税法》第三十二条规定，企业的固定资产由于技术进步等原因确需加速折旧的，或者税收优惠政策的规定，可以缩短折旧年限或者采取加速折旧的方法以外，一般只允许企业按照直线法计算的折旧，才准予在计算应纳税所得额时扣除。

2. 折旧年限的差异

税法就每一类固定资产的最低折旧年限作出规定，而会计处理时按照准则规定折旧年限是由企业根据固定资产的性质和使用情况合理确定的。会计处理时确定的折旧年限与税法规定不同，也会产生固定资产持有期间账面价值与计税基础的差异。

3. 因计提固定资产减值准备产生的差异

持有固定资产的期间内，在对固定资产计提了减值准备后，因税法规定按照会计准则规定计提的资产减值准备在固定资产实际发生损失前不允许税前扣除，也会造成固定资产的账面价值与计税基础的差异。

例如：A 公司某项器具，原价为 3000 万元，会计上使用直线法计提折旧，折旧年限为 3 年，税法规定的最短折旧年限为 5 年，会计和税法假设净残值均为 0，计提了 2 年折旧后，会计期末，对该项固定资产计提了 100 万元的固定资产减值准备。

会计账面价值 = 3000 - 1000 - 1000 - 100 = 900（万元）

计税基础 = 3000 - 600 - 600 = 1800（万元）

通过对上面例子的分析，我们发现，形成该项固定资产账面价值与计税基础的差异原因包括两项内容：一是折旧年限不同，会计上折旧年限为 3 年，税法规定的折旧年限为 5 年，每年由于折旧年限不同产生的暂时性差异 400 万元，2 年后会计期末由于折旧年限不同产生的暂时性差异合计 800 万元。二是计提固定资产减值准备造成的差异，2 年后会计期末由于会计上计提了减值准备 100 万元，税法规定固定资产减值准备在计提时不允许在税前扣除，实际发生损失时才允许在税前扣除，由此产生差异 100 万元。

三、无形资产的计税基础

（一）无形资产计税基础的初始计量

除内部研究开发形成的无形资产以外，以其他方式取得的无形资产，初始确认时按照会计准则规定确定的入账价值基本是被税法认可的，即取得时其账面价值一般等于计税基础。

无形资产按照以下方法确定计税基础：外购的无形资产，以购买价款和支付的相关税费以及直接归属于使该资产达到预定用途发生的其他支出为计税基础；自行开发的无形资产，以开发过程中该资产符合资本化条件后至达到预定用途前发生的支出为计税基础；通过捐赠、投资、非货币性资产交换、债务重组等方式取得的无形资产，以该资产的公允价值和支付的相关税费为计税基础。

无形资产账面价值与计税基础之间的差异，主要产生于内部研究开发形成的无形资产。对于内部研究开发形成的无形资产，会计准则规定有关内部研究开发活动区分两个阶段，研究阶段的支出应当费用化计入当期损益，开发阶段符合资本化条件以后至达到预定用途前发生的支出应当资本化作为无形资产的成本。税法规定企业发生的研究开发费可以税前扣除；符合条件的可以按《企业所得税法》第三十条规定，开发新技术、新产品、新工艺发生的研究开发费用，在计算应纳税所得额时加计扣除。

内部研究开发形成的无形资产初始确认时，按照会计准则规定，其成本为符合资本化以后至达到预定用途前发生的支出总额，因该部分研究开发支出按照税法规定在发生当期已在税前扣除或加计扣除，所形成的无形资产在以后期间可税前扣除的金额为 0，其计税基础亦为 0。

例如：A 公司 2006 年发生研究开发支出 1000 万元，其中资本化形成开发阶段的无形资产为 600 万元。

会计账面价值 = 600（万元）

计税基础 = 0

通过对上面例子进行分析，我们发现，形成该项无形资产差异的原因主要是开发阶段的支出是否计入无形资产的原值，按照会计准则规定，无形资产的内部研发支出分为研究阶段支出和开发阶段的支出，研究阶段的支出均在当期损益中反映，开发阶段的支出，符合资本化确认条件的，计入无形资产的价值，而税法规定，对于内部研发发生的研发支出，可以在税前扣除，符合条件的还可以加计扣除。因此600万元的开发支出在会计上形成了无形资产，增加无形资产的账面价值600万元，税法则允许在当期扣除，其无形资产的计税基础为0，由此形成暂时性差异600万元。

（二）无形资产计税基础的后续计量

无形资产在后续计量时，会计与税收的差异主要产生于无形资产是否需要摊销、无形资产是否计提减值准备。

1. 无形资产摊销的差异

在会计处理上，在取得无形资产以后，应根据其使用寿命情况，区分为使用寿命有限的无形资产与使用寿命不确定的无形资产。对于使用寿命不确定的无形资产，不允许摊销，但持有期间每年应进行减值测试。

在税务处理上，企业取得的无形资产，允许在一定期限内摊销，税法上不区分使用寿命有限的无形资产与使用寿命不确定的无形资产，所有无形资产成本均允许在一定期间内摊销并税前扣除。

对于使用寿命不确定的无形资产，会计处理时不予摊销，但税务处理上按照税法规定确定的摊销额允许税前扣除，造成该类无形资产的账面价值与计税基础的差异。

例如，A公司某项无形资产实际取得成本为160万元，因其使用寿命无法合理估计，会计上视为使用寿命不确定的无形资产，不予摊销，但税法规定按不短于10年的期限摊销。取得该项无形资产1年后：

会计账面价值 = 160（万元）

计税基础 = 160 - 16 = 144（万元）

通过对上面例子的分析，我们发现，形成该项无形资产差异的原因主要是无形资产的摊销规定不同，会计上按照新准则的规定，对于使用寿命不确定的无形资产，不需要按年度进行摊销，仅需要在会计期末进行减值测试，而税法规定，对于使用寿命不确定的无形资产，摊销期限为不短于10年，因此1年后该项无形资产的账面价值为160万元，而其计税基础为144万元，由此形成暂时性差异16万元。

2. 计提减值准备造成的差异

在对无形资产计提减值准备的情况下，因税法对按照会计准则规定计提的无形资产减值准备在形成实质性损失前，不允许在税前扣除，即无形资产的计税基础不会随减值准备的计提发生而变化，但其账面价值会因资产减值准备的提取而下降，从而造成无形资产的账面价值与计税基础的差异。

会计处理：

使用寿命有限的无形资产，账面价值 = 实际成本 - 累计摊销 - 减值准备

使用寿命不确定的无形资产，账面价值 = 实际成本 - 减值准备

税收规定：

计税基础 = 实际成本 - 累计摊销

四、以公允价值计量且变动计入当期损益或所有者权益的金融资产的计税基础

按照《企业会计准则第 22 号——金融工具确认和计量》的规定，对于以公允价值计量且其变动计入当期损益的交易性金融资产，其于某一会计期末的账面价值为该时点的公允价值。由于税法规定企业持有各项资产期间资产增值或者减值，不得调整该资产的计税基础，因此有关金融资产在某一会计期末的计税基础即为其历史成本。这就造成在公允价值变动的情况下，该类金融资产的账面价值与计税基础之间的差异。企业持有的以公允价值计量且其变动计入其他综合收益的金融资产计税基础的确定，与以公允价值计量且变动计入当期损益的金融资产类似（但其公允价值变动损益计入所有者权益），可比照处理。即：

会计处理：期末按公允价值计量，公允价值变动计入损益（或所有者权益）

税收规定：历史成本计量

例如，A 公司支付 800 万元取得一项交易性金融资产，当期期末市价为 860 万元。

会计账面价值 = 860（万元）

计税基础 = 800（万元）

通过对上面例子分析，我们发现，形成该项金融资产暂时性差异的原因主要是公允价值计量增值部分，会计上按照新准则规定，公允价值的变动计入当期损益的金融资产期末按照公允价值计量，而税法规定，资产的计税基础遵循历史成本的原则。因此，会计期末该项交易性金融资产账面价值 860 万元，计税基础 800 万元，由此形成暂时性差异 60 万元。

五、其他资产的计税基础

因会计准则规定与企业所得税法规定不同，企业持有的其他资产，可能其账面价值与计税基础也存在差异，如采用公允价值模式计量的投资性房地产以及其他计提了资产减值准备的各项资产，再如应收账款、存货等。

例如：A 公司 2008 年购入原材料成本为 4000 万元，因部分生产线停工，当年

未领用该原材料，2008 年资产负债表日考虑到该原材料的市价及用其生产产成品的市价情况，估计其可变现净值为 3200 万元。假定该原材料在 2008 年的期初余额为 0。

该项原材料因期末可变现净值低于其成本，应计提存货跌价准备，其金额为 800 万元（4000 - 3200），计提存货跌价准备后，该项原材料的账面价值为 3200 万元。

在计算应纳税所得额时，按照会计准则计提的资产减值准备不允许税前扣除，该项原材料的计税基础不会因存货跌价准备的提取而发生变化，其计税基础应维持原历史成本 4000 万元不变。

该存货的账面价值 3200 万元与其计税基础 4000 万元之间产生了 800 万元的暂时性差异，该差异会减少企业在未来期间的应纳税所得额和应交所得税。

再如：A 公司 2008 年 12 月 31 日应收账款余额为 6000 万元，该公司期末对应收账款计提了 600 万元的坏账准备。根据《企业所得税法》第十条规定，未经核定的准备金支出不允许在税前扣除。根据现行税法规定，除符合条件的上海能源交易中心有关风险准备金、金融企业贷款损失准备金、保险企业计提准备金可以税前扣除外，一般企业的准备金支出不允许在税前扣除。假定该公司期初应收账款及坏账准备的余额均为 0。

该项应收账款在 2008 年资产负债表日的账面价值为 5400 万元（6000 - 600），其计税基础为 6000 万元，此时，计税基础 6000 万元与账面价值 5400 万元之间产生的 600 万元暂时性差异，在应收账款发生实质性损失时，会减少未来期间的应纳税所得额和应交所得税。

第三节　负债的计税基础

一、概述

负债的计税基础，是指负债的账面价值减去未来期间计算应纳税所得额时按照税法规定可予抵扣的金额。用公式表示为：

负债的计税基础 = 账面价值 - 未来期间按照税法规定可予税前扣除的金额

负债的确认和偿还，通常不会对当期损益和应纳税所得额产生影响，未来计算应纳税所得额时按照税法规定可予抵扣的金额为0，其计税基础即为账面价值，如短期借款、应付票据、应付账款等。但在某些情况下，负债的确认可能会影响损益，并影响不同期间的应纳税所得额，使其计税基础与账面价值之间产生差额。例如，上述企业因某事项在当期确认了100万元负债，计入当期损益。假定按照税法规定，与确认该负债相关的费用，在实际发生时准予税前扣除，该负债的计税基础为零，其账面价值与计税基础之间形成可抵扣暂时性差异。

二、预计负债的计税基础

预计负债是指因过去事项而形成的现时义务，且结算该义务时预期会有经济利益流出企业，尽管预计负债在金额上不确定，但可以进行合理的估计。

会计处理：按照或有事项准则规定，确认预计负债。

税收规定：实际支付时在税前扣除。

例如：某A公司为B公司提供担保，并根据准则要求确认了预计负债1000万元。

会计账面价值＝1000（万元）

计税基础＝1000万元－可从未来经济利益中扣除的金额1000万元＝0

假设A公司和B公司为关联企业，且A公司未就该项担保收取与相应责任相关的费用。

会计处理：按照或有事项准则规定，确认预计负债；

税收规定：企业支付与取得收入无关的费用，不得在税前扣除。

会计账面价值＝1000（万元）

计税基础＝1000万元－可从未来经济利益中扣除的金额0＝1000（万元）

通过对上面例子分析，我们发现，如果A公司和B公司为非关联企业，相互之间的经济往来为正常市场下的交易，那么会计上根据或有事项准则确认了预计负债1000万元，税法规定计提预计负债不允许在税前扣除，而在实际对外支付时才允许在税前扣除，因此，会计期末该项预计负债的账面价值为1000万元，计税基础为账面价值减去可从未来经济利益中扣除的金额为0元（1000－1000），由此形成暂时性差异1000万元；如果A公司和B公司为关联企业，公司A并未就该担保事项收取费用，或收费明显与同类事项市场价格不符，那么根据税法规定，企业支付与取得收入无关的费用，不得在税前扣除，即便是在实际支付时，也不允许在税前扣除，因此，会计期末该项预计负债的账面价值为1000万元，计税基础为账面价值减去可从未来经济利益中扣除的金额为1000万元（1000－0），由此形成暂时性差异 0 元，也就是说该项差异为永久性差异而非暂时性差异。

例如：A 公司 2021 年因销售产品承诺提供 3 年的保修服务，在当年度利润表中确认了 400 万元的销售费用，同时确认为预计负债，当年度未发生任何保修支出。按照税法规定，与产品售后服务相关的费用在实际发生时允许税前扣除。

该项预计负债在 A 公司 2021 年 12 月 31 日资产负债表中的账面价值为 400 万元。

因税法规定与产品保修相关的支出在未来期间实际发生时允许税前扣除，则该项负债的计税基础 = 账面价值 - 未来期间计算应纳税所得额时按照税法规定可予抵扣的金额，未来期间计算应纳税所得额时按照税法规定可予抵扣的金额为 400 万元，该项负债的计税基础为 0 元（400 - 400）。

三、预提费用的计税基础

预提费用是指预先分月计入成本、费用，但由以后月份支付的费用。预提费用的预提期限也应按其受益期确定。

会计处理：按照受益期限在成本或费用中提取；

税收规定：实际支付时在税前扣除。

例如，某 A 公司因租赁营业用房，与 B 公司签订房屋租赁合同，租赁期为 2021 年 7 月 1 日—2022 年 6 月 30 日，合同金额为 1000 万元，合同约定租赁期满一次付款，2021 年共计提预提费用 500 万元。

会计账面价值 = 500（万元）

计税基础 = 500 万元 - 可从未来经济利益中扣除的金额 500 万元 = 0（元）

通过对上面的例子分析，我们发现，形成该项与预提费用相关的暂时性差异的原因是会计上规定需要根据受益期间计提预提费用 500 万元，而税法规定，在计提的时候不允许在税前扣除，在实际支付时才允许在税前扣除。因此，会计期末该项预提费用账面价值 500 万元，计税基础 0，由此形成暂时性差异 500 万元。

四、预收账款的计税基础

企业在收到客户预付的款项时，因不符合收入确认条件，会计上将其确认为负债。税法中对于收入的确认原则一般与会计规定相同，即会计上未确认收入时，计税时一般也不计入收入总额，该部分经济利益在未来期间计税时可予税前扣除的金额为 0，计税基础等于账面价值。

但是，在某些情况下，收入的确认原则与会计规定不完全一致，税法规定的收入实现条件有时与流转税规定的收入实现条件一致，有时企业所得税法还有一些特殊的规定，对有的预收账款也要求计入应纳税所得额征税，或预征税款。如对房地产开发企业的预售房地产收入征税等。在这种情况，预收账款因不符合会计准则规定的收入确认条件，未确认为收入，按照税法规定要确认收入，有关预收账款的计税基础为0，即因其产生时已经计算缴纳了企业所得税，未来期间可全额在税前扣除。

例如，A公司于2021年12月31日自客户收到一笔合同预付款，金额为2000万元，因不符合会计收入确认条件，将其作为预收账款核算。假定按照适用税法规定，该款项应计入取得当期应纳税所得额计算缴纳所得税。

该预收账款在A公司2021年12月31日资产负债表中的账面价值为2000万元。

因按照税法规定，该项预收账款应计入当期的收入总额计算缴纳企业所得税，与该项负债相关的经济利益已在取得当期计算缴纳企业所得税，未来期间按照会计准则规定应确认收入时，不再计入收入总额，即其于未来期间计算应纳税所得额可予以纳税调整作调减处理的金额为2000万元，计税基础＝账面价值－未来期间计算应纳税所得额可予以纳税调整作调减的金额2000万元＝0（元）。

该项负债的账面价值2000万元与其计税基础0之间产生的2000万元暂时性差异，会减少企业于未来期间的应纳税额，使企业未来期间以应交所得税的方式流出经济利益减少。

五、应付职工薪酬

会计准则规定，企业为获得职工提供的服务给予的各种形式的报酬以及其他相关支出均作为企业的成本费用，在未支付之前确认为负债。税法中对于合理的职工薪酬允许在税前扣除，但对职工福利费、职工教育经费、工会经费等有税前扣除标准，按照会计准则规定计入成本费用的金额超过规定标准部分，应进行纳税调整。超过规定标准部分，职工福利费、工会经费在发生当期不允许扣除，在以后期间也不允许在税前扣除。即该部分差额对未来期间计税不产生影响，所产生应付职工薪酬负债的账面价值等于计税基础。

例如，A公司2021年12月计入成本费用的职工福利费为320万元，至2021年12月31日尚未支付，体现为资产负债表中的应付职工薪酬负债。假定按照适用税法规定，当期计入成本费用的320万元职工福利费中，允许扣除的金额为240万元。

在会计处理上，该项应付职工薪酬的账面价值为320万元。在税务处理上，企业实际发生的职工福利费支出320万元与按照税法规定允许税前扣除的金额240万元之间所产生的80万元差额在发生当期即应进行纳税调整，并且在以后期间也不允许再在税前扣除，该项应付职工薪酬负债的计税基础 = 账面价值320万元 - 未来期间计算应纳税所得额时按照税法规定可予抵扣的金额0 = 320（万元）。

该项负债的账面价值320万元与计税基础320万元相同，不形成暂时性差异。

六、其他负债的计税基础

企业的其他负债项目，如应交的税收滞纳金、罚金、罚款和被没收财物的损失，在尚未支付之前按照会计规定确认为费用，同时作为负债反映。按照《企业所得税法》第十条规定，税收滞纳金、罚金、罚款和被没收财物的损失不允许在税前扣除，即该部分费用无论是在发生当期还是在以后期间均不允许在税前扣除，其计税基础为账面价值减去未来期间计税时可予税前扣除的金额0之间的差额，即计税基础等于账面价值。其他交易或事项产生的负债，其计税基础应当按照税法的相关规定确定。

例如：A公司2021年中，因违反当地有关环保法规的规定，接到环保部门的处罚通知，要求其支付罚款400万元。至2021年12月31日，该项罚款尚未支付。

对于该项罚款，A公司应计入2008年利润表，同时确认为资产负债表中的负债。

因按照税法规定，企业罚金、罚款和被没收财物的损失不允许在税前扣除，与该项负债相关的支出在未来期间计税时按照税法规定准予税前扣除的金额为0，其计税基础 = 账面价值400万元 - 未来期间计算应纳税所得额时按照税法规定可予抵扣的金额0 = 400（万元）。

该项负债的账面价值与其计税基础相同，不形成暂时性差异。

第四节　暂时性差异分析

一、暂时性差异的定义和分类

暂时性差异，是指资产或负债的账面价值与其计税基础之间的差额；未作为资产和负债确认的项目，按照税法规定可以确定其计税基础的，该计税基础与其账面价值之间的差额也属于暂时性差异。由于资产、负债的账面价值与其计税基础不同，产生了在未来收回资产或清偿负债的期间内，应纳税所得额增加或减少并导致未来期间应交所得税增加或减少的情况，形成企业的递延所得税资产和递延所得税负债。

过去，我们经常说税法与会计准则的差异包括时间性差异和永久性差异。应予说明的是，在资产负债表债务法下，仅确认暂时性差异的所得税影响，原按照利润表下纳税影响会计法核算的永久性差异，因从资产负债表角度考虑，不会产生资产、负债的账面价值与其计税基础的差异，即不形成暂时性差异，对企业在未来期间计税没有影响，不产生递延所得税。

按照暂时性差异对未来期间应税金额的影响，分为应纳税暂时性差异和可抵扣暂时性差异。除因资产、负债的账面价值与其计税基础不同产生的暂时性差异以外，按照税法规定可以结转以后年度的未弥补亏损和税款抵减，也视同可抵扣暂时性差异处理。

二、应纳税暂时性差异

应纳税暂时性差异，是指在确定未来收回资产或清偿负债期间的应纳税所得额时，将导致产生应税金额的暂时性差异。该差异在未来期间转回时，会增加转回期间的应纳税所得额，即在未来期间不考虑该事项影响的应纳税所得额的基础上，由于该暂时性差异的转回，会进一步增加转回期间的应纳税所得额和应交所得税金额。在应纳税暂时性差异产生当期，应当确认相关的递延所得税负债。应纳税暂时性差异通常产生于以下情况：

（一）资产的账面价值大于其计税基础

一项资产的账面价值代表的是企业在持续使用或最终出售该项资产时将取得的经济利益的总额，而计税基础代表的是一项资产在未来期间可予税前扣除的金额。资产的账面价值大于其计税基础，该项资产未来期间产生的经济利益不能全部税前抵扣，两者之间的差额需要交税，产生应纳税暂时性差异。

例如，一项无形资产账面价值为200万元，计税基础如果为150万元，两者之间的差额会造成未来期间应纳税所得额和应交所得税的增加。在其产生当期，符合确认条件的情况下，应确认相关的递延所得税负债。

（二）负债的账面价值小于其计税基础

一项负债的账面价值为企业预计在未来期间清偿该项负债时的经济利益流出，而其计税基础代表的是账面价值在扣除税法规定未来期间允许税前扣除的金额之后的差额。因负债的账面价值与其计税基础不同产生的暂时性差异，本质上是税法规定就该项负债在未来期间可以税前扣除的金额（即与该项负债相关的费用支出在未来期间可予税前扣除的金额）。负债的账面价值小于其计税基础，则意味着就该项负债在未来期间可以税前抵扣的金额为负数，即应在未来期间应纳税所得额的基础上调增，增加应纳税所得额和应交所得税金额，产生应纳税暂时性差异，应确认相关的递延所得税负债。

三、可抵扣暂时性差异

可抵扣暂时性差异，是指在确定未来收回资产或清偿负债期间的应纳税所得额时，将导致产生可抵扣金额的暂时性差异。该差异在未来期间转回时会减少转回期间的应纳税所得额，减少未来期间的应交所得税。在可抵扣暂时性差异产生当期，应当确认相关的递延所得税资产。可抵扣暂时性差异一般产生于以下情况：

（一）资产的账面价值小于其计税基础

当资产的账面价值小于其计税基础时，从经济含义来看，资产在未来期间产生的经济利益少，按照税法规定允许税前扣除的金额多，则就账面价值与计税基础之间的差额，企业在未来期间可以减少应纳税所得额并减少应交所得税，符合有关条件时，应当确认相关的递延所得税资产。

例如，一项资产的账面价值为 200 万元，计税基础为 260 万元，则企业在未来期间就该项资产可以在其自身取得经济利益的基础上多扣除 60 万元。从整体来看，未来期间应纳税所得额会减少，应交所得税也会减少，形成可抵扣暂时性差异，符合确认条件时，应确认相关的递延所得税资产。

（二）负债的账面价值大于其计税基础

当负债的账面价值大于其计税基础时，负债产生的暂时性差异实质上是税法规定就该项负债可以在未来期间税前扣除的金额。即：

负债产生的暂时性差异 = 账面价值 - 计税基础 = 账面价值 - （账面价值 - 未来期间计税时按照税法规定可予税前扣除的金额） = 未来期间计税时按照税法规定可予税前扣除的金额

一项负债的账面价值大于其计税基础，意味着未来期间按照税法规定与该项负债相关的全部或部分支出可以自未来应税经济利益中扣除，减少未来期间的应纳税所得额和应交所得税。

例如，企业对将发生的产品保修费用在销售当期确认预计负债 200 万元，但税法规定有关费用支出只有在实际发生时才能够税前扣除，其计税基础为 0；企业确认预计负债的当期相关费用不允许税前扣除，但在以后期间有关费用实际发生时允许税前扣除，使得未来期间的应纳税所得额和应交所得税减少，产生可抵扣暂时性差异，符合有关确认条件时，应确认相关的递延所得税资产。

四、特殊项目产生的暂时性差异

（一）未作为资产、负债确认的项目产生的暂时性差异

某些交易或事项发生以后，因为不符合资产、负债的确认条件而未体现为资产负债表中的资产或负债，但按照税法规定能够确定其计税基础的，其账面价值与计税基础之间的差异也构成暂时性差异。

例如，甲公司成立于2021年1月，当年实现销售及营业收入250万元，发生广告及宣传费支出50万元，该项费用支出因按照会计准则规定在发生时已计入当期损益，不体现为资产负债表中的资产，即如果将其视为资产，其账面价值为0。

按照税法规定，该费用可以在当年度扣除37.5万元（250×15%），其于未来期间可税前扣除的金额为12.5万元（50－37.5），即其在2021年12月31日的计税基础为12.5万元。该项资产的账面价值0和计税基础12.5万元之间产生了12.5万元的暂时性差异，该暂时性差异在未来期间可减少企业的应纳税所得额，为可抵扣暂时性差异，符合确认条件时，应确认相关的递延所得税资产。

（二）可抵扣亏损及税款抵减产生的暂时性差异

对于按照税法规定可以结转以后年度的未弥补亏损及税款抵减，虽不是因资产、负债的账面价值与计税基础不同产生的，但本质上可抵扣亏损和税款抵减与可抵扣暂时性差异具有同样的作用，均能够减少未来期间的应纳税所得额和应交所得税，视同可抵扣暂时性差异，在符合确认条件的情况下，应确认与其相关的递延所得税资产。

例如，甲公司于2021年发生经营亏损4000万元，按照《企业所得税法》第十八条规定，企业纳税年度发生的亏损，可以向以后年度结转，用以后年度的所得弥补，但结转年限最长不得超过5年。该公司预计其于未来5年期间能够产生足够的应纳税所得额利用该经营亏损。

该经营亏损虽不是因比较资产、负债的账面价值与其计税基础产生的，但从其性质上来看可以减少未来期间的应纳税所得额和应交所得税，视同可抵扣暂时性差异。在企业预计未来期间能够产生足够的应纳税所得额利用该可抵扣亏损时，应确认相关的递延所得税资产。

第五节　递延所得税资产的确认和计量

一、递延所得税资产

递延所得税资产，通俗地说，是指企业按照《企业所得税法》的规定当期和以前期间已缴纳的企业所得税额，大于按照《企业会计准则》规定处理应缴纳的企业所得税额，这一差异在未来期间会计处理时转回会减少未来期间按照《企业会计准则》处理的确定的应纳税所得额和应交所得税，这对于企业来说是一项递延资产，称为递延所得税资产。

从会计处理的角度说，递延所得税资产是对于可抵扣暂时性差异，以未来期间很可能取得用来抵扣可抵扣暂时性差异的应纳税所得额为限确认的一项资产。企业应当将当期和以前期间已支付的所得税超过应支付的部分确认为资产。存在可抵扣暂时性差异的，应当按照所得税会计准则规定确认递延所得税资产。从税务处理的角度来看，它是因为《企业所得税法》与《企业会计准则》差异造成的影响，税法一般不考虑递延所得税资产。

二、递延所得税资产确认的一般原则

递延所得税资产产生于可抵扣暂时性差异。资产、负债的账面价值与其计税基础不同产生可抵扣暂时性差异的，在估计未来期间能够取得足够的应纳税所得额用以利用该可抵扣暂时性差异时，应当以很可能取得用来抵扣可抵扣暂时性差异的应纳税所得额为限，确认可抵扣暂时性差异产生的递延所得税资产。

有关交易或事项发生时，对税前会计利润或是应纳税所得额产生影响的，所确认的递延所得税资产应作为利润表中所得税费用的调整；有关的可抵扣暂时性差异产生于直接计入所有者权益的交易或事项的（以公允价值计量且其变动计入其他综合收益的金融资产的公允价值变动、作为存货或固定资产的房地产转换为按公允价值计量的投资性房地产、权益结算的股份支付等），确认的递延所得税资产也应计入所有者权益；企业合并中取得的有关资产、负债产生的可抵扣暂时性差异，其所得税影响应相应调整合并中确认的商誉或是应计入合并当期损益的金额。

三、确认递延所得税资产的限额

递延所得税资产的确认应以未来期间很可能取得的用来抵扣可抵扣暂时性差异的应纳税所得额为限。在可抵扣暂时性差异转回的未来期间内，企业无法产生足够的应纳税所得额用以利用可抵扣暂时性差异的影响，使得与可抵扣暂时性差异相关的经济利益无法实现的，则不应确认递延所得税资产；企业有明确的证据表明其于可抵扣暂时性差异转回的未来期间能够产生足够的应纳税所得额，进而利用可抵扣暂时性差异的，则应以很可能取得的应纳税所得额为限，确认相关的递延所得税资产。在判断企业于可抵扣暂时性差异转回的未来期间是否能够产生足够的应纳税所得额时，应考虑以下两个方面的影响：

一是通过正常的生产经营活动能够实现的应纳税所得额，如企业通过销售商品、提供劳务等所实现的收入，扣除有关的成本费用等支出后的金额。该部分情况的预测应当以经企业管理层批准的最近财务预算或预测数据，以及该预算或者预测期之后年份稳定的或者递减的增长率为基础。二是以前期间产生的应纳税暂时性差异在未来期间转回时将增加的应纳税所得额。

考虑到可抵扣暂时性差异转回的期间内可能取得应纳税所得额的限制，因无法取得足够的应纳税所得额而未确认相关的递延所得税资产的，应直接反映在当期所得税费用中。

例如：A 公司 2022 年产生需要确认的可抵扣暂时性差异 100 万元，估计未来期间能够产生的应税所得 70 万元，同时应纳税暂时性差异转回 10 万元，不考虑税率变动因素，那么，会计期末，A 公司确认递延所得税资产为 20 万元（$80\times25\%$），由于未来应税所得不足而未予确认的 5 万元（$20\times25\%$），直接增加 2021 年当年的所得税费用。

四、对与子公司、联营企业、合营企业的投资相关的可抵扣暂时性差异产生的递延所得税资产的确认

对与子公司、联营企业、合营企业的投资相关的可抵扣暂时性差异，同时满足下列条件的，应当确认相关的递延所得税资产：一是暂时性差异在可预见的未来很可能转回；二是未来很可能获得用来抵扣可抵扣暂时性差异的应纳税所得额。

对联营企业和合营企业等的投资产生的可抵扣暂时性差异，主要产生于权益法下被投资单位发生亏损时，投资企业按照持股比例确认应予承担的部分相应减少长期股权投资的账面价值，但税法规定长期股权投资的成本在持有期间不发生变化，

造成长期股权投资的账面价值小于其计税基础，产生可抵扣暂时性差异。可抵扣暂时性差异还产生于对长期股权投资计提减值准备的情况下。

五、企业对于能够结转以后年度的可抵扣亏损和税款抵减产生的递延所得税资产的确认

对于按照税法规定可以结转以后年度的未弥补亏损（可抵扣亏损）和税款抵减，应视同可抵扣暂时性差异处理。在预计可利用可弥补亏损或税款抵减的未来期间内很可能取得足够的应纳税所得额时，应当以很可能取得的应纳税所得额为限，确认相应的递延所得税资产，同时减少确认当期的所得税费用。

应予说明的是，可抵扣亏损是指企业按照税法规定计算确定准予用以后年度的应纳税所得弥补的亏损，不是按照会计准则确定的亏损。根据《企业所得税法》第五条规定，企业每一纳税年度的收入总额，减除不征税收入、免税收入、各项扣除以及允许弥补的以前年度亏损后的余额，为应纳税所得额。根据《企业所得税法实施条例》第十条规定，企业所得税法第五条所称亏损，是指企业依照企业所得税法和本条例的规定将每一纳税年度的收入总额减除不征税收入、免税收入和各项扣除后小于零的数额。与可抵扣亏损和税款抵减相关的递延所得税资产，其确认条件与其他可抵扣暂时性差异产生的递延所得税资产相同，在估计未来期间是否能够产生足够的应纳税所得额用以利用该部分可抵扣亏损或税款抵减时，应考虑以下相关因素的影响：

一是在可抵扣亏损到期前，企业是否会因以前期间产生的应纳税暂时性差异转回而产生足够的应纳税所得额；

二是在可抵扣亏损到期前，企业是否可能通过正常的生产经营活动产生足够的应纳税所得额；

三是可抵扣亏损是否产生于一些在未来期间不可能重复发生的特殊原因；

四是是否存在其他的证据表明在可抵扣亏损到期前能够取得足够的应纳税所得额。

企业在确认与可抵扣亏损和税款抵减相关的递延所得税资产时，应当在会计报表附注中说明在可抵扣亏损和税款抵减到期前，企业能够产生足够的应纳税所得额的估计基础。

六、不确认递延所得税资产的特殊情况

某些情况下，如果企业发生的某项交易或事项不属于企业合并，并且交易发生

时既不影响会计利润也不影响应纳税所得额（或可抵扣亏损），且该项交易中产生的资产、负债的初始确认金额与其计税基础不同，产生可抵扣暂时性差异的，所得税准则中规定在交易或事项发生时不确认相关的递延所得税资产。如果确认递延所得税资产，则需调整资产、负债的入账价值，对实际成本进行调整将有违会计核算中的历史成本原则，影响会计信息的可靠性。

例如，甲企业当期以融资租赁方式租入一项固定资产，该项固定资产在租赁日的公允价值为4000万元，最低租赁付款额的现值为3920万元。租赁合同中约定，租赁期内总的付款额为4400万元。假定不考虑在租入资产过程中发生的相关费用。

《企业会计准则21号——租赁》中规定承租人应当将租赁开始日租赁资产的公允价值与最低租赁付款额现值两者中较低者作为租入资产的入账价值，即甲企业该融资租入固定资产的入账价值应为3920万元。《企业所得税法实施条例》第五十八条第（三）项规定，融资租入的固定资产，以租赁合同约定的付款总额和承租人在签订租赁合同过程中发生的相关费用为计税基础，租赁合同未约定付款总额的，以该资产的公允价值和承租人在签订租赁合同过程中发生的相关费用为计税基础，即其计税成本应为4400万元。

租入资产的入账价值3920万元与其计税基础4400万元之间的差额，在取得资产时既不影响会计利润，也不影响应纳税所得额，如果确认相应的所得税影响，直接结果是减记资产的初始计量金额，所得税准则中规定该种情况下不确认相应的递延所得税资产。

七、递延所得税资产的计量

（一）适用税率的确定

确认递延所得税资产时，应当以预期收回该资产期间的适用所得税税率为基础计算确定。另外，无论相关的可抵扣暂时性差异转回期间如何，递延所得税资产均不要求折现。

（二）递延所得税资产的减值

《企业会计准则18号——所得税》规定，资产负债表日，企业应当对递延所得税资产的账面价值进行复核。如果未来期间很可能无法取得足够的应纳税所得额用以利用可抵扣暂时性差异带来的经济利益，应当减记递延所得税资产的账面价值。

同其他资产的确认和计量原则相一致，递延所得税资产的账面价值应当代表其为企业带来未来经济利益的能力。企业在确认了递延所得税资产以后，因各方面情况变化，导致按照新的情况估计，在有关可抵扣暂时性差异转回的期间内，无法产生足够的应纳税所得额用以利用可抵扣暂时性差异，使得与递延所得税资产相关的经济利益无法全部实现的，对于预期无法实现的部分，应当减记递延所得税资产的账面价值。除原确认时计入所有者权益的递延所得税资产，其减记金额也应计入所有者权益外，其他的情况应增加减记当期的所得税费用。

因无法取得足够的应纳税所得额利用可抵扣暂时性差异而减记递延所得税资产账面价值的，继后期间根据新的环境和情况判断能够产生足够的应纳税所得额利用可抵扣暂时性差异，使得递延所得税资产包含的经济利益能够实现的，应相应恢复递延所得税资产的账面价值。

另外，应当说明的是，无论是递延所得税资产还是递延所得税负债的计量，均应考虑资产负债表日企业预期收回资产或清偿负债方式的所得税影响，在计量递延所得税资产和递延所得税负债时，应当采用与收回资产或清偿债务的预期方式相一致的税率和计税基础。

第六节　递延所得税负债的确认和计量

一、递延所得税负债

递延所得税负债，是指企业按照企业所得税法的规定当期和以前期间已缴纳的企业所得税额，小于按照会计准则规定处理应缴纳的企业所得税额，这一差异在未来期间会计处理时转回会增加未来期间按照会计准则处理的确定的应纳税所得额和应交所得税，这对于企业来说是一项递延负债，称为递延所得税负债。

从会计处理的角度说，递延所得税负债是对于应纳税暂时性差异，以未来期间应纳税暂时性差异转回将增加的应纳税所得额和应交所得税确认的一项负债。企业应当将当期和以前期间应交未交所得税确认为负债。存在应纳税暂时性差异的，应当按照所得税会计准则规定确认递延所得税负债。从税务处理的角度来看，它是因为税法与会计准则差异造成的影响，税法规定一般会将递延所得税负债转化为企业所得税税款入库。

二、递延所得税负债的确认

递延所得税负债产生于应纳税暂时性差异。因应纳税暂时性差异在转回期间将增加企业的应纳税所得额和应交所得税，导致企业经济利益的流出，在其发生当期，构成企业应支付税金的义务，应作为负债确认。

确认应纳税暂时性差异产生的递延所得税负债时，交易或事项发生时影响到会计利润或应纳税所得额的，相关的所得税影响应作为利润表中所得税费用的组成部分；与直接计入所有者权益的交易或事项相关的，其所得税影响应减少所有者权益（以公允价值计量且其变动计入其他综合收益的金融资产的公允价值变动、作为存货或固定资产的房地产转换为按公允价值计量的投资性房地产、权益结算的股份支付等）；与企业合并中取得资产、负债相关的，递延所得税影响应调整购买日应确认的商誉或是计入合并当期损益的金额。

基于会计的谨慎性原则，为了充分反映交易或事项发生后，对未来期间的计税影响，除所得税准则中明确规定可不确认递延所得税负债的情况以外，企业应尽可能地确认与所有的应纳税暂时性差异相关的递延所得税负债。

例如，2021 年 10 月 20 日，A 公司自公开市场取得一项权益性投资，支付价款 1600 万元，作为交易性金融资产核算。2021 年 12 月 31 日，该项权益性投资的市价为 1760 万元。税法规定对于交易性金融资产，持有期间公允价值的变动不计入应纳税所得额，待出售时一并计算应计入应纳税所得额的金额。该项交易性金融资产的期末市价为 1760 万元，其按照会计准则规定进行核算在 2021 年资产负债表日的账面价值为 1760 万元。

因税法规定交易性金融资产在持有期间的公允价值变动不计入应纳税所得额，其在 2021 年资产负债表日的计税基础应维持原取得成本不变，即为 1600 万元。假定 A 公司 2021 年除该交易性金融资产外，当期发生的交易和事项不存在其他会计与税收的差异。该项交易性金融资产的账面价值 1760 万元与其计税基础 1600 万元之间产生 160 万元应纳税暂时性差异，该暂时性差异在未来期间转回时会增加未来期间的应纳税所得额，导致企业应交所得税的增加，所以，A 公司应确认相关的递延所得税负债 160 万元。

三、不确认递延所得税负债的特殊情况

有些情况下，虽然资产、负债的账面价值与其计税基础不同，产生了应纳税暂时性差异，但出于各方面考虑，所得税准则中规定不确认相应的递延所得税负债，主要包括：

（1）商誉的初始确认。非同一控制下的企业合并中，企业合并成本大于合并中取得的被购买方可辨认净资产公允价值份额的差额，按照会计准则规定应确认为商

誉。按照《企业所得税法实施条例》第六十七条规定，外购商誉的支出，在企业整体转让或者清算时，准予扣除。这就是说，在企业持续经营期间，计算应纳税所得额时不允许扣除商誉的价值，即从税法角度，商誉的计税基础为 0，两者之间的差额形成应纳税暂时性差异。对于商誉的账面价值与其计税基础不同产生的该应纳税暂时性差异，准则中规定不确认与其相关的递延所得税负债，原因在于：

一是确认该部分暂时性差异产生的递延所得税负债，则意味着购买方在企业合并中获得的可辨认净资产的价值量下降，企业应增加商誉的价值，商誉的账面价值增加以后，可能很快就要计提减值准备，同时其账面价值的增加还会进一步产生应纳税暂时性差异，使得递延所得税负债和商誉价值量的变化不断循环。

二是商誉本身即是企业合并成本在取得的被购买方可辨认资产、负债之间进行分配后的剩余价值，确认递延所得税负债进一步增加其账面价值会影响到会计信息的可靠性。

（2）同时具有下列特征的交易中产生的资产或负债的初始确认：一是该项交易不是企业合并；二是交易发生时既不影响会计利润也不影响应纳税所得额（或可抵扣亏损）。

该规定主要是考虑到由于交易发生时既不影响会计利润，也不影响应纳税所得额，确认递延所得税负债的直接结果是增加有关资产的账面价值或是降低所确认负债的账面价值，使得资产、负债在初始确认时，违背历史成本原则，影响会计信息的可靠性。

（3）与子公司、联营企业、合营企业投资等相关的应纳税暂时性差异，一般应确认相关的递延所得税负债，但同时满足以下两个条件的除外：一是投资企业能够控制暂时性差异转回的时间；二是该暂时性差异在可预见的未来很可能不会转回。满足上述条件时，投资企业可以运用自身的影响力决定暂时性差异的转回，如果不希望其转回，则在可预见的未来该项暂时性差异即不会转回，从而对未来期间不会产生所得税影响，无须确认相应的递延所得税负债。

企业在运用上述条件不确认与联营企业、合营企业等投资相关的递延所得税负债时，应有明确的证据表明其能够控制有关暂时性差异转回的时间。一般情况下，企业对联营企业的生产经营决策仅能够实施重大影响，并不能够主导被投资单位包括利润分配政策在内的主要生产经营决策的制定，满足所得税准则规定的能够控制暂时性差异转回时间的条件一般是通过与其他投资者签订协议等，达到能够控制被投资单位利润分配政策等情况。

四、递延所得税负债的计量

根据《所得税准则》规定，资产负债表日，对于当期和以前期间形成的当期所得税负债，应当按照税法规定计算的预期应交纳的所得税金额计量。对于递延所得税负债，应当根据适用税法规定，按照预期清偿该负债期间的适用税率计量，即递延所得税负债应以相关应纳税暂时性差异转回期间按照税法规定适用的所得税税率计量。如正在审批的符合国家重点支持的高新技术企业认定管理办法的企业，享受15%的优惠税率，则产生的暂时性差异应以预计其转回期间的适用的所得税税率15%为计量基础。

适用税率发生变化的，应对已确认的递延所得税资产和递延所得税负债进行重新计量，除直接在所有者权益中确认的交易或者事项产生的递延所得税资产和递延所得税负债以外，应当将其影响数计入变化当期的所得税费用。

在一般情况下，除享受优惠政策的情况以外，企业适用的所得税税率在不同年度之间一般不会发生变化，企业在确认递延所得税负债时，可以现行适用税率为基础计算确定。但享受优惠政策的企业，如果期满后恢复使用法定税率或适用税率发生变化，则所产生的暂时性差异应以预计其转回期间的适用所得税税率为基础计量。

递延所得税负债的计量，应当反映资产负债表日企业预期清偿负债方式的所得税影响，即在计量递延所得税负债时，应当采用与清偿债务的预期方式相一致的税率和计税基础。

无论应纳税暂时性差异的转回期间如何，准则中规定递延所得税负债不要求折现。对递延所得税负债进行折现，企业需要对相关的应纳税暂时性差异进行详细的分析，确定其具体的转回时间表，并在此基础上，按照一定的利率折现后确定递延所得税负债的金额。实务中，要求企业进行类似的分析工作量较大、包含的主观判断因素较多，且很多情况下无法合理确定暂时性差异的具体转回时间，准则中规定递延所得税负债不予折现。

第七节　所得税费用的确认和计量

一、所得税费用的概念

所得税费用是一个会计概念，所称所得税是指企业所得税。根据《企业会计准则》规定，费用是指企业在日常活动中发生的、会导致所有者权益减少的、与向所有者分配利润无关的经济利益的总流出。费用在经济利益很可能流出从而导致企业资产减少或者负债增加，且经济利益的流出额能够可靠计量时予以确认。符合费用定义和费用确认条件的项目，应当列入利润表。所得税费用是根据《企业会计准则》确定的。

从会计的角度来看，企业缴纳的所得税和其他费用一样，符合费用的定义和确认的条件，所以也属于一项费用，称为所得税费用。企业核算所得税，主要是为确定当期应交所得税以及利润表中应确认的所得税费用。按照资产负债表债务法核算所得税的情况下，利润表中的所得税费用由两个部分组成：当期所得税和递延所得税。

从税法的角度来看，所得税是一种纳税义务，而不是一项费用，企业应该不把所得税作为费用的前提下，计算应纳税所得额，缴纳所得税后，再对税后利润进行分配。《企业所得税法》第八条规定，企业实际发生的与取得收入有关的、合理的支出，包括成本、费用、税金、损失和其他支出，可以在计算应纳税所得额时扣除。《企业所得税法实施条例》第二十九条规定，企业所得税法第八条所称成本，是指企业在生产经营活动中发生的销售成本、销货成本、业务支出以及其他耗费。第三十条规定，企业所得税法第八条所称费用，是指企业在生产经营活动中发生的销售费用、管理费用和财务费用，已经计入成本的有关费用除外。第三十一条规定，企业所得税法第八条所称税金，是指企业发生的除企业所得税和允许抵扣的增值税以外的各项税金及其附加。《企业所得税法》第十条规定，企业所得税税款在计算应纳税所得额时不得扣除。所以，税法上没有所得税费用之说。

二、当期所得税

当期所得税，是指企业按照企业所得税法规定针对当期发生的交易和事项，确定应纳税所得额计算的应纳税额，即应交所得税。当期所得税，应以适用的企业所得税法规定为基础计算确定。

企业在确定当期所得税时，对于当期发生的交易或事项，会计处理与税收处理不同的，应在会计利润的基础上，按照适用税收法规的规定进行纳税调整，计算出当期应纳税所得额，按照应纳税所得额与适用所得税税率计算确定当期应交所得税。一般情况下，应纳税所得额可在会计利润的基础上，考虑会计与税收之间的差异，按照以下公式计算确定：

应纳税所得额 = 会计利润 + 按照会计准则规定计入利润表但计税时不允许税前扣除的费用 +/- 计入利润表的费用与按照税法规定可予税前抵扣的费用金额之间的差额 +/- 计入利润表的收入与按照税法规定应计入应纳税所得额的收入之间的差额 - 税法规定的不征税收入 +/- 其他需要调整的因素

当期所得税 = 当期应交所得税 = 应纳税所得额 × 适用税率 - 减免税额 - 抵免税额

三、递延所得税

递延所得税，是指按照所得税准则规定，应予确认的递延所得税资产和递延所得税负债，在期末应有的金额相对于原已确认金额之间的差额，即递延所得税资产及递延所得税负债当期发生额的综合结果。用公式表示即为：

递延所得税 =（期末递延所得税负债 - 期初递延所得税负债）-（期末递延所得税资产 - 期初递延所得税资产）

应予说明的是，企业因确认递延所得税资产和递延所得税负债产生的递延所得税，一般应当计入所得税费用，但以下两种情况除外：

一是某项交易或事项按照会计准则规定应计入所有者权益的，由该交易或事项产生的递延所得税资产或递延所得税负债及其变化亦应计入所有者权益，不构成利润表中的递延所得税费用（或收益）。

例如，某企业持有一项公允价值变动计入其他综合收益的金融资产，成本为1000万元，会计期末，其公允价值为1500万元，如计税基础仍维持1000万元不变，该计税基础与其账面价值之间的差额500万元即为应纳税暂时性差异。该企业适用的所得税税率为25%。假设除该事项外，该企业不存在其他会计与税收之间的差异，且递延所得税资产和递延所得税负债不存在期初余额。

会计期末在确认500万元的公允价值变动时：

借：其他权益工具投资——公允价值变动　　5000000

　　贷：其他综合收益　　5000000

确认应纳税暂时性差异的所得税影响时：

借：其他综合收益　　1250000

　　贷：递延所得税负债　　1250000

二是企业合并中取得的资产、负债，其账面价值与计税基础不同，应确认相关递延所得税的，该递延所得税的确认影响合并中产生的商誉或是计入合并当期损益的金额，不影响所得税费用。

四、所得税费用的计量

企业在计算确定当期所得税（即当期应交所得税）以及递延所得税费用（或收益）的基础上，应将两者之和确认为利润表中的所得税费用（或收益），但不包括直接计入所有者权益的交易或事项的所得税影响，即：

所得税费用（或收益）＝当期所得税＋递延所得税费用（－递延所得税收益）

仍沿用上述举例，另外，上述企业因某事项在当期确认了100万元负债，计入当期损益。假定按照税法规定，与确认该负债相关的费用，在实际发生时准予税前扣除，该负债的计税基础为零，其账面价值与计税基础之间形成可抵扣暂时性差异。

该企业12月31日资产负债表中有关项目账面价值及其计税基础如表7－1所示。

表7－1 ××企业单位：万元

	项目	账面价值	计税基础	暂时性差异	
				应纳税暂时性差异	可抵扣暂时性差异
1	公允价值变动计入其他综合收益的金融资产	1500	1000	500	
2	负债	100	0		100
	合计			500	100

假定除上述项目外，该企业其他资产、负债的账面价值与其计税基础不存在差异，也不存在可抵扣亏损和税款抵减；该企业当期按照税法规定计算确定的应交所得税为600万元；该企业预计在未来期间能够产生足够的应纳税所得额用以抵扣可抵扣暂时性差异。

该企业计算确认的递延所得税负债、递延所得税资产、递延所得税费用以及所得税费用如下：

递延所得税负债＝500×25%＝125（万元）

递延所得税资产＝100×25%＝25（万元）

递延所得税费用＝递延所得税负债－递延所得税资产＝125－25＝100（万元）

当期所得税费用＝600（万元）

所得税费用＝当期所得税费用＋递延所得税费用＝600＋100＝700（万元）

附　录

附录一　《中华人民共和国企业所得税法》

（2007 年 3 月 16 日第十届全国人民代表大会第五次会议通过　根据 2017 年 2 月 24 日第十二届全国人民代表大会常务委员会第二十六次会议《关于修改〈中华人民共和国企业所得税法〉的决定》第一次修正　根据 2018 年 12 月 29 日第十三届全国人民代表大会常务委员会第七次会议《关于修改〈中华人民共和国电力法〉等四部法律的决定》第二次修正）

目　录

第一章　总　　则

第一条　在中华人民共和国境内，企业和其他取得收入的组织（以下统称企业）为企业所得税的纳税人，依照本法的规定缴纳企业所得税。

个人独资企业、合伙企业不适用本法。

第二条 企业分为居民企业和非居民企业。

本法所称居民企业，是指依法在中国境内成立，或者依照外国（地区）法律成立但实际管理机构在中国境内的企业。

本法所称非居民企业，是指依照外国（地区）法律成立且实际管理机构不在中国境内，但在中国境内设立机构、场所的，或者在中国境内未设立机构、场所，但有来源于中国境内所得的企业。

第三条 居民企业应当就其来源于中国境内、境外的所得缴纳企业所得税。

非居民企业在中国境内设立机构、场所的，应当就其所设机构、场所取得的来源于中国境内的所得，以及发生在中国境外但与其所设机构、场所有实际联系的所得，缴纳企业所得税。

非居民企业在中国境内未设立机构、场所的，或者虽设立机构、场所但取得的所得与其所设机构、场所没有实际联系的，应当就其来源于中国境内的所得缴纳企业所得税。

第四条 企业所得税的税率为25%。

非居民企业取得本法第三条第三款规定的所得，适用税率为20%。

第二章 应纳税所得额

第五条 企业每一纳税年度的收入总额，减除不征税收入、免税收入、各项扣除以及允许弥补的以前年度亏损后的余额，为应纳税所得额。

第六条 企业以货币形式和非货币形式从各种来源取得的收入，为收入总额。包括：

（一）销售货物收入；

（二）提供劳务收入；

（三）转让财产收入；

（四）股息、红利等权益性投资收益；

（五）利息收入；

（六）租金收入；

（七）特许权使用费收入；

（八）接受捐赠收入；

（九）其他收入。

第七条 收入总额中的下列收入为不征税收入：

（一）财政拨款；

（二）依法收取并纳入财政管理的行政事业性收费、政府性基金；

（三）国务院规定的其他不征税收入。

第八条 企业实际发生的与取得收入有关的、合理的支出，包括成本、费用、税金、损失和其他支出，准予在计算应纳税所得额时扣除。

第九条 企业发生的公益性捐赠支出，在年度利润总额12%以内的部分，准予在计算应纳税所得额时扣除；超过年度利润总额12%的部分，准予结转以后三年内在计算应纳税所得额时扣除。

第十条 在计算应纳税所得额时，下列支出不得扣除：

（一）向投资者支付的股息、红利等权益性投资收益款项；

（二）企业所得税税款；

（三）税收滞纳金；

（四）罚金、罚款和被没收财物的损失；

（五）本法第九条规定以外的捐赠支出；

（六）赞助支出；

（七）未经核定的准备金支出；

（八）与取得收入无关的其他支出。

第十一条 在计算应纳税所得额时，企业按照规定计算的固定资产折旧，准予扣除。

下列固定资产不得计算折旧扣除：

（一）房屋、建筑物以外未投入使用的固定资产；

（二）以经营租赁方式租入的固定资产；

（三）以融资租赁方式租出的固定资产；

（四）已足额提取折旧仍继续使用的固定资产；

（五）与经营活动无关的固定资产；

（六）单独估价作为固定资产入账的土地；

（七）其他不得计算折旧扣除的固定资产。

第十二条 在计算应纳税所得额时，企业按照规定计算的无形资产摊销费用，准予扣除。

下列无形资产不得计算摊销费用扣除：

（一）自行开发的支出已在计算应纳税所得额时扣除的无形资产；

（二）自创商誉；

（三）与经营活动无关的无形资产；

（四）其他不得计算摊销费用扣除的无形资产。

第十三条 在计算应纳税所得额时，企业发生的下列支出作为长期待摊费用，按照规定摊销的，准予扣除：

（一）已足额提取折旧的固定资产的改建支出；

（二）租入固定资产的改建支出；

（三）固定资产的大修理支出；

（四）其他应当作为长期待摊费用的支出。

第十四条 企业对外投资期间，投资资产的成本在计算应纳税所得额时不得扣除。

第十五条 企业使用或者销售存货，按照规定计算的存货成本，准予在计算应纳税所得额时扣除。

第十六条 企业转让资产，该项资产的净值，准予在计算应纳税所得额时扣除。

第十七条 企业在汇总计算缴纳企业所得税时，其境外营业机构的亏损不得抵减境内营业机构的盈利。

第十八条 企业纳税年度发生的亏损，准予向以后年度结转，用以后年度的所得弥补，但结转年限最长不得超过五年。

第十九条 非居民企业取得本法第三条第三款规定的所得，按照下列方法计算其应纳税所得额：

（一）股息、红利等权益性投资收益和利息、租金、特许权使用费所得，以收入全额为应纳税所得额；

（二）转让财产所得，以收入全额减除财产净值后的余额为应纳税所得额；

（三）其他所得，参照前两项规定的方法计算应纳税所得额。

第二十条 本章规定的收入、扣除的具体范围、标准和资产的税务处理的具体办法，由国务院财政、税务主管部门规定。

第二十一条 在计算应纳税所得额时，企业财务、会计处理办法与税收法律、行政法规的规定不一致的，应当依照税收法律、行政法规的规定计算。

第三章 应纳税额

第二十二条 企业的应纳税所得额乘以适用税率，减除依照本法关于税收优惠的规定减免和抵免的税额后的余额，为应纳税额。

第二十三条　企业取得的下列所得已在境外缴纳的所得税税额，可以从其当期应纳税额中抵免，抵免限额为该项所得依照本法规定计算的应纳税额；超过抵免限额的部分，可以在以后五个年度内，用每年度抵免限额抵免当年应抵税额后的余额进行抵补：

（一）居民企业来源于中国境外的应税所得；

（二）非居民企业在中国境内设立机构、场所，取得发生在中国境外但与该机构、场所有实际联系的应税所得。

第二十四条　居民企业从其直接或者间接控制的外国企业分得的来源于中国境外的股息、红利等权益性投资收益，外国企业在境外实际缴纳的所得税税额中属于该项所得负担的部分，可以作为该居民企业的可抵免境外所得税税额，在本法第二十三条规定的抵免限额内抵免。

第四章　税收优惠

第二十五条　国家对重点扶持和鼓励发展的产业和项目，给予企业所得税优惠。

第二十六条　企业的下列收入为免税收入：

（一）国债利息收入；

（二）符合条件的居民企业之间的股息、红利等权益性投资收益；

（三）在中国境内设立机构、场所的非居民企业从居民企业取得与该机构、场所有实际联系的股息、红利等权益性投资收益；

（四）符合条件的非营利组织的收入。

第二十七条　企业的下列所得，可以免征、减征企业所得税：

（一）从事农、林、牧、渔业项目的所得；

（二）从事国家重点扶持的公共基础设施项目投资经营的所得；

（三）从事符合条件的环境保护、节能节水项目的所得；

（四）符合条件的技术转让所得；

（五）本法第三条第三款规定的所得。

第二十八条　符合条件的小型微利企业，减按20%的税率征收企业所得税。

国家需要重点扶持的高新技术企业，减按15%的税率征收企业所得税。

第二十九条　民族自治地方的自治机关对本民族自治地方的企业应缴纳的企业所得税中属于地方分享的部分，可以决定减征或者免征。自治州、自治县决定减征或者免征的，须报省、自治区、直辖市人民政府批准。

第三十条 企业的下列支出，可以在计算应纳税所得额时加计扣除：

（一）开发新技术、新产品、新工艺发生的研究开发费用；

（二）安置残疾人员及国家鼓励安置的其他就业人员所支付的工资。

第三十一条 创业投资企业从事国家需要重点扶持和鼓励的创业投资，可以按投资额的一定比例抵扣应纳税所得额。

第三十二条 企业的固定资产由于技术进步等原因，确需加速折旧的，可以缩短折旧年限或者采取加速折旧的方法。

第三十三条 企业综合利用资源，生产符合国家产业政策规定的产品所取得的收入，可以在计算应纳税所得额时减计收入。

第三十四条 企业购置用于环境保护、节能节水、安全生产等专用设备的投资额，可以按一定比例实行税额抵免。

第三十五条 本法规定的税收优惠的具体办法，由国务院规定。

第三十六条 根据国民经济和社会发展的需要，或者由于突发事件等原因对企业经营活动产生重大影响的，国务院可以制定企业所得税专项优惠政策，报全国人民代表大会常务委员会备案。

第五章 源泉扣缴

第三十七条 对非居民企业取得本法第三条第三款规定的所得应缴纳的所得税，实行源泉扣缴，以支付人为扣缴义务人。税款由扣缴义务人在每次支付或者到期应支付时，从支付或者到期应支付的款项中扣缴。

第三十八条 对非居民企业在中国境内取得工程作业和劳务所得应缴纳的所得税，税务机关可以指定工程价款或者劳务费的支付人为扣缴义务人。

第三十九条 依照本法第三十七条、第三十八条规定应当扣缴的所得税，扣缴义务人未依法扣缴或者无法履行扣缴义务的，由纳税人在所得发生地缴纳。纳税人未依法缴纳的，税务机关可以从该纳税人在中国境内其他收入项目的支付人应付的款项中，追缴该纳税人的应纳税款。

第四十条 扣缴义务人每次代扣的税款，应当自代扣之日起七日内缴入国库，并向所在地的税务机关报送扣缴企业所得税报告表。

第六章 特别纳税调整

第四十一条 企业与其关联方之间的业务往来，不符合独立交易原则而减少企业或者其关联方应纳税收入或者所得额的，税务机关有权按照合理方法调整。

企业与其关联方共同开发、受让无形资产，或者共同提供、接受劳务发生的成本，在计算应纳税所得额时应当按照独立交易原则进行分摊。

第四十二条 企业可以向税务机关提出与其关联方之间业务往来的定价原则和计算方法，税务机关与企业协商、确认后，达成预约定价安排。

第四十三条 企业向税务机关报送年度企业所得税纳税申报表时，应当就其与关联方之间的业务往来，附送年度关联业务往来报告表。

税务机关在进行关联业务调查时，企业及其关联方，以及与关联业务调查有关的其他企业，应当按照规定提供相关资料。

第四十四条 企业不提供与其关联方之间业务往来资料，或者提供虚假、不完整资料，未能真实反映其关联业务往来情况的，税务机关有权依法核定其应纳税所得额。

第四十五条 由居民企业，或者由居民企业和中国居民控制的设立在实际税负明显低于本法第四条第一款规定税率水平的国家（地区）的企业，并非由于合理的经营需要而对利润不作分配或者减少分配的，上述利润中应归属于该居民企业的部分，应当计入该居民企业的当期收入。

第四十六条 企业从其关联方接受的债权性投资与权益性投资的比例超过规定标准而发生的利息支出，不得在计算应纳税所得额时扣除。

第四十七条 企业实施其他不具有合理商业目的的安排而减少其应纳税收入或者所得额的，税务机关有权按照合理方法调整。

第四十八条 税务机关依照本章规定作出纳税调整，需要补征税款的，应当补征税款，并按照国务院规定加收利息。

第七章 征收管理

第四十九条 企业所得税的征收管理除本法规定外，依照《中华人民共和国税收征收管理法》的规定执行。

第五十条 除税收法律、行政法规另有规定外，居民企业以企业登记注册地为纳税地点；但登记注册地在境外的，以实际管理机构所在地为纳税地点。

居民企业在中国境内设立不具有法人资格的营业机构的，应当汇总计算并缴纳企业所得税。

第五十一条 非居民企业取得本法第三条第二款规定的所得，以机构、场所所在地为纳税地点。非居民企业在中国境内设立两个或者两个以上机构、场所，符合国务院税务主管部门规定条件的，可以选择由其主要机构、场所汇总缴纳企业所得税。

非居民企业取得本法第三条第三款规定的所得，以扣缴义务人所在地为纳税地点。

第五十二条 除国务院另有规定外，企业之间不得合并缴纳企业所得税。

第五十三条 企业所得税按纳税年度计算。纳税年度自公历 1 月 1 日起至 12 月 31 日止。

企业在一个纳税年度中间开业，或者终止经营活动，使该纳税年度的实际经营期不足十二个月的，应当以其实际经营期为一个纳税年度。

企业依法清算时，应当以清算期间作为一个纳税年度。

第五十四条 企业所得税分月或者分季预缴。

企业应当自月份或者季度终了之日起十五日内，向税务机关报送预缴企业所得税纳税申报表，预缴税款。

企业应当自年度终了之日起五个月内，向税务机关报送年度企业所得税纳税申报表，并汇算清缴，结清应缴应退税款。

企业在报送企业所得税纳税申报表时，应当按照规定附送财务会计报告和其他有关资料。

第五十五条 企业在年度中间终止经营活动的，应当自实际经营终止之日起六十日内，向税务机关办理当期企业所得税汇算清缴。

企业应当在办理注销登记前，就其清算所得向税务机关申报并依法缴纳企业所得税。

第五十六条 依照本法缴纳的企业所得税，以人民币计算。所得以人民币以外的货币计算的，应当折合成人民币计算并缴纳税款。

第八章 附 则

第五十七条 本法公布前已经批准设立的企业，依照当时的税收法律、行政法规规定，享受低税率优惠的，按照国务院规定，可以在本法施行后五年内，逐步过渡到本法规定的税率；享受定期减免税优惠的，按照国务院规定，可以在本法施行后继续享受到期满为止，但因未获利而尚未享受优惠的，优惠期限从本法施行年度起计算。

法律设置的发展对外经济合作和技术交流的特定地区内，以及国务院已规定执行上述地区特殊政策的地区内新设立的国家需要重点扶持的高新技术企业，可以享受过渡性税收优惠，具体办法由国务院规定。

国家已确定的其他鼓励类企业，可以按照国务院规定享受减免税优惠。

第五十八条　中华人民共和国政府同外国政府订立的有关税收的协定与本法有不同规定的，依照协定的规定办理。

第五十九条　国务院根据本法制定实施条例。

第六十条　本法自 2008 年 1 月 1 日起施行。1991 年 4 月 9 日第七届全国人民代表大会第四次会议通过的《中华人民共和国外商投资企业和外国企业所得税法》和 1993 年 12 月 13 日国务院发布的《中华人民共和国企业所得税暂行条例》同时废止。

附录二 《中华人民共和国企业所得税法实施条例》

（2007 年 11 月 28 日国务院第 197 次常务会议通过，2019 年 4 月 23 日中华人民共和国国务院令第 714 号修订）

第一章 总 则

第一条 根据《中华人民共和国企业所得税法》（以下简称企业所得税法）的规定，制定本条例。

第二条 企业所得税法第一条所称个人独资企业、合伙企业，是指依照中国法律、行政法规成立的个人独资企业、合伙企业。

第三条 企业所得税法第二条所称依法在中国境内成立的企业，包括依照中国法律、行政法规在中国境内成立的企业、事业单位、社会团体以及其他取得收入的组织。

企业所得税法第二条所称依照外国（地区）法律成立的企业，包括依照外国（地区）法律成立的企业和其他取得收入的组织。

第四条 企业所得税法第二条所称实际管理机构，是指对企业的生产经营、人员、账务、财产等实施实质性全面管理和控制的机构。

第五条 企业所得税法第二条第三款所称机构、场所，是指在中国境内从事生产经营活动的机构、场所，包括：

（一）管理机构、营业机构、办事机构；

（二）工厂、农场、开采自然资源的场所；

（三）提供劳务的场所；

（四）从事建筑、安装、装配、修理、勘探等工程作业的场所；

（五）其他从事生产经营活动的机构、场所。

非居民企业委托营业代理人在中国境内从事生产经营活动的，包括委托单位或者个人经常代其签订合同，或者储存、交付货物等，该营业代理人视为非居民企业在中国境内设立的机构、场所。

第六条 企业所得税法第三条所称所得，包括销售货物所得、提供劳务所得、转让财产所得、股息红利等权益性投资所得、利息所得、租金所得、特许权使用费所得、接受捐赠所得和其他所得。

第七条　企业所得税法第三条所称来源于中国境内、境外的所得，按照以下原则确定：

（一）销售货物所得，按照交易活动发生地确定；

（二）提供劳务所得，按照劳务发生地确定；

（三）转让财产所得，不动产转让所得按照不动产所在地确定，动产转让所得按照转让动产的企业或者机构、场所所在地确定，权益性投资资产转让所得按照被投资企业所在地确定；

（四）股息、红利等权益性投资所得，按照分配所得的企业所在地确定；

（五）利息所得、租金所得、特许权使用费所得，按照负担、支付所得的企业或者机构、场所所在地确定，或者按照负担、支付所得的个人的住所地确定；

（六）其他所得，由国务院财政、税务主管部门确定。

第八条　企业所得税法第三条所称实际联系，是指非居民企业在中国境内设立的机构、场所拥有据以取得所得的股权、债权，以及拥有、管理、控制据以取得所得的财产等。

第二章　应纳税所得额

第一节　一般规定

第九条　企业应纳税所得额的计算，以权责发生制为原则，属于当期的收入和费用，不论款项是否收付，均作为当期的收入和费用；不属于当期的收入和费用，即使款项已经在当期收付，均不作为当期的收入和费用。本条例和国务院财政、税务主管部门另有规定的除外。

第十条　企业所得税法第五条所称亏损，是指企业依照企业所得税法和本条例的规定将每一纳税年度的收入总额减除不征税收入、免税收入和各项扣除后小于零的数额。

第十一条　企业所得税法第五十五条所称清算所得，是指企业的全部资产可变现价值或者交易价格减除资产净值、清算费用以及相关税费等后的余额。

投资方企业从被清算企业分得的剩余资产，其中相当于从被清算企业累计未分配利润和累计盈余公积中应当分得的部分，应当确认为股息所得；剩余资产减除上述股息所得后的余额，超过或者低于投资成本的部分，应当确认为投资资产转让所得或者损失。

第二节　收　　入

第十二条　企业所得税法第六条所称企业取得收入的货币形式，包括现金、存款、应收账款、应收票据、准备持有至到期的债券投资以及债务的豁免等。

企业所得税法第六条所称企业取得收入的非货币形式，包括固定资产、生物资产、无形资产、股权投资、存货、不准备持有至到期的债券投资、劳务以及有关权益等。

第十三条 企业所得税法第六条所称企业以非货币形式取得的收入，应当按照公允价值确定收入额。

前款所称公允价值，是指按照市场价格确定的价值。

第十四条 企业所得税法第六条第（一）项所称销售货物收入，是指企业销售商品、产品、原材料、包装物、低值易耗品以及其他存货取得的收入。

第十五条 企业所得税法第六条第（二）项所称提供劳务收入，是指企业从事建筑安装、修理修配、交通运输、仓储租赁、金融保险、邮电通信、咨询经纪、文化体育、科学研究、技术服务、教育培训、餐饮住宿、中介代理、卫生保健、社区服务、旅游、娱乐、加工以及其他劳务服务活动取得的收入。

第十六条 企业所得税法第六条第（三）项所称转让财产收入，是指企业转让固定资产、生物资产、无形资产、股权、债权等财产取得的收入。

第十七条 企业所得税法第六条第（四）项所称股息、红利等权益性投资收益，是指企业因权益性投资从被投资方取得的收入。

股息、红利等权益性投资收益，除国务院财政、税务主管部门另有规定外，按照被投资方作出利润分配决定的日期确认收入的实现。

第十八条 企业所得税法第六条第（五）项所称利息收入，是指企业将资金提供他人使用但不构成权益性投资，或者因他人占用本企业资金取得的收入，包括存款利息、贷款利息、债券利息、欠款利息等收入。

利息收入，按照合同约定的债务人应付利息的日期确认收入的实现。

第十九条 企业所得税法第六条第（六）项所称租金收入，是指企业提供固定资产、包装物或者其他有形资产的使用权取得的收入。

租金收入，按照合同约定的承租人应付租金的日期确认收入的实现。

第二十条 企业所得税法第六条第（七）项所称特许权使用费收入，是指企业提供专利权、非专利技术、商标权、著作权以及其他特许权的使用权取得的收入。

特许权使用费收入，按照合同约定的特许权使用人应付特许权使用费的日期确认收入的实现。

第二十一条 企业所得税法第六条第（八）项所称接受捐赠收入，是指企业接受的来自其他企业、组织或者个人无偿给予的货币性资产、非货币性资产。

接受捐赠收入，按照实际收到捐赠资产的日期确认收入的实现。

第二十二条　企业所得税法第六条第（九）项所称其他收入，是指企业取得的除企业所得税法第六条第（一）项至第（八）项规定的收入外的其他收入，包括企业资产溢余收入、逾期未退包装物押金收入、确实无法偿付的应付款项、已作坏账损失处理后又收回的应收款项、债务重组收入、补贴收入、违约金收入、汇兑收益等。

第二十三条　企业的下列生产经营业务可以分期确认收入的实现：

（一）以分期收款方式销售货物的，按照合同约定的收款日期确认收入的实现；

（二）企业受托加工制造大型机械设备、船舶、飞机，以及从事建筑、安装、装配工程业务或者提供其他劳务等，持续时间超过 12 个月的，按照纳税年度内完工进度或者完成的工作量确认收入的实现。

第二十四条　采取产品分成方式取得收入的，按照企业分得产品的日期确认收入的实现，其收入额按照产品的公允价值确定。

第二十五条　企业发生非货币性资产交换，以及将货物、财产、劳务用于捐赠、偿债、赞助、集资、广告、样品、职工福利或者利润分配等用途的，应当视同销售货物、转让财产或者提供劳务，但国务院财政、税务主管部门另有规定的除外。

第二十六条　企业所得税法第七条第（一）项所称财政拨款，是指各级人民政府对纳入预算管理的事业单位、社会团体等组织拨付的财政资金，但国务院和国务院财政、税务主管部门另有规定的除外。

企业所得税法第七条第（二）项所称行政事业性收费，是指依照法律法规等有关规定，按照国务院规定程序批准，在实施社会公共管理，以及在向公民、法人或者其他组织提供特定公共服务过程中，向特定对象收取并纳入财政管理的费用。

企业所得税法第七条第（二）项所称政府性基金，是指企业依照法律、行政法规等有关规定，代政府收取的具有专项用途的财政资金。

企业所得税法第七条第（三）项所称国务院规定的其他不征税收入，是指企业取得的，由国务院财政、税务主管部门规定专项用途并经国务院批准的财政性资金。

第三节　扣　　除

第二十七条　企业所得税法第八条所称有关的支出，是指与取得收入直接相关的支出。

企业所得税法第八条所称合理的支出，是指符合生产经营活动常规，应当计入当期损益或者有关资产成本的必要和正常的支出。

第二十八条 企业发生的支出应当区分收益性支出和资本性支出。收益性支出在发生当期直接扣除；资本性支出应当分期扣除或者计入有关资产成本，不得在发生当期直接扣除。

企业的不征税收入用于支出所形成的费用或者财产，不得扣除或者计算对应的折旧、摊销扣除。

除企业所得税法和本条例另有规定外，企业实际发生的成本、费用、税金、损失和其他支出，不得重复扣除。

第二十九条 企业所得税法第八条所称成本，是指企业在生产经营活动中发生的销售成本、销货成本、业务支出以及其他耗费。

第三十条 企业所得税法第八条所称费用，是指企业在生产经营活动中发生的销售费用、管理费用和财务费用，已经计入成本的有关费用除外。

第三十一条 企业所得税法第八条所称税金，是指企业发生的除企业所得税和允许抵扣的增值税以外的各项税金及其附加。

第三十二条 企业所得税法第八条所称损失，是指企业在生产经营活动中发生的固定资产和存货的盘亏、毁损、报废损失，转让财产损失，呆账损失，坏账损失，自然灾害等不可抗力因素造成的损失以及其他损失。

企业发生的损失，减除责任人赔偿和保险赔款后的余额，依照国务院财政、税务主管部门的规定扣除。

企业已经作为损失处理的资产，在以后纳税年度又全部收回或者部分收回时，应当计入当期收入。

第三十三条 企业所得税法第八条所称其他支出，是指除成本、费用、税金、损失外，企业在生产经营活动中发生的与生产经营活动有关的、合理的支出。

第三十四条 企业发生的合理的工资、薪金支出，准予扣除。

前款所称工资、薪金，是指企业每一纳税年度支付给在本企业任职或者受雇的员工的所有现金形式或者非现金形式的劳动报酬，包括基本工资、奖金、津贴、补贴、年终加薪、加班工资，以及与员工任职或者受雇有关的其他支出。

第三十五条 企业依照国务院有关主管部门或者省级人民政府规定的范围和标准为职工缴纳的基本养老保险费、基本医疗保险费、失业保险费、工伤保险费、生育保险费等基本社会保险费和住房公积金，准予扣除。

企业为投资者或者职工支付的补充养老保险费、补充医疗保险费，在国务院财政、税务主管部门规定的范围和标准内，准予扣除。

第三十六条　除企业依照国家有关规定为特殊工种职工支付的人身安全保险费和国务院财政、税务主管部门规定可以扣除的其他商业保险费外，企业为投资者或者职工支付的商业保险费，不得扣除。

第三十七条　企业在生产经营活动中发生的合理的不需要资本化的借款费用，准予扣除。

企业为购置、建造固定资产、无形资产和经过 12 个月以上的建造才能达到预定可销售状态的存货发生借款的，在有关资产购置、建造期间发生的合理的借款费用，应当作为资本性支出计入有关资产的成本，并依照本条例的规定扣除。

第三十八条　企业在生产经营活动中发生的下列利息支出，准予扣除：

（一）非金融企业向金融企业借款的利息支出、金融企业的各项存款利息支出和同业拆借利息支出、企业经批准发行债券的利息支出；

（二）非金融企业向非金融企业借款的利息支出，不超过按照金融企业同期同类贷款利率计算的数额的部分。

第三十九条　企业在货币交易中，以及纳税年度终了时将人民币以外的货币性资产、负债按照期末即期人民币汇率中间价折算为人民币时产生的汇兑损失，除已经计入有关资产成本以及与向所有者进行利润分配相关的部分外，准予扣除。

第四十条　企业发生的职工福利费支出，不超过工资、薪金总额 14% 的部分，准予扣除。

第四十一条　企业拨缴的工会经费，不超过工资、薪金总额 2% 的部分，准予扣除。

第四十二条　除国务院财政、税务主管部门另有规定外，企业发生的职工教育经费支出，不超过工资、薪金总额 2.5% 的部分，准予扣除；超过部分，准予在以后纳税年度结转扣除。

第四十三条　企业发生的与生产经营活动有关的业务招待费支出，按照发生额的 60% 扣除，但最高不得超过当年销售（营业）收入的 5‰。

第四十四条　企业发生的符合条件的广告费和业务宣传费支出，除国务院财政、税务主管部门另有规定外，不超过当年销售（营业）收入 15% 的部分，准予扣除；超过部分，准予在以后纳税年度结转扣除。

第四十五条　企业依照法律、行政法规有关规定提取的用于环境保护、生态恢复等方面的专项资金，准予扣除。上述专项资金提取后改变用途的，不得扣除。

第四十六条　企业参加财产保险，按照规定缴纳的保险费，准予扣除。

第四十七条　企业根据生产经营活动的需要租入固定资产支付的租赁费，按照以下方法扣除：

（一）以经营租赁方式租入固定资产发生的租赁费支出，按照租赁期限均匀扣除；

（二）以融资租赁方式租入固定资产发生的租赁费支出，按照规定构成融资租入固定资产价值的部分应当提取折旧费用，分期扣除。

第四十八条 企业发生的合理的劳动保护支出，准予扣除。

第四十九条 企业之间支付的管理费、企业内营业机构之间支付的租金和特许权使用费，以及非银行企业内营业机构之间支付的利息，不得扣除。

第五十条 非居民企业在中国境内设立的机构、场所，就其中国境外总机构发生的与该机构、场所生产经营有关的费用，能够提供总机构出具的费用汇集范围、定额、分配依据和方法等证明文件，并合理分摊的，准予扣除。

第五十一条 企业所得税法第九条所称公益性捐赠，是指企业通过公益性社会组织或者县级以上人民政府及其部门，用于符合法律规定的慈善活动、公益事业的捐赠。

第五十二条 本条例第五十一条所称公益性社会组织，是指同时符合下列条件的慈善组织以及其他社会组织：

（一）依法登记，具有法人资格；

（二）以发展公益事业为宗旨，且不以营利为目的；

（三）全部资产及其增值为该法人所有；

（四）收益和营运结余主要用于符合该法人设立目的的事业；

（五）终止后的剩余财产不归属任何个人或者营利组织；

（六）不经营与其设立目的无关的业务；

（七）有健全的财务会计制度；

（八）捐赠者不以任何形式参与该法人财产的分配；

（九）国务院财政、税务主管部门会同国务院民政部门等登记管理部门规定的其他条件。

第五十三条 企业当年发生以及以前年度结转的公益性捐赠支出，不超过年度利润总额12%的部分，准予扣除。

年度利润总额，是指企业依照国家统一会计制度的规定计算的年度会计利润。

第五十四条 企业所得税法第十条第（六）项所称赞助支出，是指企业发生的与生产经营活动无关的各种非广告性质支出。

第五十五条 企业所得税法第十条第（七）项所称未经核定的准备金支出，是指不符合国务院财政、税务主管部门规定的各项资产减值准备、风险准备等准备金支出。

第四节 资产的税务处理

第五十六条 企业的各项资产，包括固定资产、生物资产、无形资产、长期待摊费用、投资资产、存货等，以历史成本为计税基础。

前款所称历史成本，是指企业取得该项资产时实际发生的支出。

企业持有各项资产期间资产增值或者减值，除国务院财政、税务主管部门规定可以确认损益外，不得调整该资产的计税基础。

第五十七条 企业所得税法第十一条所称固定资产，是指企业为生产产品、提供劳务、出租或者经营管理而持有的、使用时间超过12个月的非货币性资产，包括房屋、建筑物、机器、机械、运输工具以及其他与生产经营活动有关的设备、器具、工具等。

第五十八条 固定资产按照以下方法确定计税基础：

（一）外购的固定资产，以购买价款和支付的相关税费以及直接归属于使该资产达到预定用途发生的其他支出为计税基础；

（二）自行建造的固定资产，以竣工结算前发生的支出为计税基础；

（三）融资租入的固定资产，以租赁合同约定的付款总额和承租人在签订租赁合同过程中发生的相关费用为计税基础，租赁合同未约定付款总额的，以该资产的公允价值和承租人在签订租赁合同过程中发生的相关费用为计税基础；

（四）盘盈的固定资产，以同类固定资产的重置完全价值为计税基础；

（五）通过捐赠、投资、非货币性资产交换、债务重组等方式取得的固定资产，以该资产的公允价值和支付的相关税费为计税基础；

（六）改建的固定资产，除企业所得税法第十三条第（一）项和第（二）项规定的支出外，以改建过程中发生的改建支出增加计税基础。

第五十九条 固定资产按照直线法计算的折旧，准予扣除。

企业应当自固定资产投入使用月份的次月起计算折旧；停止使用的固定资产，应当自停止使用月份的次月起停止计算折旧。

企业应当根据固定资产的性质和使用情况，合理确定固定资产的预计净残值。固定资产的预计净残值一经确定，不得变更。

第六十条 除国务院财政、税务主管部门另有规定外，固定资产计算折旧的最低年限如下：

（一）房屋、建筑物，为20年；

（二）飞机、火车、轮船、机器、机械和其他生产设备，为 10 年；

（三）与生产经营活动有关的器具、工具、家具等，为 5 年；

（四）飞机、火车、轮船以外的运输工具，为 4 年；

（五）电子设备，为 3 年。

第六十一条 从事开采石油、天然气等矿产资源的企业，在开始商业性生产前发生的费用和有关固定资产的折耗、折旧方法，由国务院财政、税务主管部门另行规定。

第六十二条 生产性生物资产按照以下方法确定计税基础：

（一）外购的生产性生物资产，以购买价款和支付的相关税费为计税基础；

（二）通过捐赠、投资、非货币性资产交换、债务重组等方式取得的生产性生物资产，以该资产的公允价值和支付的相关税费为计税基础。

前款所称生产性生物资产，是指企业为生产农产品、提供劳务或者出租等而持有的生物资产，包括经济林、薪炭林、产畜和役畜等。

第六十三条 生产性生物资产按照直线法计算的折旧，准予扣除。

企业应当自生产性生物资产投入使用月份的次月起计算折旧；停止使用的生产性生物资产，应当自停止使用月份的次月起停止计算折旧。

企业应当根据生产性生物资产的性质和使用情况，合理确定生产性生物资产的预计净残值。生产性生物资产的预计净残值一经确定，不得变更。

第六十四条 生产性生物资产计算折旧的最低年限如下：

（一）林木类生产性生物资产，为 10 年；

（二）畜类生产性生物资产，为 3 年。

第六十五条 企业所得税法第十二条所称无形资产，是指企业为生产产品、提供劳务、出租或者经营管理而持有的、没有实物形态的非货币性长期资产，包括专利权、商标权、著作权、土地使用权、非专利技术、商誉等。

第六十六条 无形资产按照以下方法确定计税基础：

（一）外购的无形资产，以购买价款和支付的相关税费以及直接归属于使该资产达到预定用途发生的其他支出为计税基础；

（二）自行开发的无形资产，以开发过程中该资产符合资本化条件后至达到预定用途前发生的支出为计税基础；

（三）通过捐赠、投资、非货币性资产交换、债务重组等方式取得的无形资产，以该资产的公允价值和支付的相关税费为计税基础。

第六十七条 无形资产按照直线法计算的摊销费用，准予扣除。

无形资产的摊销年限不得低于10年。

作为投资或者受让的无形资产，有关法律规定或者合同约定了使用年限的，可以按照规定或者约定的使用年限分期摊销。

外购商誉的支出，在企业整体转让或者清算时，准予扣除。

第六十八条　企业所得税法第十三条第（一）项和第（二）项所称固定资产的改建支出，是指改变房屋或者建筑物结构、延长使用年限等发生的支出。

企业所得税法第十三条第（一）项规定的支出，按照固定资产预计尚可使用年限分期摊销；第（二）项规定的支出，按照合同约定的剩余租赁期限分期摊销。

改建的固定资产延长使用年限的，除企业所得税法第十三条第（一）项和第（二）项规定外，应当适当延长折旧年限。

第六十九条　企业所得税法第十三条第（三）项所称固定资产的大修理支出，是指同时符合下列条件的支出：

（一）修理支出达到取得固定资产时的计税基础50%以上；

（二）修理后固定资产的使用年限延长2年以上。

企业所得税法第十三条第（三）项规定的支出，按照固定资产尚可使用年限分期摊销。

第七十条　企业所得税法第十三条第（四）项所称其他应当作为长期待摊费用的支出，自支出发生月份的次月起，分期摊销，摊销年限不得低于3年。

第七十一条　企业所得税法第十四条所称投资资产，是指企业对外进行权益性投资和债权性投资形成的资产。

企业在转让或者处置投资资产时，投资资产的成本，准予扣除。

投资资产按照以下方法确定成本：

（一）通过支付现金方式取得的投资资产，以购买价款为成本；

（二）通过支付现金以外的方式取得的投资资产，以该资产的公允价值和支付的相关税费为成本。

第七十二条　企业所得税法第十五条所称存货，是指企业持有以备出售的产品或者商品、处在生产过程中的在产品、在生产或者提供劳务过程中耗用的材料和物料等。

存货按照以下方法确定成本：

（一）通过支付现金方式取得的存货，以购买价款和支付的相关税费为成本；

（二）通过支付现金以外的方式取得的存货，以该存货的公允价值和支付的相关税费为成本；

（三）生产性生物资产收获的农产品，以产出或者采收过程中发生的材料费、人工费和分摊的间接费用等必要支出为成本。

第七十三条 企业使用或者销售的存货的成本计算方法，可以在先进先出法、加权平均法、个别计价法中选用一种。计价方法一经选用，不得随意变更。

第七十四条 企业所得税法第十六条所称资产的净值和第十九条所称财产净值，是指有关资产、财产的计税基础减除已经按照规定扣除的折旧、折耗、摊销、准备金等后的余额。

第七十五条 除国务院财政、税务主管部门另有规定外，企业在重组过程中，应当在交易发生时确认有关资产的转让所得或者损失，相关资产应当按照交易价格重新确定计税基础。

第三章 应纳税额

第七十六条 企业所得税法第二十二条规定的应纳税额的计算公式为：

应纳税额 = 应纳税所得额 × 适用税率 − 减免税额 − 抵免税额

公式中的减免税额和抵免税额，是指依照企业所得税法和国务院的税收优惠规定减征、免征和抵免的应纳税额。

第七十七条 企业所得税法第二十三条所称已在境外缴纳的所得税税额，是指企业来源于中国境外的所得依照中国境外税收法律以及相关规定应当缴纳并已经实际缴纳的企业所得税性质的税款。

第七十八条 企业所得税法第二十三条所称抵免限额，是指企业来源于中国境外的所得，依照企业所得税法和本条例的规定计算的应纳税额。除国务院财政、税务主管部门另有规定外，该抵免限额应当分国（地区）不分项计算，计算公式如下：

抵免限额 = 中国境内、境外所得依照企业所得税法和本条例的规定计算的应纳税总额 × 来源于某国（地区）的应纳税所得额 ÷ 中国境内、境外应纳税所得总额

第七十九条 企业所得税法第二十三条所称 5 个年度，是指从企业取得的来源于中国境外的所得，已经在中国境外缴纳的企业所得税性质的税额超过抵免限额的当年的次年起连续 5 个纳税年度。

第八十条 企业所得税法第二十四条所称直接控制，是指居民企业直接持有外国企业 20% 以上股份。

企业所得税法第二十四条所称间接控制，是指居民企业以间接持股方式持有外国企业 20% 以上股份，具体认定办法由国务院财政、税务主管部门另行制定。

第八十一条　企业依照企业所得税法第二十三条、第二十四条的规定抵免企业所得税税额时，应当提供中国境外税务机关出具的税款所属年度的有关纳税凭证。

第四章　税收优惠

第八十二条　企业所得税法第二十六条第（一）项所称国债利息收入，是指企业持有国务院财政部门发行的国债取得的利息收入。

第八十三条　企业所得税法第二十六条第（二）项所称符合条件的居民企业之间的股息、红利等权益性投资收益，是指居民企业直接投资于其他居民企业取得的投资收益。企业所得税法第二十六条第（二）项和第（三）项所称股息、红利等权益性投资收益，不包括连续持有居民企业公开发行并上市流通的股票不足12个月取得的投资收益。

第八十四条　企业所得税法第二十六条第（四）项所称符合条件的非营利组织，是指同时符合下列条件的组织：

（一）依法履行非营利组织登记手续；

（二）从事公益性或者非营利性活动；

（三）取得的收入除用于与该组织有关的、合理的支出外，全部用于登记核定或者章程规定的公益性或者非营利性事业；

（四）财产及其孳息不用于分配；

（五）按照登记核定或者章程规定，该组织注销后的剩余财产用于公益性或者非营利性目的，或者由登记管理机关转赠给与该组织性质、宗旨相同的组织，并向社会公告；

（六）投入人对投入该组织的财产不保留或者享有任何财产权利；

（七）工作人员工资福利开支控制在规定的比例内，不变相分配该组织的财产。

前款规定的非营利组织的认定管理办法由国务院财政、税务主管部门会同国务院有关部门制定。

第八十五条　企业所得税法第二十六条第（四）项所称符合条件的非营利组织的收入，不包括非营利组织从事营利性活动取得的收入，但国务院财政、税务主管部门另有规定的除外。

第八十六条　企业所得税法第二十七条第（一）项规定的企业从事农、林、牧、渔业项目的所得，可以免征、减征企业所得税，是指：

（一）企业从事下列项目的所得，免征企业所得税：

1. 蔬菜、谷物、薯类、油料、豆类、棉花、麻类、糖料、水果、坚果的种植；

2. 农作物新品种的选育；

3. 中药材的种植；

4. 林木的培育和种植；

5. 牲畜、家禽的饲养；

6. 林产品的采集；

7. 灌溉、农产品初加工、兽医、农技推广、农机作业和维修等农、林、牧、渔服务业项目；

8. 远洋捕捞。

（二）企业从事下列项目的所得，减半征收企业所得税：

1. 花卉、茶以及其他饮料作物和香料作物的种植；

2. 海水养殖、内陆养殖。

企业从事国家限制和禁止发展的项目，不得享受本条规定的企业所得税优惠。

第八十七条 企业所得税法第二十七条第（二）项所称国家重点扶持的公共基础设施项目，是指《公共基础设施项目企业所得税优惠目录》规定的港口码头、机场、铁路、公路、城市公共交通、电力、水利等项目。

企业从事前款规定的国家重点扶持的公共基础设施项目的投资经营的所得，自项目取得第一笔生产经营收入所属纳税年度起，第一年至第三年免征企业所得税，第四年至第六年减半征收企业所得税。

企业承包经营、承包建设和内部自建自用本条规定的项目，不得享受本条规定的企业所得税优惠。

第八十八条 企业所得税法第二十七条第（三）项所称符合条件的环境保护、节能节水项目，包括公共污水处理、公共垃圾处理、沼气综合开发利用、节能减排技术改造、海水淡化等。项目的具体条件和范围由国务院财政、税务主管部门商国务院有关部门制定，报国务院批准后公布施行。

企业从事前款规定的符合条件的环境保护、节能节水项目的所得，自项目取得第一笔生产经营收入所属纳税年度起，第一年至第三年免征企业所得税，第四年至第六年减半征收企业所得税。

第八十九条 依照本条例第八十七条和第八十八条规定享受减免税优惠的项目，在减免税期限内转让的，受让方自受让之日起，可以在剩余期限内享受规定的减免税优惠；减免税期限届满后转让的，受让方不得就该项目重复享受减免税优惠。

第九十条 企业所得税法第二十七条第（四）项所称符合条件的技术转让所得

免征、减征企业所得税，是指一个纳税年度内，居民企业技术转让所得不超过500万元的部分，免征企业所得税；超过500万元的部分，减半征收企业所得税。

第九十一条 非居民企业取得企业所得税法第二十七条第（五）项规定的所得，减按10%的税率征收企业所得税。

下列所得可以免征企业所得税：

（一）外国政府向中国政府提供贷款取得的利息所得；

（二）国际金融组织向中国政府和居民企业提供优惠贷款取得的利息所得；

（三）经国务院批准的其他所得。

第九十二条 企业所得税法第二十八条第一款所称符合条件的小型微利企业，是指从事国家非限制和禁止行业，并符合下列条件的企业：

（一）工业企业，年度应纳税所得额不超过30万元，从业人数不超过100人，资产总额不超过3000万元；

（二）其他企业，年度应纳税所得额不超过30万元，从业人数不超过80人，资产总额不超过1000万元。

第九十三条 企业所得税法第二十八条第二款所称国家需要重点扶持的高新技术企业，是指拥有核心自主知识产权，并同时符合下列条件的企业：

（一）产品（服务）属于《国家重点支持的高新技术领域》规定的范围；

（二）研究开发费用占销售收入的比例不低于规定比例；

（三）高新技术产品（服务）收入占企业总收入的比例不低于规定比例；

（四）科技人员占企业职工总数的比例不低于规定比例；

（五）高新技术企业认定管理办法规定的其他条件。

《国家重点支持的高新技术领域》和高新技术企业认定管理办法由国务院科技、财政、税务主管部门商国务院有关部门制定，报国务院批准后公布施行。

第九十四条 企业所得税法第二十九条所称民族自治地方，是指依照《中华人民共和国民族区域自治法》的规定，实行民族区域自治的自治区、自治州、自治县。

对民族自治地方内国家限制和禁止行业的企业，不得减征或者免征企业所得税。

第九十五条 企业所得税法第三十条第（一）项所称研究开发费用的加计扣除，是指企业为开发新技术、新产品、新工艺发生的研究开发费用，未形成无形资产计入当期损益的，在按照规定据实扣除的基础上，按照研究开发费用的50%加计扣除；形成无形资产的，按照无形资产成本的150%摊销。

第九十六条 企业所得税法第三十条第（二）项所称企业安置残疾人员所支付的工资的加计扣除，是指企业安置残疾人员的，在按照支付给残疾职工工资据实扣除的基础上，按照支付给残疾职工工资的 100% 加计扣除。残疾人员的范围适用《中华人民共和国残疾人保障法》的有关规定。

企业所得税法第三十条第（二）项所称企业安置国家鼓励安置的其他就业人员所支付的工资的加计扣除办法，由国务院另行规定。

第九十七条 企业所得税法第三十一条所称抵扣应纳税所得额，是指创业投资企业采取股权投资方式投资于未上市的中小高新技术企业 2 年以上的，可以按照其投资额的 70% 在股权持有满 2 年的当年抵扣该创业投资企业的应纳税所得额；当年不足抵扣的，可以在以后纳税年度结转抵扣。

第九十八条 企业所得税法第三十二条所称可以采取缩短折旧年限或者采取加速折旧的方法的固定资产，包括：

（一）由于技术进步，产品更新换代较快的固定资产；

（二）常年处于强震动、高腐蚀状态的固定资产。

采取缩短折旧年限方法的，最低折旧年限不得低于本条例第六十条规定折旧年限的 60%；采取加速折旧方法的，可以采取双倍余额递减法或者年数总和法。

第九十九条 企业所得税法第三十三条所称减计收入，是指企业以《资源综合利用企业所得税优惠目录》规定的资源作为主要原材料，生产国家非限制和禁止并符合国家和行业相关标准的产品取得的收入，减按 90% 计入收入总额。

前款所称原材料占生产产品材料的比例不得低于《资源综合利用企业所得税优惠目录》规定的标准。

第一百条 企业所得税法第三十四条所称税额抵免，是指企业购置并实际使用《环境保护专用设备企业所得税优惠目录》、《节能节水专用设备企业所得税优惠目录》和《安全生产专用设备企业所得税优惠目录》规定的环境保护、节能节水、安全生产等专用设备的，该专用设备的投资额的 10% 可以从企业当年的应纳税额中抵免；当年不足抵免的，可以在以后 5 个纳税年度结转抵免。

享受前款规定的企业所得税优惠的企业，应当实际购置并自身实际投入使用前款规定的专用设备；企业购置上述专用设备在 5 年内转让、出租的，应当停止享受企业所得税优惠，并补缴已经抵免的企业所得税税款。

第一百零一条 本章第八十七条、第九十九条、第一百条规定的企业所得税优惠目录，由国务院财政、税务主管部门商国务院有关部门制定，报国务院批准后公布施行。

第一百零二条 企业同时从事适用不同企业所得税待遇的项目的，其优惠项目应当单独计算所得，并合理分摊企业的期间费用；没有单独计算的，不得享受企业所得税优惠。

第五章 源泉扣缴

第一百零三条 依照企业所得税法对非居民企业应当缴纳的企业所得税实行源泉扣缴的，应当依照企业所得税法第十九条的规定计算应纳税所得额。

企业所得税法第十九条所称收入全额，是指非居民企业向支付人收取的全部价款和价外费用。

第一百零四条 企业所得税法第三十七条所称支付人，是指依照有关法律规定或者合同约定对非居民企业直接负有支付相关款项义务的单位或者个人。

第一百零五条 企业所得税法第三十七条所称支付，包括现金支付、汇拨支付、转账支付和权益兑价支付等货币支付和非货币支付。

企业所得税法第三十七条所称到期应支付的款项，是指支付人按照权责发生制原则应当计入相关成本、费用的应付款项。

第一百零六条 企业所得税法第三十八条规定的可以指定扣缴义务人的情形，包括：

（一）预计工程作业或者提供劳务期限不足一个纳税年度，且有证据表明不履行纳税义务的；

（二）没有办理税务登记或者临时税务登记，且未委托中国境内的代理人履行纳税义务的；

（三）未按照规定期限办理企业所得税纳税申报或者预缴申报的。

前款规定的扣缴义务人，由县级以上税务机关指定，并同时告知扣缴义务人所扣税款的计算依据、计算方法、扣缴期限和扣缴方式。

第一百零七条 企业所得税法第三十九条所称所得发生地，是指依照本条例第七条规定的原则确定的所得发生地。在中国境内存在多处所得发生地的，由纳税人选择其中之一申报缴纳企业所得税。

第一百零八条 企业所得税法第三十九条所称该纳税人在中国境内其他收入，是指该纳税人在中国境内取得的其他各种来源的收入。

税务机关在追缴该纳税人应纳税款时，应当将追缴理由、追缴数额、缴纳期限和缴纳方式等告知该纳税人。

第六章　特别纳税调整

第一百零九条　企业所得税法第四十一条所称关联方，是指与企业有下列关联关系之一的企业、其他组织或者个人：

（一）在资金、经营、购销等方面存在直接或者间接的控制关系；

（二）直接或者间接地同为第三者控制；

（三）在利益上具有相关联的其他关系。

第一百一十条　企业所得税法第四十一条所称独立交易原则，是指没有关联关系的交易各方，按照公平成交价格和营业常规进行业务往来遵循的原则。

第一百一十一条　企业所得税法第四十一条所称合理方法，包括：

（一）可比非受控价格法，是指按照没有关联关系的交易各方进行相同或者类似业务往来的价格进行定价的方法；

（二）再销售价格法，是指按照从关联方购进商品再销售给没有关联关系的交易方的价格，减除相同或者类似业务的销售毛利进行定价的方法；

（三）成本加成法，是指按照成本加合理的费用和利润进行定价的方法；

（四）交易净利润法，是指按照没有关联关系的交易各方进行相同或者类似业务往来取得的净利润水平确定利润的方法；

（五）利润分割法，是指将企业与其关联方的合并利润或者亏损在各方之间采用合理标准进行分配的方法；

（六）其他符合独立交易原则的方法。

第一百一十二条　企业可以依照企业所得税法第四十一条第二款的规定，按照独立交易原则与其关联方分摊共同发生的成本，达成成本分摊协议。

企业与其关联方分摊成本时，应当按照成本与预期收益相配比的原则进行分摊，并在税务机关规定的期限内，按照税务机关的要求报送有关资料。

企业与其关联方分摊成本时违反本条第一款、第二款规定的，其自行分摊的成本不得在计算应纳税所得额时扣除。

第一百一十三条　企业所得税法第四十二条所称预约定价安排，是指企业就其未来年度关联交易的定价原则和计算方法，向税务机关提出申请，与税务机关按照独立交易原则协商、确认后达成的协议。

第一百一十四条　企业所得税法第四十三条所称相关资料，包括：

（一）与关联业务往来有关的价格、费用的制定标准、计算方法和说明等同期资料；

（二）关联业务往来所涉及的财产、财产使用权、劳务等的再销售（转让）价格或者最终销售（转让）价格的相关资料；

（三）与关联业务调查有关的其他企业应当提供的与被调查企业可比的产品价格、定价方式以及利润水平等资料；

（四）其他与关联业务往来有关的资料。

企业所得税法第四十三条所称与关联业务调查有关的其他企业，是指与被调查企业在生产经营内容和方式上相类似的企业。

企业应当在税务机关规定的期限内提供与关联业务往来有关的价格、费用的制定标准、计算方法和说明等资料。关联方以及与关联业务调查有关的其他企业应当在税务机关与其约定的期限内提供相关资料。

第一百一十五条　税务机关依照企业所得税法第四十四条的规定核定企业的应纳税所得额时，可以采用下列方法：

（一）参照同类或者类似企业的利润率水平核定；

（二）按照企业成本加合理的费用和利润的方法核定；

（三）按照关联企业集团整体利润的合理比例核定；

（四）按照其他合理方法核定。

企业对税务机关按照前款规定的方法核定的应纳税所得额有异议的，应当提供相关证据，经税务机关认定后，调整核定的应纳税所得额。

第一百一十六条　企业所得税法第四十五条所称中国居民，是指根据《中华人民共和国个人所得税法》的规定，就其从中国境内、境外取得的所得在中国缴纳个人所得税的个人。

第一百一十七条　企业所得税法第四十五条所称控制，包括：

（一）居民企业或者中国居民直接或者间接单一持有外国企业10%以上有表决权股份，且由其共同持有该外国企业50%以上股份；

（二）居民企业，或者居民企业和中国居民持股比例没有达到第（一）项规定的标准，但在股份、资金、经营、购销等方面对该外国企业构成实质控制。

第一百一十八条　企业所得税法第四十五条所称实际税负明显低于企业所得税法第四条第一款规定税率水平，是指低于企业所得税法第四条第一款规定税率的50%。

第一百一十九条　企业所得税法第四十六条所称债权性投资，是指企业直接或者间接从关联方获得的，需要偿还本金和支付利息或者需要以其他具有支付利息性质的方式予以补偿的融资。

企业间接从关联方获得的债权性投资，包括：

（一）关联方通过无关联第三方提供的债权性投资；

（二）无关联第三方提供的、由关联方担保且负有连带责任的债权性投资；

（三）其他间接从关联方获得的具有负债实质的债权性投资。

企业所得税法第四十六条所称权益性投资，是指企业接受的不需要偿还本金和支付利息，投资人对企业净资产拥有所有权的投资。

企业所得税法第四十六条所称标准，由国务院财政、税务主管部门另行规定。

第一百二十条 企业所得税法第四十七条所称不具有合理商业目的，是指以减少、免除或者推迟缴纳税款为主要目的。

第一百二十一条 税务机关根据税收法律、行政法规的规定，对企业作出特别纳税调整的，应当对补征的税款，自税款所属纳税年度的次年 6 月 1 日起至补缴税款之日止的期间，按日加收利息。

前款规定加收的利息，不得在计算应纳税所得额时扣除。

第一百二十二条 企业所得税法第四十八条所称利息，应当按照税款所属纳税年度中国人民银行公布的与补税期间同期的人民币贷款基准利率加 5 个百分点计算。

企业依照企业所得税法第四十三条和本条例的规定提供有关资料的，可以只按前款规定的人民币贷款基准利率计算利息。

第一百二十三条 企业与其关联方之间的业务往来，不符合独立交易原则，或者企业实施其他不具有合理商业目的安排的，税务机关有权在该业务发生的纳税年度起 10 年内，进行纳税调整。

第七章 征收管理

第一百二十四条 企业所得税法第五十条所称企业登记注册地，是指企业依照国家有关规定登记注册的住所地。

第一百二十五条 企业汇总计算并缴纳企业所得税时，应当统一核算应纳税所得额，具体办法由国务院财政、税务主管部门另行制定。

第一百二十六条 企业所得税法第五十一条所称主要机构、场所，应当同时符合下列条件：

（一）对其他各机构、场所的生产经营活动负有监督管理责任；

（二）设有完整的账簿、凭证，能够准确反映各机构、场所的收入、成本、费用和盈亏情况。

第一百二十七条 企业所得税分月或者分季预缴，由税务机关具体核定。

企业根据企业所得税法第五十四条规定分月或者分季预缴企业所得税时，应当按照月度或者季度的实际利润额预缴；按照月度或者季度的实际利润额预缴有困难的，可以按照上一纳税年度应纳税所得额的月度或者季度平均额预缴，或者按照经税务机关认可的其他方法预缴。预缴方法一经确定，该纳税年度内不得随意变更。

第一百二十八条 企业在纳税年度内无论盈利或者亏损，都应当依照企业所得税法第五十四条规定的期限，向税务机关报送预缴企业所得税纳税申报表、年度企业所得税纳税申报表、财务会计报告和税务机关规定应当报送的其他有关资料。

第一百二十九条 企业所得以人民币以外的货币计算的，预缴企业所得税时，应当按照月度或者季度最后一日的人民币汇率中间价，折合成人民币计算应纳税所得额。年度终了汇算清缴时，对已经按照月度或者季度预缴税款的，不再重新折合计算，只就该纳税年度内未缴纳企业所得税的部分，按照纳税年度最后一日的人民币汇率中间价，折合成人民币计算应纳税所得额。

经税务机关检查确认，企业少计或者多计前款规定的所得的，应当按照检查确认补税或者退税时的上一个月最后一日的人民币汇率中间价，将少计或者多计的所得折合成人民币计算应纳税所得额，再计算应补缴或者应退的税款。

第八章 附 则

第一百三十条 企业所得税法第五十七条第一款所称本法公布前已经批准设立的企业，是指企业所得税法公布前已经完成登记注册的企业。

第一百三十一条 在香港特别行政区、澳门特别行政区和台湾地区成立的企业，参照适用企业所得税法第二条第二款、第三款的有关规定。

第一百三十二条 本条例自2008年1月1日起施行。1991年6月30日国务院发布的《中华人民共和国外商投资企业和外国企业所得税法实施细则》和1994年2月4日财政部发布的《中华人民共和国企业所得税暂行条例实施细则》同时废止。

附录三　财政部关于修改《企业会计准则——基本准则》的决定

（中华人民共和国财政部令第 76 号）

财政部关于修改《企业会计准则——基本准则》的决定

为了适应我国企业和资本市场发展的实际需要，实现我国企业会计准则与国际财务报告准则的持续趋同，经财政部部务会议决定，将《企业会计准则——基本准则》第四十二条第五项修改为：“（五）公允价值。在公允价值计量下，资产和负债按照市场参与者在计量日发生的有序交易中，出售资产所能收到或者转移负债所需支付的价格计量。”

本决定自发布之日起施行。

《企业会计准则——基本准则》根据本决定作相应修改，重新公布。

企业会计准则——基本准则

（2006 年 2 月 15 日财政部令第 33 号公布，自 2007 年 1 月 1 日起施行。2014 年 7 月 23 日根据《财政部关于修改〈企业会计准则——基本准则〉的决定》修改）

第一章　总　　则

第一条　为了规范企业会计确认、计量和报告行为，保证会计信息质量，根据《中华人民共和国会计法》和其他有关法律、行政法规，制定本准则。

第二条　本准则适用于在中华人民共和国境内设立的企业（包括公司，下同）。

第三条　企业会计准则包括基本准则和具体准则，具体准则的制定应当遵循本准则。

第四条　企业应当编制财务会计报告（又称财务报告，下同）。财务会计报告的目标是向财务会计报告使用者提供与企业财务状况、经营成果和现金流量等有关的会计信息，反映企业管理层受托责任履行情况，有助于财务会计报告使用者作出经济决策。

财务会计报告使用者包括投资者、债权人、政府及其有关部门和社会公众等。

第五条　企业应当对其本身发生的交易或者事项进行会计确认、计量和报告。

第六条　企业会计确认、计量和报告应当以持续经营为前提。

第七条　企业应当划分会计期间，分期结算账目和编制财务会计报告。

会计期间分为年度和中期。中期是指短于一个完整的会计年度的报告期间。

第八条　企业会计应当以货币计量。

第九条　企业应当以权责发生制为基础进行会计确认、计量和报告。

第十条　企业应当按照交易或者事项的经济特征确定会计要素。会计要素包括资产、负债、所有者权益、收入、费用和利润。

第十一条　企业应当采用借贷记账法记账。

第二章　会计信息质量要求

第十二条　企业应当以实际发生的交易或者事项为依据进行会计确认、计量和报告，如实反映符合确认和计量要求的各项会计要素及其他相关信息，保证会计信息真实可靠、内容完整。

第十三条　企业提供的会计信息应当与财务会计报告使用者的经济决策需要相关，有助于财务会计报告使用者对企业过去、现在或者未来的情况作出评价或者预测。

第十四条　企业提供的会计信息应当清晰明了，便于财务会计报告使用者理解和使用。

第十五条　企业提供的会计信息应当具有可比性。

同一企业不同时期发生的相同或者相似的交易或者事项，应当采用一致的会计政策，不得随意变更。确需变更的，应当在附注中说明。

不同企业发生的相同或者相似的交易或者事项，应当采用规定的会计政策，确保会计信息口径一致、相互可比。

第十六条　企业应当按照交易或者事项的经济实质进行会计确认、计量和报告，不应仅以交易或者事项的法律形式为依据。

第十七条　企业提供的会计信息应当反映与企业财务状况、经营成果和现金流量等有关的所有重要交易或者事项。

第十八条　企业对交易或者事项进行会计确认、计量和报告应当保持应有的谨慎，不应高估资产或者收益、低估负债或者费用。

第十九条　企业对于已经发生的交易或者事项，应当及时进行会计确认、计量和报告，不得提前或者延后。

第三章　资　　产

第二十条　资产是指企业过去的交易或者事项形成的、由企业拥有或者控制的、预期会给企业带来经济利益的资源。

前款所指的企业过去的交易或者事项包括购买、生产、建造行为或其他交易或者事项。预期在未来发生的交易或者事项不形成资产。

由企业拥有或者控制，是指企业享有某项资源的所有权，或者虽然不享有某项资源的所有权，但该资源能被企业所控制。

预期会给企业带来经济利益，是指直接或者间接导致现金和现金等价物流入企业的潜力。

第二十一条　符合本准则第二十条规定的资产定义的资源，在同时满足以下条件时，确认为资产：

（一）与该资源有关的经济利益很可能流入企业；

（二）该资源的成本或者价值能够可靠地计量。

第二十二条　符合资产定义和资产确认条件的项目，应当列入资产负债表；符合资产定义、但不符合资产确认条件的项目，不应当列入资产负债表。

第四章　负　　债

第二十三条　负债是指企业过去的交易或者事项形成的、预期会导致经济利益流出企业的现时义务。

现时义务是指企业在现行条件下已承担的义务。未来发生的交易或者事项形成的义务，不属于现时义务，不应当确认为负债。

第二十四条　符合本准则第二十三条规定的负债定义的义务，在同时满足以下条件时，确认为负债：

（一）与该义务有关的经济利益很可能流出企业；

（二）未来流出的经济利益的金额能够可靠地计量。

第二十五条　符合负债定义和负债确认条件的项目，应当列入资产负债表；符合负债定义、但不符合负债确认条件的项目，不应当列入资产负债表。

第五章　所有者权益

第二十六条　所有者权益是指企业资产扣除负债后由所有者享有的剩余权益。

公司的所有者权益又称为股东权益。

第二十七条 所有者权益的来源包括所有者投入的资本、直接计入所有者权益的利得和损失、留存收益等。

直接计入所有者权益的利得和损失，是指不应计入当期损益、会导致所有者权益发生增减变动的、与所有者投入资本或者向所有者分配利润无关的利得或者损失。

利得是指由企业非日常活动所形成的、会导致所有者权益增加的、与所有者投入资本无关的经济利益的流入。

损失是指由企业非日常活动所发生的、会导致所有者权益减少的、与向所有者分配利润无关的经济利益的流出。

第二十八条 所有者权益金额取决于资产和负债的计量。

第二十九条 所有者权益项目应当列入资产负债表。

第六章 收　　入

第三十条 收入是指企业在日常活动中形成的、会导致所有者权益增加的、与所有者投入资本无关的经济利益的总流入。

第三十一条 收入只有在经济利益很可能流入从而导致企业资产增加或者负债减少、且经济利益的流入额能够可靠计量时才能予以确认。

第三十二条 符合收入定义和收入确认条件的项目，应当列入利润表。

第七章 费　　用

第三十三条 费用是指企业在日常活动中发生的、会导致所有者权益减少的、与向所有者分配利润无关的经济利益的总流出。

第三十四条 费用只有在经济利益很可能流出从而导致企业资产减少或者负债增加、且经济利益的流出额能够可靠计量时才能予以确认。

第三十五条 企业为生产产品、提供劳务等发生的可归属于产品成本、劳务成本等的费用，应当在确认产品销售收入、劳务收入等时，将已销售产品、已提供劳务的成本等计入当期损益。

企业发生的支出不产生经济利益的，或者即使能够产生经济利益但不符合或者不再符合资产确认条件的，应当在发生时确认为费用，计入当期损益。

企业发生的交易或者事项导致其承担了一项负债而又不确认为一项资产的，应当在发生时确认为费用，计入当期损益。

第三十六条 符合费用定义和费用确认条件的项目，应当列入利润表。

第八章 利　润

第三十七条 利润是指企业在一定会计期间的经营成果。利润包括收入减去费用后的净额、直接计入当期利润的利得和损失等。

第三十八条 直接计入当期利润的利得和损失，是指应当计入当期损益、会导致所有者权益发生增减变动的、与所有者投入资本或者向所有者分配利润无关的利得或者损失。

第三十九条 利润金额取决于收入和费用、直接计入当期利润的利得和损失金额的计量。

第四十条 利润项目应当列入利润表。

第九章 会计计量

第四十一条 企业在将符合确认条件的会计要素登记入账并列报于会计报表及其附注（又称财务报表，下同）时，应当按照规定的会计计量属性进行计量，确定其金额。

第四十二条 会计计量属性主要包括：

（一）历史成本。在历史成本计量下，资产按照购置时支付的现金或者现金等价物的金额，或者按照购置资产时所付出的对价的公允价值计量。负债按照因承担现时义务而实际收到的款项或者资产的金额，或者承担现时义务的合同金额，或者按照日常活动中为偿还负债预期需要支付的现金或者现金等价物的金额计量。

（二）重置成本。在重置成本计量下，资产按照现在购买相同或者相似资产所需支付的现金或者现金等价物的金额计量。负债按照现在偿付该项债务所需支付的现金或者现金等价物的金额计量。

（三）可变现净值。在可变现净值计量下，资产按照其正常对外销售所能收到现金或者现金等价物的金额扣减该资产至完工时估计将要发生的成本、估计的销售费用以及相关税费后的金额计量。

（四）现值。在现值计量下，资产按照预计从其持续使用和最终处置中所产生的未来净现金流入量的折现金额计量。负债按照预计期限内需要偿还的未来净现金流出量的折现金额计量。

（五）公允价值。在公允价值计量下，资产和负债按照市场参与者在计量日发生的有序交易中，出售资产所能收到或者转移负债所需支付的价格计量。

第四十三条 企业在对会计要素进行计量时，一般应当采用历史成本，采用重置成本、可变现净值、现值、公允价值计量的，应当保证所确定的会计要素金额能够取得并可靠计量。

第十章 财务会计报告

第四十四条 财务会计报告是指企业对外提供的反映企业某一特定日期的财务状况和某一会计期间的经营成果、现金流量等会计信息的文件。

财务会计报告包括会计报表及其附注和其他应当在财务会计报告中披露的相关信息和资料。会计报表至少应当包括资产负债表、利润表、现金流量表等报表。

小企业编制的会计报表可以不包括现金流量表。

第四十五条 资产负债表是指反映企业在某一特定日期的财务状况的会计报表。

第四十六条 利润表是指反映企业在一定会计期间的经营成果的会计报表。

第四十七条 现金流量表是指反映企业在一定会计期间的现金和现金等价物流入和流出的会计报表。

第四十八条 附注是指对在会计报表中列示项目所作的进一步说明，以及对未能在这些报表中列示项目的说明等。

第十一章 附 则

第四十九条 本准则由财政部负责解释。

第五十条 本准则自 2007 年 1 月 1 日起施行。

主要参考书目

[1] 刘磊著：《中国企业所得税改革》，中国财政经济出版社 2007 年版。

[2] 邱华炳、刘磊著：《所得税的理论与实证分析》，中国财政经济出版社 1996 年版。

[3] 刘磊著：《税收控制论》，中国财政经济出版社 1999 年版。

[4] 刘磊、游有旺著：《〈企业所得税税前扣除办法〉讲解》，中国财政经济出版社 2000 年版。

[5] 董树奎、孙瑞标、陆炜主编：《税收制度与企业会计制度差异分析及协调》，中国财政经济出版社 2003 年版。

[6] 靳东升、李本贵主编：《企业所得税理论与实践》，经济科学出版社 2006 年版。

[7] 中国税务学会学术研究委员会编：《统一内外资企业所得税制研究》，中国税务出版社 2006 年版。

[8] 孙瑞标、缪慧频、刘丽坚主编：《〈中华人民共和国企业所得税法〉讲解》，人民出版社 2007 年版。

[9] 孙瑞标、缪慧频、刘丽坚主编：《〈中华人民共和国企业所得税法〉操作解答》，中国商业出版社 2007 年版。

[10] 中华人民共和国企业所得税法起草小组编：《中华人民共和国企业所得税法实施条例释义及适用指南》，中国财政经济出版社 2007 年版。

[11] 孙瑞标、缪慧频、刘丽坚主编：《中华人民共和国企业所得税法实施条例操作指南》，中国商业出版社 2007 年版。

［12］国家税务总局编：《新企业所得税法解读》，中国税务出版社 2008 年版。

［13］中华人民共和国财政部制定：《企业会计准则》（2022 年版），立信会计出版社 2022 年版。

［14］中华人民共和国财政部制定：《企业会计准则——应用指南》（2022 年版），立信会计出版社 2022 年版。

［15］企业会计准则编审委员会编：《企业会计准则案例讲解》，立信会计出版社 2022 年版。

［16］于芳芳著：《企业所得税法与会计准则差异分析理论与实务》，立信会计出版社 2022 年版。

［17］高金平著：《企业所得税法与企业会计准则差异分析》，中国财政经济出版社 2019 年版。

［18］梅松讲税编委会编著：《企业所得税实务与汇算清缴实操手册（2022）》，立信会计出版社 2021 年版。

本书订阅资料包

《中华人民共和国企业所得税法》（以下简称《企业所得税法》）自实施以来，已经历两次修订；《企业会计准则——基本准则》（以下简称《企业会计准则》）自实施后也进行过修订。两者联系紧密，在实际操作中，许多人往往无法同时熟练掌握，存在着许多理解上的障碍与误区。特别是近些年来《企业所得税法》和《企业会计准则》在不断变化，更加大了理解的难度。

《<企业所得税法>与<企业会计准则>差异分析与纳税调整》一书旨在解决当下的实际问题，协助企业和相关机构、人员根据最新法律法规要求进行纳税调整，从而能够更好地在工作中履职尽责。

惊涛骇浪从容渡，风雨无阻向前行。在时代的风浪之中，我们唯有不断学习，才能把握好方向。希望这本书能使广大读者有所收获，了解和掌握《企业所得税法》和《企业会计准则》的差异与精髓，助力国家财税改革向着纵深推进，为实现经济高质量发展提供支持与保障。订购本书请扫描以下二维码直接下单。大宗购买请联系：010-88190650/88190612。

中国财政经济出版社淘宝旗舰店
请用手机淘宝App扫一扫

中国财政经济出版社微信公众号
请用微信“扫一扫”

中国财政经济出版社独家呈现，

助力中国经济发展走向更加光明的未来。